U0601325

国家社会科学基金资助项目(16BKS123结项成果)

福州大学马克思主义学院学术著作出版基金资助项目

杨肇中　著

旧邦新命
——儒学公共精神的现代展开

中华书局

图书在版编目(CIP)数据

旧邦新命:儒学公共精神的现代展开/杨肇中著. —北京:中华书局,2022.12
ISBN 978-7-101-16047-5

Ⅰ.旧… Ⅱ.杨… Ⅲ.儒学 Ⅳ.B222

中国版本图书馆 CIP 数据核字(2022)第 240894 号

书　　名	旧邦新命——儒学公共精神的现代展开
著　　者	杨肇中
责任编辑	樊玉兰
责任印制	陈丽娜
出版发行	中华书局
	(北京市丰台区太平桥西里 38 号　100073)
	http://www.zhbc.com.cn
	E-mail:zhbc@zhbc.com.cn
印　　刷	三河市中晟雅豪印务有限公司
版　　次	2022 年 12 月第 1 版
	2022 年 12 月第 1 次印刷
规　　格	开本/920×1250 毫米　1/32
	印张 12¼　插页 2　字数 284 千字
国际书号	ISBN 978-7-101-16047-5
定　　价	75.00 元

目　录

自　序

　　近百年来,儒学被边缘化,是一个不争的事实。由此,"游魂""木乃伊"等名称也成为学人言述儒学现代命运的醒目标签。诚然,以上言述的理据在于近代中国制度化儒学的解体,换言之,近代以降,作为旧学的儒学与国家新意识形态的正式脱钩。这一脱钩是传统中国因应西方军事、政治与文化等方面强势压力的结果,儒学在新与旧、传统与现代坐标系中的主流价值地位也势必遭到消解。但这并不意味着走下神坛的儒学本身在近代的全然失语。实际上,它在现代处境中依然保持着一股不可忽视的思想生命力。这一生命力的表现即是作为自我主体性存在的儒学在新的时代条件下不断进行创造性转化与创新性发展。具言之,儒学基于近代以降人类社会的现实问题意识,力图在多维价值结构中重建自身的现代价值系统,如平等、自由、民主、全球化等等。不仅如此,儒学与当代中国主流价值体系如中国特色社会主义,有着充分的理性对话空间,对于后者的涵养亦具有多重有效机制。从某种意义上讲,作为具有千年历史的文明体系之儒学,经过现代价值转型之后,无疑会散发出新的思想光辉:它不仅能解答"中国之问",泽被中华大地,助力于中华民族的伟大复兴,而且可为重塑人类未来世界文明秩序的"世界之问"贡献中国智慧与中国方案。

　　从历史的角度看,近代以降的儒学已具有了寻求解答"中国之问"与"世界之问"的鲜明问题意识。学界一般认为,儒学的现代转型大体自现代新儒家始,如熊十力、梁漱溟、马一浮、张君劢等。在他们看来,心性之学是儒学的核心与根本,而"五四"新文化运动所宣扬的"民主"与"科学"思想则是儒学重塑现代外王品格的基石。大体言之,"从内圣开新外王"成为他们共同的致思进路。从某种意义上说,现代新儒学具有两个主要特征:一是侧重解决"中国之问",二是虽肯认儒家心性之学的现代价值,但以"专制主义"为据否弃儒家传统外王之学的现代合理性。事实上,现代新儒学的转型起点,可追溯于新文化运动以前,亦即19世纪晚期。譬如,作为清末儒家今文经学的主要代表人物康有为,以重建经学形式来阐扬儒家传统政治的现代意蕴。其不仅理性而非妄自菲薄地探究"中国之问"的答案,而且以极为自信的勇气,站在人类文明发展的高度,尝试对"世界之问"提出了颇具儒家特色的解答方案。这些可贵的理论探索之功,绝不是所谓离经叛道、穿凿附会的陈词所能遮蔽的。近年来,学人将现代新儒学的发端追溯至康有为那里,也不是没有道理的。现在看来,儒学现代转型的进路呈现出双向展开的态势:一是接着宋明理学讲,开掘心性学价值,从内圣开新外王;二是主张经学经世,汲取儒家传统政治智慧,以重建人类现代政治文明秩序。而后者在廓清儒家"专制主义"之陈说上无疑有其贡献。但对于如何开掘儒家传统政治智慧,重建现代外王价值,却是言人人殊。本书正是在这一问题意识下进行追索的研究成果。

　　笔者认为,对于儒家社会政治思想资源的开掘,应在传统价值与现代价值之间寻求一个可供对话的理论基点。而这个理论基点便是人类社会政治公共性。具言之,公共性是人类社会政治共同体的基本属性。无论古今中西,概莫能外。所不同的是,彰显公共性的政治文化理念及文化结构会在具体时空的延展中表现出差异性。而这一差异性的存在进而影响各自公共精神特质的形塑。基此,笔者将儒学的公共性特质概括为"王道公共性"。它彰显了儒家独特的公共精神气质。从某种意义上说,对儒学公共精神资源的开掘是探究其社会政治现代转型的重要理论基点。这即是笔者研究儒学公共精神问题的缘起。然而,在近代以降反传统主义的影响下,儒家政治被视为非现代性甚或反现代性的。因此,"儒学公共精神"作为一个现代概念,并非是不证自明的,而需对其进行一番理论证成的工作。大体而言,本书研究的展开主要有以下四个进路:一是对儒学传统公共精神的阐释与证成;二是儒学公共精神在现实社会政治中的展开;三是彰显儒学公共精神的多维价值向度及其现代转化;四是阐释儒学公共精神对于新时代社会主义核心价值观的涵养等问题。

就本书的主要研究进路而言,有两点需予以说明。首先,对于儒学公共精神及其在现实社会政治中的展开等问题的阐释,采取的是思想史的研究进路。具言之,在历史的维度中,考察彰显儒学公共精神的社会政治价值的内在演进理路与外在历史环境之间的互动影响。从某种意义上说,这是如昆廷·斯金纳所说的"历史语境主义"的研究方法;其次,儒学公共精神的现代展开是拙著的主要研究旨趣。其研究进路沿循如下两个方面来展开:

第一,儒学作为自我主体性存在的公共精神价值向度。该论题探究的是,儒学主体在面对人类现代社会处境时,其在公共价值认同与价值选择维度上的思想倾向。进言之,儒学传统的公共价值观念,在何种意义上可实现现代的转型,从而呈现新的经世生命力。毋庸讳言,这个问题非常重要,但也充满争议。

众所周知,儒学公共价值观念的现代转型是在"传统"与"现代"对话中进行的。这里所说的现代价值观念是就现代语境中的一般性观念而言,亦即指涉诸种现代观念言说中的共识性价值观念,如平等、自由与民主,等等。从某种意义上说,对于这些共识性价值观念的认同和选择与否决定了某一思想主体是否具有现代品格。而从儒学公共精神重塑的角度看,儒学的现代转型方向应是形塑这些共识性价值观念,否则其公共精神的现代展开便失去了时代根基。因此,拙著力图对彰显儒学公共精神的五种价值向度(如平等、自由、民本、共治、天下)展开讨论,从而确证现代共识性价值观念在儒学转型中的基础性作用。

第二,儒学公共精神对于作为新时代中国主流社会核心价值体系的社会主义核心价值观的涵养问题。社会主义核心价值观不仅建基于一系列现代共识性价值观念之上,而且应该是对后者具体优化的呈现。任何一种社会政治价值需在具体时空中实现,因此,它在具有现代普遍性价值的同时,又含蕴自身的特殊性价值。而这一特殊性价值的建构又需基于特定的国情及其历史文化传统。这也是中国化马克思主义"两个结合"论的基本逻辑。当然,促进新时代社会主义核心价值观与以儒学为主流的中华优秀传统文化相结合也是中国革命、建设与改革开放的实践经验总结。

本书所阐释的儒学公共精神对于社会主义核心价值观的涵养这一研究进路即是儒学现代转型在另一维度上展开的重要表征。儒学在这一维度上的展开亦契合了其传统的经世致用精神。因为儒学并非仅仅满足于纯然的理论思辨,而终将落实于实践中。正如晚明大儒王龙溪所说,"儒者之学,务为经世"。这确乎是由儒家"内圣外王"思维的文化品格所决定的,展示了其强烈的公共关怀。新时代儒家在治国理政层面上的主张,便是其公共精神的现代投射。而基于儒学公共精神的现代价值建构无疑具有经世思想特质。由此,其应呈现出两个价值向度:一是特殊性价值建构;一是普遍性价值建构。前者解答"中国之问",后者回应"世界之问"。就如上两个价值向度而言,新时代儒学与社会主义核心价值观具有协同共进的价值趋向。由此可见,儒学公共精神对于社会主义核心价值观的涵养在"特殊性价值"与"普遍性价值"双重维度上得以呈现,是时代的特定要求。

总而言之,本书所力图展示的理论旨趣有二:一是论证儒学公共精神的存在,及其社会政治价值的表现形态。这是儒家社会政治思想能够得以实现现代转型极为重要的前提条件。基此,儒学可与近百年来"专制主义"理论言说在很大程度上脱钩,进而为重塑现代社会价值开掘有效思想资源,提供理论正当性;二是阐述儒学公共精神在现代社会的展开。作为整全性的儒学来说,它既有理论的思辨与建构,关注个体的心性道德修养的一面;同时又有强烈的经世实践倾向,致力于人类社会政治秩序的安顿与治国平天下理想的实现的一面。因此,儒学公共精神的现代展开,不仅表现于其汲取现代共识性价值观念之后的新理论形态的重构,而且应在与社会主义核心价值观进行理性对话,拓展其未来的实践空间上有所呈示。从一定意义上说,这是孕育于传统中国社会的儒学公共精神的现代新命。

以上便是本书的主要问题意识与研究进路。不足之处,尚祈读者诸君批评指正。

第一章 导 论

第一节 研究缘起与问题意识

自 20 世纪初以来,关乎"传统"与"现代"的文化理论言说成为学人极为关切的焦点话题。对于两者之间关系的探讨,自然是其题中应有之义。而论者主张曾纷纭不一:或曰二元截然对立,或曰相融共生。不过,现代建构应根基于传统之说,逐渐成为人们的文化共识。但关键问题是,"传统"文化如何与"现代"文化进行结构性的卯合,方能完成"阐旧邦以辅新命"的使命呢? 换言之,传统走向现代所依凭的文化思想资源及其具体机制是什么? 对于诸如此类问题的回答,端赖于对更为具体性的对象的思想分疏,而非仅诉诸抽象与笼统的文化勾勒所能寻绎出来。

鉴于此,笔者将作为中国传统文化主干部分的儒学,与作为现代重要思潮的社会主义,皆置于"传统"与"现代"的文化坐标上:在论析儒学如何实现由传统向现代的身份蜕变的同时,关切具有现代品格的社会主义何以在与具有传统质性的儒学对话中,获得传统思想滋养的问题。这一理论命意便是探讨儒学现代展开的重要思想基点。

社会主义思想在进入中国后,发展成为一场颇引世人瞩目的社会政治运动,并取得了重大的实践成就——建立了社会主义中国,且成功开拓了中国特色社会主义道路①。而儒学在中国是底蕴极为深厚的文明传统。历史证明,这一文明传统在近代以降,并未真正成为"游魂"抑或"博物馆里的木乃伊",而是沉淀为中国人文化心理结构中的社会生活信仰,具有强大的现实生命力。正如论者所说:"马克思主义中国化在实际上的逐步展开,这一事实本身就意味着马克思主义在中国的特定历史语境中,不可能完全摆脱儒学的深刻影响。因为中国化是以中国特有的期待视野为前提的,这是一种创造性的诠释,这种创造性不仅取决于中国社会的独特现实需要,还取决于中国的特殊文化背景,其中儒学就是一个不可剔除的重要变量。儒学传统已经深入到中国人的生命和血脉之中,甚至成就中国人在文化意义上的自我。因此,作为一种'前见',它不能不充当中国人解读马克思主义的先行有效的前提。"②从这一意义上说,中国的社会主义实践,便是社会主义与儒学的对话与结合。而二者之间的对话与结合,无疑是马克思主义中国化的重要表征。

以往学人关注较多的是"五四"新文化运动以降国内所出现的强烈反传统主义思潮。比如,陈独秀、李大钊等一批中国早期的马克思主义者,便对于中国传统文化(主要指涉儒家文化),进行过"打孔家店"的猛烈批判③。从解放政治的理论进路来看,具有鲜明

---

① 在此需申明的是,本书所指涉的"社会主义",主要是马克思主义的科学社会主义。中国共产党人在马克思主义不断中国化的途程中,逐渐走上了中国特色社会主义道路。

② 何中华:《马克思与孔夫子:一个历史的相遇》,中国人民大学出版社,2021年,第32页。

③ 学界另有一流行说法即"打倒孔家店"。近年已有学人辨明"五四"新文化运动时期,并无"打倒孔家店"一说。其大体由后人衍说而来。参见马克锋:《"打孔家店"与"打倒孔家店"辨析》,《中国人民大学学报》,2011年第2期。

现代品格的马克思主义,对于传统文化的批判是必然的。正如吉登斯所说:"自现代时期的早期发展以来,现代制度的动力机制便刺激了(并在某种程度上得益于)人类解放之观念。最初,这个观念意味着人类从传统和宗教的教条性规则中解放出来。"从这个意义上说,马克思主义政治无疑是一种解放政治,因为"解放的政治包含两个主要的因素:其一,试图卸下传统枷锁之努力,并因此对未来抱有一种改造的态度;其二,试图完成克服某些个人或群体支配另一些个人或群体的缺乏合法性的统治这一目标"①。这种解放政治所意欲达致的价值目标便是"平等"与"自由"。因之,致力于"平等"与"自由"价值的达成,既包括群体,也包括个体,皆是实现社会主义理想的核心驱动力。

既然如此,又如何解释他们所信奉的社会主义能够与具有深厚传统气质的儒学进行对话与结合呢?首先,这里涉及一个理解上的问题,那就是所谓"五四"时期的反传统,是否意味着全盘反传统?众所周知,林毓生先生将"五四"新文化运动定性为全盘反传统主义的观点影响较大②。但近年来,也有不少学者提出商榷意见。比如,李良玉先生认为,新文化运动虽然尖锐批评过传统儒学中的某些内容,但并未全盘否定儒学;而且,中国文化、社会与历史是一个更为广大的传统,同样没有被全盘摒弃与彻底否定③。陈卫平先生则将"五四"看作是中国近代的文化转型。他认为,"五四"

---

① 〔英〕安东尼·吉登斯:《现代性与自我认同——晚期现代中的自我与社会》,夏璐译,中国人民大学出版社,2016年,第196页。

② 参见林毓生:《"五四"式反传统思想与中国意识的危机》,《中国传统的创造性转化(增订本)》,三联书店,2011年,第169—183页。

③ 参见李良玉:《五四新文化运动与全盘反传统问题——兼与林毓生先生商榷》,《南京大学学报(哲学人文社会科学)》,1999年第2期。

的内涵与性质即是中西合流,而不是全盘反传统①。这些论说对于深入研究新文化运动之于传统文化的态度,无疑具有启发意义。

实际上,中国传统文化包罗甚广,既有理念、观念层面的文化,也有制度、实践行为层面的文化。此外,不仅有作为官方意识形态意义上的文化思想,而且有作为民间的、一般知识、思想与信仰意义上的文化。毫无疑问,新文化运动时期的反传统主义,所批判的只能是其中之一部分。进言之,在蕴含丰富的儒家传统文化中,那些与来自西方的现代个人主义相异的地方,抑或含摄皇权、纲常名教等意识形态意味的文化传统,被打包进"孔家店"。这便是他们所要批判的儒学面相。正如是时的青年马克思主义者郭沫若所说:"自汉武以后,名虽尊儒,然以帝王之利便为本位以解释儒书,以官家解释为楷模而禁人自由思索。后人所研读的儒家经典不是经典本身,只是经典的疏注。后人眼目中的儒家,眼目中的孔子,也只是不识太阳的盲人意识中的铜盘了。儒家的精神,孔子的精神,透过后代的注疏的凸凹镜后是已经歪变了的。……于是崇信儒家、崇信孔子的人只是崇信的一个歪斜了的影象。反对儒家、反对孔子的人也只是反对的这个歪斜了的影象。"②郭沫若呈示出了是时反传统者的批判实质指向。从对文化传统的继承方法来看,这便是"批判地继承"。由此看来,学界长期过于关注"五四"的反传统面相,而相对忽略了这一时期中国传统文化本身所具有的开放性与连续性。"五四"的"反传统",主要是批判中国文化传统中不合时宜的社会政治内容,并未动摇中国文化整体性的价值信仰。而

---

① 参见陈卫平:《"五四"的文化转型:全盘反传统还是中西合流》,《社会科学战线》,2015年第7期。
② 郭沫若:《王阳明礼赞》,《郭沫若全集》历史编第三卷,人民出版社,1984年,第293—294页。

且,中国传统文化中的某些价值,恰恰起到了开放与接纳现代价值的窗口作用。

作为来自异域的现代思想,社会主义与悠久的中国文化传统之间,应具有一定程度的融通性,否则难以进入中国。王国维曾说:"……则西洋之思想之不能骤输入我中国,亦自然之势也。况中国之民固实际的而非理论的,即令一时输入,非与我中国固有之思想相化,决不能保其势力。"① 此论确然。无可否认的是,在中国传统文化中,尚有许多与社会主义思想相为契合之处,可以承继下来,以作为接引社会主义的有效思想资源。郭沫若《马克思进文庙》一文曾以富于想象力的文学笔调,将如上情形清晰地呈现出来②。从这个意义上说,中国早期的马克思主义者,确乎是以儒家文化为代表的中国传统文化的继承者。

此外,也有学者从儒学与作为欧陆哲学的马克思主义之间的思想气质相切近处,分析马克思主义何以能够在中国产生巨大的社会影响力。何中华先生认为:"马克思主义同儒学之间除了时代性距离外,还存在明显的民族性差别,这体现着东西方文化在总体上的异质性。……但问题的辩证性质就在于,东西方文化除了差别之外,还存在着某些相同或相似的方面,特别是欧陆哲学与中国思想之间的亲和性,恰恰构成马克思主义同儒学得以会通的文化基础和条件。"③ 然而,"中国思想同欧陆哲学之间何以具有亲和性? 其实,从某种意义上说,文化现象只能描述而难以解释。或许是因为欧陆和中国在文化发生学意义上都具有大陆性格,或许是

---

① 王国维:《论近年之学术界》,《王国维文集》第 3 卷,中国文史出版社,1997 年,第 39 页。
② 参见郭沫若:《马克思进文庙》,《洪水》第 1 卷第 7 期,1926 年 1 月 1 日。
③ 何中华:《马克思与孔夫子:一个历史的相遇》,第 35 页。

因为两者都具有擅长玄思和追求理想的品性,如此等等,但无论如何,两者之间的距离感显然没有中国思想同英美哲学之间的那样大,异质性没有那么强烈,则是一个相当明显的事实"①。平心而论,如上从文化气质类型来解释马克思主义能够进入到拥有沿袭千年而未中断的儒家文明的中国,并发展成为巨大的社会政治运动的深层原因,这一观点是可以成立的。因此,中国选择走社会主义道路,不是政治历史发展的偶然,而是历史文化衍变逻辑的必然。

　　1938年,毛泽东在中共六届六中全会上强调指出:"今天的中国是历史的中国之一发展,我们是马克思主义的历史主义者,我们不应该割断历史。从孔夫子到孙中山,我们应该给以总结,我们要承继这一份珍贵的遗产。"② 正是在这次全会上,他正式提出了"马克思主义中国化"的重要理论命题。1943年,中共中央在回应共产国际解散问题时,着重表明了如下文化立场:"中国共产党人是我们民族一切文化、思想、道德的最优秀传统的继承者,把一切优秀的传统看成和自己血肉相联的东西,而且将继续加以发扬光大。中国共产党近年来所进行的反对主观主义、宗派主义、党八股的整风运动,就是要使马克思列宁主义这一革命科学更进步地和中国革命实践、中国历史、中国文化深相结合起来。"③ 由此可见,即便在革命斗争的年代,中国共产党人也以对中华优秀传统文化的继承为其重要的关切。"古为今用"是中国共产党人在继承中华优秀传

---

① 何中华:《马克思与孔夫子:一个历史的相遇》,第56页。
② 毛泽东:《论新阶段抗日民族战争与抗日民族统一战线发展的新阶段——一九三八年十月十二日至十四日在中共扩大的六中全会的报告》,《毛泽东选集》第二卷,人民出版社,1991年,第534页。
③ 毛泽东:《中国共产党中央委员会关于共产国际执委主席团提议解散共产国际的决定》(1943年5月26日),《中共党史教学参考资料(三)》,人民出版社,1959年,第38页。

统文化时所一贯秉持的鲜明文化态度。在马克思主义方法论原则的指导下,这一强烈的传统文化继承意识,对于推动马克思主义中国化的进程,发挥了积极的作用。

20 世纪 90 年代,国内出现了传统文化热、国学热思潮,儒学再次获得发展与弘扬的良好契机。儒学与社会主义的对话也逐渐成为学人关注的重要问题。尤其是 21 世纪初以来,儒学研究的发展进入了快车道。这在很大程度上,与中国特色社会主义的经济发展所取得的巨大成就有关。这一巨大成就,改变了中国人一百多年来的落后、自卑的心态,增强了文化自信心。它确证了处于儒家文明圈的中国,成功走出了一条有别于西方资本主义国家的社会发展道路,并进一步带来了文化上的自觉或省思,即对马克思主义中国化的"文化转向",其中包括对于儒学与社会主义之间关系的理性思考。由此,学界对于儒学的现代转型问题的探讨蔚为大观,而儒学思想的创造性转化与创新性发展也成为学人研究的焦点性论域。

实际上,在百年来的历史进程中,作为中国传统思想文化核心组成部分的儒学,始终在场。而且,在与社会主义发生了历史性的相遇之后,彼此不断地进行互动对话,为走中国特色社会主义的道路,提供了丰富且有效的文化思想资源。这是中国共产党在顺应时代的需要中,不断以自己的独特方式,继承与弘扬儒学传统的重要表征。因为"中国共产党是马克思主义者,坚持马克思主义的科学学说,坚持和发展中国特色社会主义,但中国共产党人不是历史虚无主义者,也不是文化虚无主义者。中国共产党人始终是中华优秀传统文化的忠实继承者和弘扬者"①。

① 习近平:《在纪念孔子诞辰 2565 周年国际学术研讨会暨国际儒学联合会第五届会员大会开幕会上的讲话》(2014 年 9 月 24 日),人民出版社,2014年,第 13 页。

总而言之,马克思主义中国化就是把马克思主义基本原理同中国革命、建设具体实际情况相结合,而中国传统文化尤其是儒家文化是中国具体实际情况的不容忽视的文化土壤。儒学是马克思主义中国化得以成功赓续的必不可少的精神思想资源。习近平总书记指出:"中华优秀传统文化的丰富哲学思想、人文精神、教化思想、道德理念等,可以为人们认识和改造世界提供有益启迪,可以为治国理政提供有益启示,也可以为道德建设提供有益启发。对传统文化中适合于调理社会关系和鼓励人们向上向善的内容,我们要结合时代条件加以继承和发扬,赋予其新的涵义。"① 这即是"阐旧邦以辅新命"的意思。大力弘扬中华优秀传统文化,开掘儒学所固有的丰富思想资源,有助于新时代中国特色社会主义文化建设伟大事业的发展。近些年来,学界对于包括儒学在内的中华优秀传统文化的研究与弘扬,虽然取得了不少的成果,但是,对于中华优秀传统文化的创造性转化与创新性发展,以及它的现代价值资源的深入开掘来说,"研究工作还处在初步阶段,碎片化的研究较多,系统性的思考较少;表态性的政治化的话语偏多,学理性的阐释不足"②。本书尝试多在学理性的阐释上用力,冀图系统深入地论析儒学价值的现代转型,及其对社会主义核心价值观涵养方面的积极意义。

具体言之,本书力图达成的理论目标主要有两点:其一是探究凸显中国传统公共精神的儒学思想形态的存在,并藉此讨论它在现代处境下实现创造性转化与创新性发展的可能性空间。这是一

---

① 习近平:《在纪念孔子诞辰 2565 周年国际学术研讨会暨国际儒学联合会第五届会员大会开幕会上的讲话》(2014 年 9 月 24 日),第 7 页。
② 李宗桂等:《中国优秀传统文化的现代价值》,人民出版社,2019 年,第37 页。

种与以往学界着重于探讨心性儒学联系密切却又有所不同的学术面相;其二是阐释儒学公共精神与社会主义核心价值观涵养之间的内在关联,尤其侧重阐释儒学公共精神对中国特色社会主义治理价值观的主要涵养机制。其现实意义在于为新时代社会主义核心价值观的建构与涵养提供丰富的优秀传统思想资源,以期有助于推进国家治理体系和治理能力现代化,贡献应对全球治理秩序危机的中国智慧与中国方案。

第二节 学术史回顾:公共精神、 儒学与社会主义

一、关于"公共精神"概念的讨论

近年来,"公共精神"问题日益引起学界的关注,相关讨论逐渐增多。其中,尤以伦理学、政治哲学与公共管理学等学科领域为突出。个中缘由,大体与当下中国转型期的社会公共生活中所出现的公德心、公共责任、公共理性、参与意识的薄弱抑或缺失现象有关。这些都是引发学人致力于讨论"公共精神"话题的现实问题意识。从稍长远的角度来看,公共精神的建构与培育,对于我国国家治理体系和治理能力现代化,全面建设社会主义现代化强国来说,具有极为重要的现实性意义。它是社会主义共同体价值结构中的基准价值维度,是社会主义核心价值观中的价值基础与底色。

虽然作为概念意义上的"公共精神"是现代的理论话语,但是作为观念意义上的"公共精神",可谓由来已久,且有中西之异。因之,它的具体内涵颇为复杂,论者异说纷纭。

不过,目前学界大多从现代意义上阐释公共精神内涵。首先,

如彭继红认为,现代公共精神是孕育于公共领域之中的位于最深的基本道德理想和政治价值层面的以民众利益和社会需求为依归的精神趋向。它包含民主、平等、自由、秩序、公共利益和负责任等一系列最基本的公共范畴[1];其次,从公民道德与公民社会的角度阐释现代公共精神的内涵及其培育的必要性。如李萍指出,公共精神是以利他方式关心公共利益的态度和行为方式。它是公民道德和公共行政伦理的基础,且只能在公共生活和公民社会的空间里得以生长[2]。袁祖社则认为,现代教育的使命与核心任务在于培育民族精神,民族精神之实质就是公共精神,而培育公共精神之关键在于培养民众"公民意识"[3]。吴开松提出,公共精神是现代公民必须秉承和塑造的人性价值和精神品质,其现代内涵应包括权利意识、平等诉求、责任意识、参与精神诸特征[4];再次,从公民权利与公共精神之间关系的角度阐述公共精神涵养何以可能。如褚松燕基于对公民的三大权利即公民权、政治权力与社会权利与公共精神概念之间关系的分疏,强调了公共精神之于现代社会的价值意义,并提出我国当前社会公共精神的涵养路径:一,从维稳向维权思维的转变;二,推进公民有序政治参与;三,鼓励社会自组织;四,以增强公民权利行使能力为目的,培育公共精神[5]。以上这些研究成果,基于当代中国社会的问题意识所建构的对于

---

[1] 参见彭继红:《论 20 世纪中国公共精神的复兴和重建》,《湖南师范大学社会科学学报》,2003 年第 6 期。

[2] 参见李萍:《论公共精神的培养》,《北京行政学院学报》,2004 年第 2 期。

[3] 参见袁祖社:《公共精神:培育当代民族精神的核心理论维度》,《北京师范大学学报(社会科学版)》,2006 年第 1 期。

[4] 参见吴开松:《简论公共精神的现代内涵》,《光明日报》第 10 版,2008 年11 月 4 日。

[5] 参见褚松燕:《论公共精神》,《探索与争鸣》,2012 年第 1 期。

现代"公共精神"的理解,无疑有其价值意义在。但对于"公共精神"内涵的深入理解与现实培育践行而言,应该进一步开掘其历史的维度。

诚然,近年学界亦有关于这方面的为数不多的论著,如刘鑫森《当代中国公共精神的培育研究》一书,从历史的角度阐释公共精神的生成及其当代培育路径。它以中国现代化的历史进程作为论述背景,以人的现代化作为问题切入,以建构当代中国政治公共性作为价值皈依,探讨公共精神的历史生成、现代特性及其在当代中国培育的路径①。但该著对于"公共精神"的历史生成与衍变的重构,显然是以公共精神在西方的历史演变为基调来叙述的,认为现代公共精神的源头在于西方,明显强调现代的公共精神特质是自外于中国传统社会的。现在看来,不得不说,它虽然致力于系统梳理现代公共精神的历史脉络,有助于人们对于公共精神的理解,但是将中国传统与现代的二元关系在社会政治公共性层面上加以对立化的思维,却令人遗憾。从人类构建政治共同体的整个历史实践来看,其虽注意到西方现代公共精神的历史传承与发展,但却缺失对于非西方社会历史,尤其是中国传统社会政治公共精神维度的关注。中国传统社会政治共同体中的"公共精神"观念无疑处于"失语"状态。

当然,学界对于中国传统社会的"公共精神"疏于关注与探究,有着不可否认的历史性原因。譬如,近人梁启超曾主张传统中国社会有私德而无公德,他说:"道德之本体一而已,但其发表于外,则公私之名立焉。人人独善其身者谓之私德,人人相善其群者谓之公德。二者皆人生所不可缺之具也。无私德则不能立,无公

---

① 参见刘鑫森:《当代中国公共精神的培育研究》,人民出版社,2010年。

德则不能团。……吾中国道德之发达,不可谓不早,虽然,偏于私德而公德殆阙如。……若中国之五伦则惟家族伦理稍为完整,至社会、国家伦理不备滋多。"① 按照梁启超的看法,传统中国既然不存在所谓"公德",那么"公共精神"自然是付诸阙如了。此外,梁漱溟亦认为,中国人缺乏如国家等团体的生活观念,亦即公共观念。他在《中国文化要义》一书中指出:"人们的品性,固皆养成于不知不觉之间;但同时亦应承认,公共观念不失为一切公德之本。所谓公共观念,即指国民之于其国,地方人之于其地方,教徒之于其教,党员之于其党……如是之类的观念。中国人于身家而外漠不关心,素来缺乏于此。特别是国家观念之薄弱,使外国人惊奇。"② 两位先生对于"公德"抑或"公共观念"的理解,无疑是以西方现代政治伦理价值特质为评骘标的,从而在一定程度上遮蔽了中国传统观念中的"公"或"公共"在现代社会场域下的合理性成分。近来,学界也出现了对于近代以来重"公德"论说的反思性研究。例如,陈来对于梁启超"论公德"的言说理路,曾作过详细的剖析,认为梁氏主要以源自西方社会的政治性公民道德来界说"公德",从而忽视了"公德"中所应包含的社会公共道德层面的意涵。而儒学伦理道德实际上属于关系伦理,蕴含着丰富的社会公共道德思想③。然而,他们的学说思想对于近代以降的中国读书人的影响极大,蔚成学界主流观点。平心而论,他们接引西方现代社会政治观念进入中国,有其积极贡献的一面,但也轻忽了中国传统所本

① 梁启超:《新民说·论公德》,《饮冰室专集之四》,《饮冰室合集》(6),中华书局,1989年,第12—13页。
② 梁漱溟:《中国文化要义》,上海人民出版社,2003年,第82页。
③ 参见陈来:《中国近代以来重公德轻私德的偏向与流弊》,《文史哲》,2020年第1期。

有的有利于形塑现代公共观念资源的存在。

鉴于此,意欲使得中国传统社会政治共同体的"公共精神"观念得到合理的重视与研究,则需学人在对于当下常用的"公共精神"概念的内涵进行包容性界定之前,秉持以下两种态度:一是放弃"传统"与"现代"二元对立思维下的所谓现代性立场宣示。理性客观的研究比诉诸情绪化的西方中心论立场更有利于建构当下中国社会政治的公共精神秩序;二是对于"公共精神"概念内涵应采取一种相对宽泛的理解。换言之,就是在古今中西之间找寻共同的坐标点,以便更好地开展不同思想之间的对话。出于如上考量,笔者认为,"公共精神"的概念内涵,大体是指作为人类社会政治共同体中的个体成员,所具有的捍卫公共利益的责任意识,参与公共事务的担当意识,以及由此而产生的批判精神。简言之,即是指涉共同体成员的价值取向、精神特质与行为态度等。基于这一"公共精神"概念内涵的界定,彰显现代社会公共精神的价值维度主要体现为"平等""自由""民主""公共责任""公共理性"等等。实际上,这些价值与中国传统社会的公共精神价值存在一定程度上的通约性,彼此之间确乎具有展开对话的理论空间。

二、关于儒学"公共精神"的讨论①

就中国传统文化语境而言,"公共精神"指谓的是一种德性伦理精神,以及基此形成的社会政治共同体精神。从历史文献看,

---

① 关于"公共精神"以及"公共性"观念,学界以往多从发生学意义上,认为这些观念都是来自西方或者是由西方社会所形塑的现代精神,进而主张中国传统社会是非"公共性"的,抑或是反"公共"的。从这个意义上,将中国文化传统,尤其是儒学思想传统,与现代社会政治特质作出了一个(转下页)

"公"字出现较早,见于甲骨文中,其义仅仅指涉"先公"或地名。而"至西周时代,'公'字使用范围渐广,出现了从人指向物指、事指的扩展,并且蕴含政治公共性的意味。其'人指'是指涉人的显贵身份和个人,如'公'即为贵族爵名,且出现以官爵称人者如周公、召公等;其'物指''事指'是与'公'有关的事物或事情,如公族和公田、公事和朝廷等"①。《尔雅·释诂》云:"公,君也。"此处"公"字是对于统治者的代称。正如有学者认为,"周代君、公两名通用。……只是一国统治者的通名"②。也有论者对于此处的"君"字,提出另一种解释,认为"君"通"群",是群聚、众多的意思③。即此而言,"君"可引申为"群体""共同体"。而"公"便是对于这一共同体特征的描述。周初出现德性观念,主要针对统治者的政权合法性而言。也就是说,"公"字从某种意义上,已蕴含"德性"的意味。何谓"德性"之"公"呢?《说文解字》云:"公,平分也,从

（接上页）截然对立的区隔。实际上,这是一种西方中心论抑或一元现代性思维的表征。由此带来的后果是,从很大程度上阻断了以儒学为代表的中华优秀传统文化进行现代社会政治转型的内在管道。换言之,中国传统社会政治资源在现代转型中的"悬置"或缺位,而全然移植异域观念,终将无法为中国现代化道路进行有效性奠基。鉴于此,本书对于"公共精神"及"公共性"概念,采取一种较为宽泛的理解,将之视为人类社会政治共同体所具有的基本观念特征,以开掘有益于中国现代化建构的传统社会政治资源,尽管该概念或观念在具体时空中,会呈现出不同程度上的殊异性(如古今中西之异)。

① 杨肇中:《儒家"仁"观念与现代公民社会型塑略论——基于中国传统"公"、"私"观念发展演变的视角》,《天府新论》,2013年第6期。

② 周法高主编:《金文诂林》卷二,香港中文大学出版社,1974年,第482—483页。

③ 参见徐朝华:《尔雅今注》,南开大学出版社,1994年,第2页。

八，从厶。八犹背也。韩非曰：'背厶为公。'……共，同也。"① 这里"公"字的意思，已作为与"私"相对待的概念来看待，其含有"公共""共同"的公共性意味至为明显。由此可见，先秦时期，已有从公私分判的角度来言"公"之意蕴。故此，"公"即含有"公共性"的意思。此外，对于"公共"一词连用，较早的如："法者，天子所与天下公共也。"② 综而言之，作为一个群体或共同体的首领、君主，必须具备"德性"，这一"德性"之表征在于其是否具有彰显政权或政治公共性的公共精神。而这一公共精神的观念在很大程度上为儒家所继承下来。

当然，就儒家传统的公共精神来说，它主要体现在"士君子"阶层之中，也就是孟子所说的"无恒产，而有恒心者，惟士为能"。他们念兹在兹于"齐家治国平天下"的公共事务理想，其彰显的是中国传统士大夫身上所具有的"公共精神"。从这个意义来说，儒家士大夫是中国传统社会中的"公共人"。正如论者对于"公共人"特质的论析："从功能发挥方式上讲，他们不是基于自言自语、自问自答的独语性思考，而致力站在公共的角度观察，分析和解释公共问题；从其社会影响上讲，'公共人'不是以谋生的专业技能引起公众关注，而是以公共事务的议论引发社会政治反响。"③ 这一论说一定程度上与先秦以降儒家士人的人格特质相为契合。通俗来讲，这便是士君子的天下关怀、担当精神，也是孔子所主张"君子喻于义"的深刻内涵。

① 〔汉〕许慎撰，〔宋〕徐铉等校：《说文解字·八部》，上海古籍出版社，2007年，第50、126页。
② 〔汉〕班固撰，〔唐〕颜师古注：《汉书》卷五〇《张冯汲郑传》，中华书局，1962年，第2310页。
③ 任剑涛：《公共的政治哲学》，商务印书馆，2016年，第331页。

大体而言，儒学公共精神除了体现在对于天下、国家政治秩序安顿的具体主张之外，还体现在对于传统君主政治制度实践中现实弊端的强烈批判精神之上。关于这一点，令人印象极为深刻的莫过于明清之际的启蒙思想。譬如，黄宗羲在《明夷待访录》里展现了解构现实君主专制政治的有力论说。他认为，三代以下之君主，"以我之大私为天下之大公"，颠覆了三代"以天下为主，君为客"的王道政治秩序。故此，他发出了"天下之大害者，君而已"的喟叹①。黄宗羲君主政治批判言说有其思想史背景，即晚明时代公私观的转变。具言之，是时个体权利意识的凸显，在哲学上表现为，将"私"从程朱理学的意识形态道德审判台上救起，让它成为天下政治共同体的个体成员身份的标识，进而承认"私"的合理性。由此，重建新的公私观，重构"天下为公"的古典理念：天下人人得其私，即为天下之大公。不得不说，这是对于先秦"天下者，乃天下之天下"观念的回归。总之，黄宗羲的公共精神，是对于三代以后，具有"天下"国家化形态的君主政治共同体秩序的猛烈抨击，确乎具有强烈的启蒙意味，庶几近乎现代社会公共精神的论旨。由此可见，儒学传统的公共精神与现代社会的公共精神之间存在对话的通道。

就儒学与现代公共精神关系问题的研究而言，已有初步的可喜成绩。学界对于儒学的研究侧重点已逐渐发生了从心性道德之儒学向社会政治之儒学的转变。由此，儒家政治哲学思想的研究成为当下的显学。与此同时，对儒学与现代公共精神问题进行讨论的成果亦渐有所见，具有代表性的如：廖申白认为，儒家伦理传统的观念主张，人不是生而成的，而是经人的世界的伦理日用而道

---

① 〔明〕黄宗羲:《明夷待访录》,《黄宗羲全集》第一册,第 2 页。

德地生成的。而中国人的道德生成与完成主要在家庭伦理日用中实现。因此,儒家伦理不能构成已发生巨大变迁的现代社会公共生活伦理[①];张舜清则指出,公共精神既是一种理念,亦是一种能力,作为一种理念,从根本上说,公共精神是尊重人、关心人,重视每个人生命价值与尊严的精神的扩展,而对这种精神,上至孔子,下迄新儒家,都有着相当的重视与论述。因此,儒家伦理精神不仅不会构成现代公民伦理形成的根本障碍,相反,它与现代公民伦理的精神要求是相得益彰的[②];任锋充分肯定儒学公共精神的现代价值,认为儒家主导参与的政治传统已经由其公共性精神而包含了与现代人民政治相通的管道[③];姚中秋则强调,应该超越基于西方经验形成的关于公共生活和公民的地方性概念和理论,发展更为普遍的共同体、公共生活和公民理论。而只有实现上述视角的转换,才能充分开掘儒学公共精神资源以建构有中国特色的社会政治治理方案[④]。

总体来看,对于儒学公共精神的研究仍然处于初步探索阶段,尚缺乏系统深入分析的研究成果。本书试图在学界已有的相关研究基础上,深入探究儒学的公共精神形态及特质问题。因为这不仅是对于儒学自身的创造性转化与创新性发展的推进,而且关乎儒学对于新时代社会主义核心价值观涵养资源的开掘这一马克思

---

① 参见廖申白:《儒家伦理与今日之公共生活问题》,《中州学刊》,2005年第3期。

② 参见张舜清:《从"公共精神"看儒家伦理的现代转型》,《中南财经政法大学学报》,2007年第3期。

③ 参见任锋:《人民主权与儒学的公共精神》,《文化纵横》,2012年第1期。

④ 参见姚中秋:《重新思考公民与公共生活:基于儒家立场和中国历史经验》,《社会》,2014年第3期。

主义中国化的重大现实命题的有效构建。

三、关于儒学与社会主义的对话

　　中国特色社会主义是当代中国化马克思主义的主要内容。从这一意义上讲,儒学与社会主义的关系,实际上也就是儒学与马克思主义的关系。对此,近年来学界从不同角度作了研究。首先,就其基本特点而言,可分为各有侧重且互为交叉的四种类型:对立说、并存说、融合说以及主导与支援说。如方克立提出"一元主导"与"多元兼容"相结合的文化综合创新论,主张以"马克思主义"为一元主导,但它并不排斥科学、民主、法治、现代化,以及自由主义和儒学中某些思想资源,它们都可以作为"支援意识"而被兼容,或被辩证地综合进来①;郭齐勇指出,当代马克思主义中国化必须有一种自觉,即当代马克思主义与以儒家为代表的中国文化,以及政治自由主义为代表的西方文化的融合②;钟华指出,儒学文化与马克思主义是构建社会主义核心价值体系的两大基石,儒学文化与社会主义核心价值体系是相互交融的,但后者是对前者的超越和发展③。综上可见,对于儒学是否具有现代政治价值的问题,学界虽仍存分歧,但对之倾向于肯认态度者渐多。而如何从公共精神的角度,开掘儒学对于社会主义核心价值观的涵养,则是一个当下学界尚未深入论述,却又颇具价值的理论问题。

　　此外,值得讨论的是社会主义的公共精神问题。众所周知,公

① 参见方克立:《综合创新之路的探索与前瞻》,《哲学动态》,2008 年第 3 期。
② 参见郭齐勇:《儒学与马克思主义中国化及中国现代化》,《马克思主义与现实》,2009 年第 6 期。
③ 参见钟华:《儒学文化与社会主义核心价值体系》,《人民论坛》,2011 年第 32 期。

有制是社会主义的基本制度特征。这一制度理念意味着它对于人类政治共同体的公共性提出了较高的要求。在马克思看来,只有超越了资本主义的社会主义才是"真正的共同体",其要义就在于该共同体所蕴含的公共性程度之高。进而言之,他所力图建构的作为"真正的共同体"的科学社会主义(共产主义)具有超越于资本主义的优越性的表征,即在于其公共性程度的显现上。马克思认为:"在真正的共同体的条件下,各个人在自己的联合中并通过这种联合获得自己的自由。"①马克思所主张的"自由人联合体"亦即真正的共同体(社会主义或共产主义)。而在这一共同体中,每个人自由的真正获得,便是该共同体的公共性得到彰显的表征。由此可见,社会主义极为重视政治共同体的公共性价值。也有论者从词源考证的角度,认为"共产主义"即其本义而言,就是公共主义,包含"共有的""共同的""公众的"等涵义,而科学共产主义(社会主义)就是公共主义的科学形态。相较于资本主义来说,社会主义是一个公共性程度更高的社会形态②。该观点将社会主义较高程度的公共性特质加以明确提出。不可否认的是,彰显这一公共性特质的主体自然有其公共精神的存在。

第三节　儒学公共精神现代展开的逻辑理路

作为中国传统文化主干部分的儒学思想,无疑应该在深入挖掘和大力弘扬中华优秀传统文化过程中,扮演重要角色。然而,儒

①〔德〕马克思、〔德〕恩格斯:《德意志意识形态》,中共中央编译局编译:《马克思恩格斯文集》(1),人民出版社,2009年,第571页。
② 参见郭湛:《公共主义的核心价值观念》,《理论视野》,2011年第12期。

学是一个包罗甚广、内容极为丰富的思想体系。正如前文所述,其不仅有心性道德面相,而且有社会政治面相。就后者而言,我们在体认儒家政治的现代性转型的可欲性的同时,还应找寻到古今中西交汇之共同价值坐标,然后建立起中国现代性文化的自我认同的概念表达。而作为彰显人类公共精神的核心价值维度——"公共性",即为此一价值坐标。鉴于此,笔者主要侧重从公共精神的角度探讨儒学社会政治思想特质,及其在现代的展开问题。本书关于"儒学公共精神的现代展开"课题研究的主要逻辑理路,先后体现在如下四个论题中。

一、"儒学公共精神"的历史性生成问题

如前所述,就概念本身而言,"公共精神"无疑是一个现代的概念;而就精神价值观念来看,儒学无可否认地具有公共精神。不过,从概念的认同与接受的角度来说,"儒学公共精神"目前尚不是一个不证自明的学术概念。因此,它作为本书研究的主要内容与中心理论关切,理应需要被系统地加以阐释与证成。基此,笔者主要从哲学本体论、道德形上学与政治哲学等层面,对儒学公共精神进行深入的阐发。

儒者之学,志于经世。儒学传统公共精神与其经世品格密切相关,并贯穿于儒家"内圣外王"的思想结构之中。也就是说,作为儒家内圣论域的心性之学,只有在王道政治实践中,才能够获致真正的价值意义。在儒家观念中,心性学不仅关乎公共政治生活,而且须在天人关系的体知中,确立其言说的自洽性。换言之,儒家心性学必须有其形上本体论的依据,亦即是超越性的保证。基此,从天人关系到心性体证,再到社会政治秩序的型构,形成了儒家"内圣外王"的整全性逻辑链。其中,儒学公共精神之维源自天人关系的

形塑。进言之，"天道"或"天理"所蕴含的"王道公共性"品格通过人的德性伦理意识（或道德形上学）形塑了儒学的公共精神。同时，儒学公共精神亦表现在其对于义利关系的建构上，并在"位""德"共在的观念结构中，呈现出其对于社会政治公共性问题的关怀。

二、儒学公共精神在现实社会政治维度中的彰显问题

儒学公共精神在现实社会政治维度上的彰显主要体现在以下三方面：首先，它对于人类社会政治共同体的关切。儒家的八条目为"格""致""诚""正""修""齐""治""平"，终极归宿还是在于治国平天下理想，也就是说"天下"和"国家"才是儒家的中心关切所在。从传统意义上看，"天下"是儒家关于政治共同体的文明秩序建构的观念；而"国家"则是以统治阶层为中心的共同体秩序建构的观念。二者构成彰显儒家传统公共精神的两大共同体层级；其次，在漫长的历史变迁中，中国政治共同体形态发生了"国家"天下化与"天下"国家化的衍变，影响着儒家传统公共精神的形塑。尤其是跨入近代以后，"天下"发生崩解，"国家"面临重构，即从具有"天下"性格的文明型国家向民族国家嬗变；再次，它影响了儒家伦理政治特质的形塑。例如，基于普遍人性论与超越性思维所形成的儒家公共德性观念，形塑了传统民本政治范型。由此，儒家对于民本政治理想的实践，即是其传统公共精神得以彰显的外在表征。而这些传统质素在现代处境中，都将面临创造性转化与创新性发展的任务。

三、儒学公共精神的现代展开（一）：作为自我主体性的价值建构及其创造性转化与创新性发展

儒学作为一种具有悠久历史传统的思想流派，具有鲜明的主

体性意识,这使得历代儒者们逐渐衍生出带有强烈使命感与责任感的"为天地立心,为生民立命"的文化经世观念,并通过其道统论述加以夯实。由此可见,儒家的经世观念是儒学公共精神得以生成的文化源动力。而彰显经世品格的儒学公共精神在自我价值维度的建构策略上,会因应时代的变迁而有所调整。这种调整体现在儒学思想传统的创造性转化与创新性发展之上。从某种意义上说,儒学传统公共精神价值的创造性转化与创新性发展即是儒学公共精神现代展开的主要内容之一。儒学的价值体系内涵丰富,复杂多元。在现代处境中,契合儒学公共精神的价值体系主要由五个价值维度构成——"平等""自由""民本""共治"与"天下"。本书在讨论"儒学公共精神的现代展开"问题时,主要是围绕以上五个价值维度来进行的。下面简言之。

第一,就"平等"而言,毋庸置疑,它是人类现代社会政治的核心价值。儒学有无"平等"价值观念问题,一直以来是学界颇引争论的重要问题。如对于儒学社会政治价值持批判与否定者,认为儒家主张爱有等差与贵贱等级之分,故不认同儒学存在"平等"的观念;而对于儒学社会政治价值抱有温情敬意与肯定者,则认为儒家无论是思想还是制度文化,皆映现了其所具有的"平等"观念身影。而这一"平等"观念一般是从道德潜能与修养层面上加以论说的,而非直指现代公民个体政治权利意义上的"平等"。当然,儒家论道德,亦非单纯的道德主义言说,而是具有公共政治价值的实质性指向。笔者无疑倾向于后者,但并无为儒学公共精神强作现代解人的意思,而是试图从历史思想脉络中,疏析出儒学的"平等"价值观念之所具在,进而对儒家"平等"价值在现代的创造性转化与创新性发展方面,提出积极的建设性意见。

第二,"自由",如同"平等"一样,属于现代社会政治的核心价值,而且多指涉公民个体的政治权利。但在儒学论说体系中,不仅存在着"自由"的传统,而且蕴含着较为丰富的"自由"价值。譬如儒学之"自由",既是指谓个体通过修养工夫所达致的道德精神境界,同时又指涉儒学所构建的大同社会理想秩序中的伦理状态。儒学道德与伦理中的"自由"蕴含,皆有社会政治的公共性指向。而儒学公共精神也可在"自由"思想传统中得到彰显。故此,在现代社会处境中,儒学所包孕的"自由"意涵无论是前者还是后者,皆可传承与弘扬。儒学"自由"思想的创造性转化与创新性发展问题应该值得重视。

第三,儒家"民本"观念。这是中国传统政治思想中最富于特色的内容之一。儒家"民本"观念源于西周以降的传统"天命"观念与"德性"意识。它是彰显儒学公共精神极为重要的价值维度,在数千年中国政治文化传统中具有共时性意义。而这一思想在现代民主社会处境中,无疑更有其价值在。学界对于"民本"与"民主"二者的区分做过不少探讨,但主张"民主"是比"民本"更高一级的政治形式,是现代社会优于传统社会的例证的观点,是一种基于西方进化论的言说。笔者更多的是看到二者在公共精神建构层面上的相似性,其区分主要在于各自公共精神证成的政治传统与文化进路的相异,以及它们从政治实践中所展示的公共性强弱问题。但无论如何,对于中国文化传统的创造性转化与创新性发展而言,儒家民本观念是一个不可轻忽的价值维度。

第四,儒家的"共治"观念。按照清代章学诚的说法,周代以后,中国传统政治出现了官师分治的局面,天下共治观念大抵导源于此。换言之,文化与权力合作的格局自是而奠基。由此,道统与政统成为中国传统政治思想中的二维支撑理论。实际上"共治"观念亦可与先秦以降"天下非一人之天下,乃天下之天下"与"天下为公"观念相映照。这种"共治"的传统观念即是儒家大同思想在治理层面上的主张。它所呈示的公共精神价值自是不言而喻的,在现代社会政治中,也仍然有着强大的生命力。因此,它具有创造性转化与创新性发展的现实价值与意义。

最后,儒家的"天下"观念。对于儒家社会政治共同体来说,"天下"是含摄范围最大的,且具有浓郁的文明气息的公共性概念。就共同体的层级大小而言,"家""国""天下"三者,皆为逐级递增的共同体形态,彼此之间是可以通约抑或同构的。在这一点上,与现代民族国家观念颇为不同。后者以"国家"为人类社会政治共同体的最高实体。基此可见,近年来学界重提"天下"观念的主要原因在于当下全球化进程中由现代民族国家观念所引致的世界政治秩序危机问题的出现。从这个意义上说,"天下"观念的出现因应重塑人类世界社会政治共同体秩序的现实需要,可谓适逢其时。但无可置疑的是,其价值意义的时代呈现,需建基于自身的创造性转化与创新性发展之上。

综上所述,儒学公共精神的现代展开,就其作为主体性的自我价值建构来说,主要体现在"平等""自由""民本""共治""天下"等价值维度上。对于以上价值维度的提炼与总结,亦是基于现代社会处境的考量,这是儒学公共精神传统实现创造性转化的时代条件。而将之运用于解决人类当下现实公共社会实践问题,则需要诉诸其理论的创新性发展。

四、儒学公共精神的现代展开(二):与社会主义核心价值观的融汇

儒学公共精神的现代展开,不仅在于其主体性价值建构维度的创造性转化和创新性发展,而且要与具有现代品格的社会主义

进行理性对话,尤其是在核心价值观维度上寻求融汇。由此,儒学公共精神与经世理想才能较好地在具体实践中得以落实。在讨论这一问题之前,需对当代儒学与社会主义之间理论对话与融汇的可能性与必要性,进行简要阐述。

（一）儒学与社会主义价值融汇的历史逻辑与理论逻辑

近代以降,诸种社会思潮纷纭涌现,在中国大地上相互激荡,皆自期为中国寻求民族独立与解放之路开具有效药方。经过革命年代的长期竞争之后,马克思主义思想胜出,并扎根下来,成为中华人民共和国成立后的政治社会主流意识形态。这是中国近代历史所作出的必然选择。然而,值得进一步讨论的是,马克思主义者所主张的社会主义理想作为一种源自于西方社会的思想形态,何以能够扎根于拥有数千年未中断过的文明传统之中国? 除了人们所熟知的其能够有效因应近代中国"反帝反封建"之需外,社会主义与以儒学为主导的中国思想传统之间是否存在着价值理念意义上的文化契合与融通机制,进而为中国知识人接引社会主义进入中国提供深厚的思想奥援?

郭沫若在谈到社会主义与儒家传统思想的关系时曾说:"在这儿我在王阳明学说中与近世欧西的社会主义寻出了一致点。王阳明主张'去人欲而存天理',这从社会方面说来,便是废去私有制度而一秉大公了。在这儿西方文化与东方文化才可以握手,在这儿西方文化才能生出眼睛,东方文化也才能魂归正宅。所以在我自己是肯定孔子,肯定王阳明,而同时更是信仰社会主义的。"[1] 在郭沫若看来,西方文化发展到现代,社会主义是其真正的出路所在,

---

[1] 郭沫若:《王阳明礼赞·附论一精神文明与物质文明》,《郭沫若全集》第三卷历史编,第299页。

而儒家在"秉公去私"的文化观念上与社会主义具有一致性抑或融通性。因之,儒家社会理想及其现代转型,须与社会主义协同共进,才能获致成功。

儒学思想与社会主义之间所具有相辅相成的内在融通性对于近代以降马克思主义进入中国,并产生巨大的社会影响起到了积极的作用。由于近代中国知识人独特的"西学中源"观念的影响,减少了其接受域外思想时所产生的文化震荡感,如上异域思想之间的融通性则为他们接引社会主义思想来中国,提供了十分重要的文化思想便利。此外,儒学在中国具有久长深厚的社会信仰根基,也为一定程度上具有趋同性的社会主义与马克思主义的中国化、大众化提供了坚实的社会实践基础。这一点可从近七十年来的中国社会主义实践所取得的巨大成就中得以印证。这也为我们当下论析儒学对于社会主义核心价值观的文化涵养机制问题提供了丰富的思想资源与较大的理论形塑空间。而接下来一个重要的问题是,社会主义核心价值观何以需要儒学来加以文化涵养呢?换言之,其必要性何在?

首先,从历史的角度看,任何域外思想成功进入中国社会,并产生实践影响,必须有一个前提条件,那就是中国化。比如,源自印度的佛教来到中国后,经历了漫长的中国化过程,最后才形成了影响深远的中国化佛教思想。而作为西方社会思潮的社会主义亦无例外,其革命、建设与改革等各个时期,都经历了一个中国化的阶段。这就是通常所说的马克思主义"中国化"。众所周知,所谓马克思主义中国化就是将马克思主义基本原理同中国的具体实际(国情)相结合。而此一"具体实际"无外乎指涉中国本土所具有的经济、政治、社会、文化等方面的情状。就"文化"而言,儒学思想是中国传统社会所固有的主导思想形态。马克思主义中国化在

"文化"方面的创造性发展,自然无法绕过儒学。因此,中国化的马克思主义在构建社会主义核心价值观时,应重视儒学的文化涵养作用,后者之于前者来说,不仅是可能的,而且是必要的。

其次,中国特色社会主义道路的文化自觉性的彰显。在马克思主义创始人马克思、恩格斯那里,并没有提供现存可资套用的社会主义建设模式,而且,他们也不主张各国不讲究具体的历史时空条件的"生搬硬套"。正如马克思、恩格斯在1872年出版的《共产党宣言》德文版序言中说:"这些原理的实际运用,正如〈宣言〉中所说的,随时随地都要以当时的历史条件为转移。"① 中国特色社会主义便是中国共产党根据自身基本国情所探索出的一条建设社会主义的正确道路。20世纪60年代初,毛泽东在中共中央工作会议上曾坦率地说过:"两次郑州会议开得很仓促,我那时对中国社会主义如何搞还不甚懂。"② 毛泽东的这句话表明,中国共产党人在建设社会主义的问题上,已经具有了自主探索中国特色社会主义发展道路的初步意识。而在这一探索的过程中,对于如何构建现代"文化"的探索即为其题中应有之义。成功构建现代"文化"有个前提条件,那就是必须建基于对"文化"的理性认知与自觉性之上。

从文化的自觉性角度来看,新时代社会主义核心价值观的形塑与涵养应汲取来自儒学的丰富思想资源。促使中国特色社会主义的这一文化自觉性呈现,大体有以下两方面的原因:

第一,人们对于文化建构中的"传统"与"现代"两个维度关

---

① 〔德〕马克思、〔德〕恩格斯:《1872年德文版序言》,《马克思恩格斯文集》（2),第5页。

② 毛泽东:《总结经验,教育干部》,《毛泽东文集》第八卷,人民出版社,1999年,第273页。

系之认知发生了重要的改变。长期以来,中国知识人受西方社会理论如经典现代化理论的影响,认为"现代"与"传统"是二元截然对立的,只有告别"传统",才能走向"现代"。而且,更值得注意的是,两者在时间维度上的区分实际上为"西方"与"非西方"在空间维度上的分野所诠释。易言之,人们主张西方文化即是现代形态的文化;而东方文化则是传统形态的文化。而在如上所述文化现代性形塑的唯一性思维中,"全盘西化"似乎成为东方社会文化走向现代化的必然归宿。就中国学界而言,自20世纪90年代以降,"全盘西化"观念才逐渐被打破,"多元现代性"一词成为学界讨论现代性转型问题的重要言说概念。继而中国传统文化热、国学热成为一种独特的文化景观。实际上,中国特色社会主义所开创的现代化社会发展模式有别于西方社会现代化的发展进路。而这一发展进路在一定程度上是建基于而不是拒斥自身文化传统之上的。中华优秀传统文化具有鲜活的生命力,可以为当代中国特色社会主义建设提供治国理政方面的丰富思想资源。新时代中国共产党人提倡"文化自信"时,论及中国传统文化的创造性转化与创新性发展问题,便彰显了其所具有的文化自觉性。

第二,改革开放时代的来临,意味着中国特色社会主义建设事业的正式开启。此后四十余年时间里,中国在坚持四项基本原则的基础上,搁置姓资姓社的思想争论,以经济建设为中心,大力发展社会生产力,提高人民的物质生活水平。其间,中国国内生产总值一直保持高速增长,领先于世界各国。至2010年,中国成为世界第二大经济体,其经济社会成就举世瞩目。至今我国已全面建成小康社会,人民物质生活日益富足。不过,中国在经济崛起之后,其文化需求便提上议事日程。这一发展意图可从2011年10

月,中共十七届六中全会通过《中共中央关于深化文化体制改革、推动社会主义文化大发展大繁荣若干重大问题的决定》,正式提出"文化强国"战略中窥其一斑。自党的十八大以来,确立了实现中华民族伟大复兴中国梦的目标。而民族复兴的伟大事业无疑考验的是国家综合国力。故此,"文化强国"与"文化自信"等文化建设命题,频见于党的各种报告文献,以及思想舆论界。大力增强国家文化的软实力成为当下我国社会各界的共识。党的十九大报告又进一步强调了必须坚守"中华文化立场"的鲜明文化态度。总之,近年来,党的一系列文化发展战略布局,无不凸显中国特色社会主义在迈向现代化强国的途程中所展现的强烈文化自觉性。

值得一提的是,这种文化自觉性,不仅仅表现为重视中国特色社会主义文化价值体系的构建工作,而且对于如何构建文化价值体系问题也表现出了明显的理性价值选择倾向。譬如,主张中国特色社会主义文化的建构主要是基于中华优秀传统文化、革命文化与社会主义先进文化三者之间的融合创生等。由此看出,儒学思想文化将会在新时代中国特色社会主义的文化价值体系的形塑与涵养中占据重要位置。正如习近平总书记所说:"不忘历史才能开辟未来,善于继承才能善于创新。优秀传统文化是一个国家、一个民族传承和发展的根本,如果丢掉了,就割断了精神命脉。我们要善于把弘扬优秀传统文化和发展现实文化有机统一起来,紧密结合起来,在继承中发展,在发展中继承。"[①]

(二)儒学公共精神与社会主义核心价值观融汇的实践进路

习近平总书记在建党一百周年纪念大会上强调指出:"坚持把

[①] 习近平:《努力实现传统文化创造性转化、创新性发展》,《习近平谈治国理政》第二卷,外文出版社,2017年,第313页。

马克思主义基本原理同中国具体实际相结合、同中华优秀传统文化相结合,用马克思主义观察时代、把握时代、引领时代,继续发展当代中国马克思主义、21世纪马克思主义。"① 由此可见,中华优秀传统文化在21世纪马克思主义中国化的历史进程中,必定占有更为重要的地位。从这一意义上讲,马克思主义与以儒学为代表的中华优秀传统文化的相结合,便是马克思主义中国化的重要组成部分。儒学在参与马克思主义中国化进程中所发挥的功用大体在于当代社会道德建设与治国理政两个方面。这是现代儒学新命之所在。本书侧重于探讨儒学公共精神之于当代治国理政实践方面的价值意义。

如前所述,努力开掘优秀传统文化现代价值的言说,既是展示中国文化自信的时代体现,同时也是中国文化自觉的理性呈现。但是,对于儒学公共精神的现代展开来说,任重道远,需要我们进一步摒弃以往妄自菲薄的文化自我殖民心态,充分发挥文化自觉的理性运用精神。当下这一文化自觉层面上的理性运用精神,表现在对于儒家社会政治思想的"两创"问题的重视。对于儒学公共精神的关切与讨论即是实现"两创"目标的入手之处。进而言之,对于当代儒学公共精神的创造性转化与创新性发展来说,它的最终使命不仅在于完成其自身由传统形态向现代形态的理论转换,更为重要的是,在于实现其与社会主义核心价值观在实践上的时代融汇。而二者时代融汇的实践,则又在于儒学为社会主义核心价值观的涵养,提供有效的公共精神资源。

公共性是社会主义在制度实践中展示其具有更高优越性的核

---

① 习近平:《在庆祝中国共产党成立100周年大会上的讲话》(2021年7月1日),人民出版社,2021年,第13页。

心价值维度,而作为社会主义共同体成员最为重要的主体精神便是公共精神。公共精神的形塑直接影响到社会主义公共性的呈现效果。基此,对作为中国特色社会主义价值体系内核的社会主义核心价值观来说,公共精神的涵养不仅是题中应有之义,而且其主要文化资源应是以儒学为代表的中华优秀传统文化。而从某种意义上说,儒学公共精神对于社会主义核心价值观涵养的实现,即是其在现代社会得以展开的一个极为重要的表征。当然,这一实践目标的达成,无疑得益于当下特定的时代际遇:首先,就国内发展情势而言,新时代中国特色社会主义在以下三重价值维度上呈现出重要的转进:一,在文化价值维度上,形成了大力弘扬中华优秀传统文化,凸显文化自觉意识,彰显文化自信的精神风貌;二,在政治价值维度上,将全社会共同富裕与公平正义作为当前国家的工作重心,开启了全面建设社会主义现代化国家的征程;三,在发展方法论的价值视界维度上,提出了符合时代精神的特殊性与普遍性的辩证统一的真理性认知。这一国内发展时势的变迁,为儒学公共精神的现代展开提供了重要而广阔的思想舞台;其次,就全球治理秩序而言。当下国际社会政治秩序紊乱,民族国家冲突不断加剧,战争频发,已在很大程度上威胁到经济全球化的进程。故此,近年来中国相继提出一系列发展理念,譬如"人类命运共同体""全人类共同价值"等,以应对全球治理秩序危机的挑战。从一定意义上说,它显示了新时代社会主义核心价值观在普遍性维度上的建构愿景。然而,这一具有普遍性建构意味的价值愿景,从理论上如何证成,并进而在实践中得到国内国际认同呢?儒学公共精神或可发挥其积极的作用,为以上问题的解决,贡献中国智慧,提供中国方案。

总之,儒学公共精神的现代展开,获致了时代的机缘。而它在实践中的重要进路,主要体现在其对于社会主义核心价值观的涵养上。故此,本书侧重从治理价值观的维度,详细探讨儒学公共精神在制度理想、治理模式、治理原则,以及共同体理想形态的建构等方面对社会主义核心价值观的重要涵养机制,并简要阐述它的主要实现路径。

最后,需要郑重指出的是,本书的研究属于对中华优秀传统文化的创造性转化与创新性发展问题的当下探索。在这个探索的过程中,笔者坚持以马克思主义为指导思想,将其作为论说基础。关乎这一命意的考量,正如李维武先生所说:"中国古代哲学家在思考问题时总是强调先立乎其大者。今天我们实现传统文化的创造性转化、创新性发展也当如此。这个大者就是以马克思主义作为指导思想。"①

---

① 李维武:《传统文化的创造性转化与创新性发展——对习近平文化观的思考》,《武汉大学学报(哲学社会科学版)》,2018 年第 5 期。

第二章　儒学公共精神的历史性生成

第一节　儒学公共精神形塑中的超越性维度
——以天人关系的历史重建为中心

　　儒学公共精神的生成有着独特的历史性因缘与本体论建构传统。从儒家思想发展的历史角度看，王道政治公共精神的本体论建构端赖于时人对天人关系中"超越性"的体认。而"超越性"特质的彰显建基于人们对于天人关系观念的理解。天人相应或感应观念与天人合一观念在很大程度上分别形塑了人们的"外在超越"与"内在超越"的体认进路。

　　一、基于天人相应或感应观念的"外在超越"

　　从某种意义上说，儒学本体论向度为其呈现的"超越性"特质所表征。在前轴心时代，作为先秦诸子之一脉的儒学诞生之前（前儒学时期），中国古典文化中"礼"的精神价值源头在于"外在超越"——事神致福，这是由独特的天命观及浓郁的宗教信仰色彩所决定的。因之，"礼"的原始范型可谓"宗教型礼"。殷周之变后，德性政治观念开始显现，标志着中国古典文化特质获得了一个逐渐由"神本"向"人文"转向的契机。正如何怀宏先生所说："中国近三千年主要价值追求的第一个转折点，即商代西周开始的价值观从宗教主义向尘世主义和人文主义的转折,政治与宗教开始比较明显地分离。……而西周的统治者则开始强调以德配天、敬天保民,重心放在人力可为的范围,主要关心人间而非天上的事务。这一脱离宗教的超越信仰,或者说与一神论宗教拉开距离的转向……中国人的价值观再没有向宗教方向发展,而是向人文方向发展。"[①] 不过,这一转向过程是比较漫长的。周初的德性观念仍然是建基于具有浓郁人格神性色彩的天人秩序之上的。然而,它在天人秩序建构上有了新的突破——重视人在天人关系中的主动性。换言之,统治者的"天命"主要取决于其自身的德性修为。

　　周初统治者面对夏商周三代政权所发生的易代更替现象,产生强烈的忧患意识。由此,产生了新的政治观念抑或新的宗教观——德性宗教观。政权虽是受命于天,但执政者自身之德性决定"天命"之所授予。"天命"作为一种外在强大的力量而横亘于政治统治者面前,是其所必须敬畏的对象。这一"外在超越性"的政治观念与"天下相应""天人感应"的宗教信仰是若合符契的。不过,德性是天人之间的优良秩序建构中的重要平衡木:政治统治者有德,则天示祥瑞;失德,则天降灾殃。因之,在某种意义上,虽然周初的礼观念仍属于"宗教型礼"的范畴,但是基于如上德性观念的政治思想所彰显的公共性无疑强于周代以前纯然宗教信仰的"天命"观念。这一公共性彰显于它所尊崇之神的特质上。"周初宗教观与晚商卜辞中表现的宗教观相比较,有一个明显不同是周人有了新的至上神'天'。从卜辞看,殷人的至上神是帝,卜辞中没有'天'观念。周初天观念的渊源是什么目前还不清楚,但可以确

---

① 何怀宏:《中国改革开放经济发展的文化价值动因》,《武汉大学学报(哲学社会科学版)》,2019 年第 3 期。

信,由晚商之帝到周初之天,至上神的性质发生了实质变化。帝是殷人自家的神,不兼覆其他姓族,是所谓特殊主义的神。周初人所说的天却不是周人自家的神,而是兼覆了夏商两前王族的神,所以周初的至上神已由特殊主义的神转变为公共性的神。公共性的天神信仰是周初宗教观的中心。有了这个新的至上神信仰,周人才能以新的眼光看待神与人的关系,形成王者必须靠'敬德',而不是靠任何特殊关系来获得'天命'的观念。"①

　　中国古代社会政治公共性的建构具有标志性的突破是春秋时期"人文型礼"观念的形成②。对于这一轴心时代的"礼"观念的形成,颜世安先生的研究颇富于启发意义。他认为,春秋时期"人文型礼"的观念的形成,有一个重要的历史背景,那就是西周灭亡之后,贵族社会里传统宗教信仰的衰落,宗法政治组织制度的式微,以及诸夏族群共同体意识的形成等对是时贵族社会结构产生了重大的冲击,进而促进了人文思想的产生。"原始儒学的人文精神来源于春秋前中期贵族社会的思想变革,彼时传统宗教开始瓦解,新的人文意识抬头。"而这一历史变迁的表象背后隐藏着是时社会结构的变动,"此种结构变化就是贵族社会由宗法的组合转向'诸夏'

------

① 颜世安:《周初"夏"观念与王族文化圈意识》,《北京师范大学学报(社会科学版)》,2007 年第 4 期。

② 对于"礼"观念的形成,学界颇有不同观点。譬如,郭沫若、徐复观二先生认为,西周初年就出现了以"德性"思想作为政治伦理准则的重要标识的观念,即标志着"礼"观念的出现。颜世安则基于人与人之间的关系准则的考量,将以文化规模感为基础的礼乐意识视为"礼"观念出现的标识(以上诸说参见颜世安:《礼观念形成的历史考察》,《江苏行政学院学报》2003 年第 4 期)。笔者倾向于将"礼"的观念作一个相对宽泛的理解,并对其所表现的具体范型加以区分。如前者所谓之"礼",可视为"宗教型礼",而后者所谓之"礼",可视为"人文型礼"。"人文型礼"的出现确乎是在春秋时期。

的组合。西周灭亡,宗法网络废弛,为跨氏族的文化族群认同创造了条件。春秋初年出现诸夏认同,是历史上氏族长期融合的结果。这一结果给贵族社会带来结构性变化,并使贵族社会在灭亡前夕出现一次精神上的振作,古典人文思想的形成和孔子思想出现都颇与这次精神振作有关"。其中,尤其值得注意的是,"诸夏认同,意味着贵族的精神立足地开始转移。原先贵族是以氏族为单位,通过宗庙祭祀与神交流。与神的联系是贵族精神的支柱。此种联系在诸夏观念兴起后还在维持,但日趋式微。诸夏观念兴起后,贵族重视的是文化身份,而非宗庙身份。所谓文化身份就是礼仪的训练与诗书的教养。所以礼、乐、诗、书在此时受到重视,并渐渐成为古代人文思想的中心概念"①。颜氏清晰点出了中国古代文化思想中的宗教型礼观念特质向人文型礼观念特质转换的深层缘由,给予孔子用"仁"来建构并夯实人文型礼的观念一个颇具合理性的解释②。

　　总体来看,先秦时期,由贵族社会结构的变动所形成的政治公共性较之于周初的德性政治,又有了进一步的加强。后者主要还是基于宗法利益共同体的考量,将对纯然外在"天命"的被动领受转拓为对内在德性的伦理建构。而只有在逐渐超越宗族、氏族利益之上的"诸夏"认同意识产生后,聚合成华夏民族共同体,王道

---

① 颜世安:《从史学角度看春秋时期人文思想中的"超越性"》,《河北学刊》,2005 年第 1 期。

② 一般而言,"超越性"主要就天人关系、神人关系来说,突出天与神的超越性、神圣性,抑或人所具有的能够体认天道、神意的超越性。不过,颜世安先生对于"礼"观念所具有的"超越性"的解释却有些不同。他认为,超越性体现在基于人与人之间关系的准则之上所形成的"文化规模感"与"神圣感"。参见氏著:《从史学角度看春秋时期人文思想中的"超越性"》,《河北学刊》,2005 年第 1 期。

公共性才能得到实质性的显发,并表现于三代王国礼仪公共性的扩展上。"华夏的聚合本质上是一种上层文化的聚合,是王国礼仪文化逐步扩大,礼仪文化的公共性逐步被参与王权角逐的各大姓族上层贵族认同,由此形成跨越姓族血缘藩篱的文化共同体。"[①]这一华夏文化共同体的形成,预示着中国古代政治观念发生了从"王族独占"到"天下共享"的王道公共性建构上的重要转折。先秦诸文献中所出现的"天下,乃天下人之天下"的言说,即是此一新观念出现的显明表征。在某种意义上说,轴心时代人文型礼的观念形成,与王道公共性理论建构的初始成功是相携而行的。而接下来的问题是,在人文型礼观念奠定之后,王道公共性何以通过"超越性"品格的形塑而不断建构呢?

春秋战国时期,"礼崩乐坏",周王失尊,社会政治秩序紊乱,预示着宗教型礼观念的式微,及其政治整合力的衰败。春秋末年的孔子以梦周公为喻,试图恢复周代礼制的祈愿与雄心,在其"述而不作"的谦辞背后的是力图摒弃宗教型礼的陈迹,重塑人文型礼的努力。不过,其人文型礼观念的形塑与王道公共性的理论建构虽则同时进行,但因失却原本强大的"外在超越"品性,并未迅速建立起"内在超越"品性以作支撑天人秩序的本体性的思想力量,故此,孔孟仁义之说,虽不失为美轮美奂的理想主义情怀,却实难见容于当世。具体言之,从历史角度看,孔子以人所普遍具有的内在之"仁"来诠释"礼"的精神实质,来弥缝因传统鬼神信仰的衰败而导致德性虚无,进而造成礼的空洞化的缺漏。这一礼的空洞化会极大危及是时贵族宗法社会政治秩序,但也为春秋时期的礼之

---

① 颜世安:《王国礼仪公共性的扩展——简论古代华夏族群的形成途径》,《江苏行政学院学报》,2006 年第 6 期。

范型的"人文转向"提供了契机。职是之故,秉承"郁郁乎文哉,吾从周"理念的孔子致力于重振周代礼制社会。他着手处便是重建人们对于"礼"的精神本质——"仁"的理解。由此言之,"礼"的内在化倾向,是由孔子奠其基,思孟学派承其绪、发其皇,至宋明时期,随着理学的崛兴而臻其巅。这便是儒学"内在超越"品格的建构史。

对于"礼"的观念,我们可以采用儒学尚未极度"内在超越化"的汉代学者的解释。譬如,按照《说文解字》对于"礼"的解释:"礼,履也,所以事神致福也;从示,从豊。"①这句话可以翻译为:用特定的器皿,从事祭祀、祷告的活动,以便"天垂象,见吉凶",进而指导人们的日常生活,这即是"礼"的原初义蕴。由此可见,"礼"蕴含着如下两层意思:一,礼是作为一套日常生活仪式而存在的,所谓"履"即是此意。二,在这一生活仪式的背后,隐藏着人们的生活信仰观念,即是"事神以致福"。由于人格化之"神"代表着"上天"的意志,因之,它所透示的是从具象的"神人"关系,进而及于抽象的"天人"关系。人类只能顺应而无法违抗作为外在力量的"上天"。实际上,"事神致福"观念阐释的是一种基于"鬼神即天命"信仰的远古型天人关系。而且,在前儒学时代,抑或前轴心时代,"礼"的本体论所凸显的是一种"外在超越"的精神。这是中国的神本主义时代的生活观念,亦是其时主流的政治观念。人间的社会政治秩序的安顿主要诉诸上天的眷顾与宗族或氏族的祖先神鬼之庇佑。因之,世俗政权的合法性纯然源于外在的"天命"。西周初年"德性"观念的出现,"礼"的观念及世俗秩序的正当性来源才逐渐发生了从外在的"天命"向人的内在德性方向的转化。而

---

① 〔汉〕许慎:《说文解字·示部》,第2页。

在礼崩乐坏的春秋时代,孔子承继周代的德性观念,正式提出了以"仁"释"礼"的理论命题。由此,儒家古典文化特质在社会生活中出现了从"宗教型礼"的观念向"人文型礼"的观念的异动,进而在理论上发生了由"外在超越"向"内在超越"的转向。然而承继周初德性思维的"内在超越"品格在"礼崩乐坏"时代的建构却似乎显得不合时宜,以惶惶如丧家犬自喻的孔子的日常生活遭际即为其显证。但是"朝闻道夕死可矣"的追求"超越性"品格的求道精神,成为以先秦以降的儒者们前赴后继,星火传承的不竭动力。

值得注意的是,礼的范型在由宗教型逐渐转向人文型的过程中,其宗教性抑或宗教精神作为一种历史的遗存基因深深置入儒学的机体内,成为其追寻"超越性"的本体论基点。此一特性,正如徐复观所说:"从宗教转向人文,只是舍掉宗教中非合理的部分,转向于人文合理基础之上;但宗教精神,则系发自人性不容自已的要求,所以在转化中,不知不觉地织入于人文精神之中,进而与其融为一体,以充实人文精神的力量。"[1] 儒者以"天人感应""灾异谴告"等观念重塑汉代新儒学中的天人秩序特质,而今人以此为汉代儒学的宗教迷信化现象,以为不足论而轻蔑之。如果我们能够放下"科学"与"宗教"二元对立的科学主义思维去探究汉代思想史,或许可经过"同情之理解",看到以董仲舒为代表的汉代儒者在追寻儒学人文化的途程中,重启传统"宗教性"精神的原初用意。

不过,董仲舒基于春秋公羊学的今文经学建构逻辑,以"阴阳五行""天人感应"及"灾异"说来重塑儒家天人关系结构,致使其学术气质在很大程度上显异于先秦儒学,由此引来今人对之作出否定性的评骘:"对先秦理性主义、合理主义应有的发展,加上了一

---

[1] 徐复观:《两汉思想史》(三),《徐复观全集》,九州出版社,2014年,第213页。

层阻滞。……先秦经学,实至仲舒而一大歪曲,儒家思想,亦至仲舒而一大转折。"[1] 探究董仲舒思想之经世意旨,大体有如下三点:一、沿循战国以降,以编户齐民为主要特质的郡县制发展,进而探寻大一统下的中央集权政治模式的需要[2];二、振刷汉初黄老政治之弊,以及"去刑崇礼"的儒家德治社会形塑的需要;三、皇权政治秩序之良性运转的需要。无论是儒家德治社会的理想,抑或制约皇权、共治天下的治理模式,从本质上来说,必须诉诸"超越性"的力量来架构合理的天人秩序。如前所述,汉代社会的宗教信仰氛围浓郁,儒家内在心性的理性思辨建构因远未臻如宋明理学般之精粹而尚无法作为一支独立的本体论力量来重建是时人们头脑中的天人秩序。作为具有外在超越性特质的宗教信仰因能提供强大的本体论力量——宇宙本体论而堪当此重任。不过,董仲舒的儒学思想也不尽卯合传统神天宗教信仰之言说,因为他建构了一套具有实证性意味的天人哲学。诚如徐复观所言:"到了董仲舒,才在天的地方,追求实证的意义,有如四时、灾异。更以天贯通一切,构成一个庞大的体系。"[3] 董仲舒的宇宙本体论思想成就了汉代新儒学所具有的"外在超越"性格。从公共性的角度来看,这一"外在超越"特质的重塑,有力地彰显了儒家将其经世品格的建基于"公天下"的王道政治理想之上,以"大道之行也,天下为公"的公共政治哲学逻辑来建构在大一统的皇权政治秩序中"屈君以伸天"的理论正当性。从这一意义上,认为董仲舒等汉代儒者的中心旨趣在于重塑儒家王道公共性的看法,大体是不错的。

---

① 徐复观:《两汉思想史》(二),《徐复观全集》,第 333 页。
② 林聪瞬:《儒学与汉帝国意识形态》,上海人民出版社,2017 年,第 159 页。
③ 徐复观:《两汉思想史》(二),《徐复观文集》,第 345 页。

二、基于天人合一观念的 "内在超越"

自孔孟儒学以后,至于宋明理学之间的千余年,儒学的 "内在超越" 面相在一定程度上处于隐而不彰的状态。而如前所述的汉代儒学之 "外在超越" 面在魏晋隋唐之道、佛二教的竞争压力下,似乎显得黯淡无光,颇有 "儒门淡泊" 之叹。不过,在唐中叶韩愈提出 "道统" 说以重振儒门后,儒学生命力的焕发之进路逐渐向内寻求其 "超越" 之所。至两宋程朱理学出,以《大学》《中庸》等经典论述为理论基底,通过 "格" "致" "诚" "正" "修" "齐" "治" "平" 等八条目作为具体方法论之言述架构,达致 "明明德" "新民" 与 "止于至善" 等境界,力图在打通 "外在超越" (人之德性禀受于天理)与 "内在超越" (至善之仁)的过程中,实现儒家王道公共性所昭示的 "公天下" 的政治理想。而陆象山之心学则以 "立乎其大者" 的气魄,走 "内在超越" 之路。尤其是,至王阳明 "致良知" 学的揭出,即本体即功夫,儒学 "内在超越" 的精神气质臻于极盛状态。总体而言,宋明理学抑或心学的思想言说偏于心性道德修养的形上思辨建构,即是在 "内圣" 之域中求得 "超越性" 的体认,但其终极指向却是 "外王",正如晚明王龙溪所言,"儒者之学,务为经世"[1]。这一 "经世" 精神在学术上的落实,便是重塑彰显儒家王道公共性的 "内在超越性" 论述。然而,值得注意的是,晚明王学在盛极一时后,其末流在 "良知" 本体呈现上堕入虚玄狂荡之境,进而在 "内在超越" 上走失,因之引来是时 "由王返朱" 的实学思潮。王学末流以 "情识" 为 "良知" 本体呈现,以私见肆溢为 "良知" 体认具有外在超越品格的 "天理" 之 "公"。在笔者看来,这一王学末流风潮的背后所凸显的是一种思想中的伪超越性。换言之,其以

---

① 〔明〕王龙溪:《王畿集》,吴震编校,凤凰出版社,2007 年,第 891 页。

"良知"内在超越之名行"私欲"放荡之实,从而在很大程度上瓦解了儒家王道公共性的客观判准。职是之故,晚明大儒黄道周力倡"救之以六经"①。从这一意义上,晚明清初"返朱"思潮即是用儒学"外在超越"之实,以拯救"内在超越"之虚。由此,晚明清初之际,学界出现回归经典运动②。揆诸宋明思想史发现,无论是时儒者的使命感,是体现于得君行道抑或是觉民行道,其首务皆在于解决重建儒家超越性论述的问题。

　　清代中叶而后,儒家经学出现汉宋之争。其所争者,表面上是争儒家"训诂考据"抑或"微言义理"面相何者为正统,实质上是关于探寻儒家超越性之大道呈现的方法论之争。近年来,不少学者大力发掘乾嘉考证学中的"新义理"观即为其显证。从明清学术思想史的角度看,如上经学异动皆缘起于对儒家"内在超越"进路的理论反思。儒家经世的学术关怀,亦即王道公共性的建构,在其德性意识的追寻下,必然使其从"外在超越"走向"内在超越"。而当"内在超越"一路高歌猛进之后,跌落于私欲泛滥,失去公共性建构的实学品格时,又必然回归经典,重拾经学原初的"外在超越",以救正"内在超越"之失,从而在统合内外,平衡双向超越性的学术进路上前行。

　　近代以降,一个不争的事实是,儒学从神坛上坠落,沦为余英时所谓之"游魂"③。诚然,千年儒学因丧失制度性保障而被逐出人

---

① 〔明〕黄道周:《冰天小草自序》,《黄石斋先生文集》卷八,清康熙五十三年(1714)刻本。

② 关于晚明清初之际回归儒家经典运动的详细论述,可参见杨肇中:《晚明心性学论争与儒学形态的经学转向》,《中国矿业大学学报(社会科学版)》,2017年第4期。

③ "游魂"之说较早由余英时先生提出。余英时认为:"儒学和制度(转下页)

们的视野中心,甚或成为批判对象,丢弃话语权,沦为边缘性学说。而且,它曾一度被约瑟夫·列文森视为没有现代生命力的"博物馆里的木乃伊"①。但是,儒学失坠之深层缘由,恐怕还是其自身在近代学术建构中的进退失据。具言之,儒家在近代中国遭受多维度的挫败之后,无法摆脱在人们头脑中迅速形成的其与皇权专制政治共谋的负面印象,进而导致它在致力于维护王道公共性建构的论域中失语。

梁启超曾提出近代中国回应西方挑战的三层次说:器物、制度与精神价值观念。其中,甲午战后,国内掀起制度维新运动,直至科举制度废除。作为制度化的儒学遭受重创,由此日渐边缘化。在这一近代处境下,重续儒学之现代生命便成为儒者念兹在兹的使命与责任,衍成近代中国文化保守主义思想史上令人印象深刻的一道风景。譬如,作为近代儒家今文经学之殿军的康有为思想。尽管致力于重建经世儒学的康有为,以改制之孔子形象来力倡儒教以保国,弘扬大同主义以救世,但他的诸多言述却常为世人所误解。由此,受近代西方进步观念影响下的读书人,纷纷举起学术批判的"匕首",投向康有为。近年来,中国学界在被动尴尬的近代处境逐渐消散之后,掀起了传统文化与国学热,新康有为主义亦随之出现。它主张重估康有为思想的价值,并以之作为重建现代新儒

（接上页）之间的联系中断了,制度化的儒学已死亡了。但从另一方面看,这当然也是儒学新生命的开始。但是儒学目前的困境也在此。让我们用一个不太恭维但毫无恶意的比喻,儒学死亡之后已成为一个游魂了。"（余英时:《现代儒学的回顾与展望》,三联书店,2004年,第56页）

① 参见〔美〕约瑟夫·列文森:《儒教中国及其现代命运》,郑大华等译,广西师范大学出版社,2009年。

学的思想资源①。总体来看,以往学界对于康有为思想的研究,主要存在三类观点:第一,在革命叙事论者的"阶级标签"意识里,以戊戌维新为界点,此前康有为因其代表资产阶级进步力量而被视为思想进步;此后则因期代表顽固保守的保皇派利益,故而思想落后。第二,"启蒙"进步观持有者主要讥诋康有为的孔教论,认为其确立孔教势力,以儒抗耶,不符合儒家人文主义教化的原初意旨,同时也违反了现代人文理性精神②。第三,从重建儒学的现代生命的角度,将康有为视为现代新儒学的奠基者、开拓者③。前两类观点是站在儒学外看康有为儒学,第三类则从儒学内部看康有为儒学。笔者态度庶几近乎后者。值得追问的是,康有为力图重建现代儒学,何以选择宗教进路? 究其原因,重建孔教,是为了抗衡耶教? 是康有为基于功用主义的考量,抑或存在其他深层缘由?

平情而论,康有为孔教论的提出,实因应民国初年的特殊文化情势——知识人追步欧美,弃孔废经。在他看来,救国保国之途绝非仅效法西方政体之更革所能奏效,而是重在"教化"。但由于儒教中国有着迥异于欧美社会的独特道德质性与社会文化习俗,因此,必须以"尊孔读经"为其实施教化之津梁。正如其所言:"中国咕危,人心惘惘汹汹,政治之变能救之欤? 意者亦有待于教化

①　参见干春松《保教立国:康有为的现代方略》、唐文明《敷教在宽:康有为孔教思想申论》等论著。
②　姜义华先生认为:"清末,康有为、陈焕章极力将儒学宗教化,明显是欲效法西方,建立一个同基督新教、天主教、东正教相匹敌,相抗衡的中国宗教……他们强行将儒学宗教化,虽然花了极大的力气,但背实证,任臆说,舍人事,求鬼神,终究难以推翻和取代中华文明根深蒂固的非宗教化传统。"(姜义华:《中华文明的经脉》,商务印书馆,2019年,第160—161页)
③　参见杨肇中:《"经学"型塑与"文明"自觉——从康有为经学观念看儒家的近代气质》,《福建论坛(人文社会科学版)》,2019年第1期。

耶！……然中国四万万人，能一旦舍祠墓之祭而从之者乎？必不能也。然而今中国人也，于自有之教主如孔子者，又不尊信之，则是绝去教化也。"①康有为确立孔教为国教之主张，实为民国初年教育部"废除读经"之令所激起，而非专为抵抗西方耶教势力而发的文化民族主义情绪使然。诚如其所说，"特立国教者，独尊以明民俗之相宜"②。从这一意义上看，康有为的主张恰恰彰显了他的道德理性思维。

诚然，康氏立孔教为国教之论见，有借鉴西方社会求道德教化于宗教信仰之历史经验，但其思想合当性的学理论证主要还是来自儒家传统经典言说，譬如，"明乎郊社之礼，治国犹运诸掌也"，"宗祀文王于明堂，以配上帝"等。实际上，这是康有为力图确立儒学之现代生命的深沉之思。而这一深沉之思，即体现在康有为对于儒学超越性重建的思考之上。他重新发掘"天"的超越性意蕴。"古今万国，未有不尊天者。"③但对这一富于超越性的道德之"天"，康有为并不主张基于个体"内在良知"的心性体认去扣合"天理"，进而达致"天人合一"境界的理学进路，而是将儒家"礼"作为一种宇宙本体论的"外在超越"化来进行处理。在他看来，只有重建具有"外在超越"性的儒学信仰，道德教化与社会政治秩序的落定才能获致扎实的根基。"庶几人心有归，风俗有向，道德有定，教化有准，然后政治乃可次第而措施也。"④从某种意义上看，康有为重建经世儒学的本体论意向是十分明确的：不是追步宋学之

---

① 康有为：《康有为全集》（10），姜义华、张荣华等编校，中国人民大学出版社，2007年，第91页。
② 康有为：《康有为全集》（10），第94页。
③ 康有为：《康有为全集》（10），第94页。
④ 康有为：《康有为全集》（10），第94页。

"内在超越",而是返诸先秦儒学及汉学之"外在超越"。由此可见,从"外在超越"性入手,重建儒学经世之品性应该是康有为思考的命意所在——看似言说宗教信仰,实则是对于近代中国社会的公共性道德秩序重建所作出的学术追索。

综上言之,从儒家思想建构史的角度看,儒学是一门究天人之际的学问,建构天人秩序是其中心思想,致力于将个体的德性修养与社会政治秩序之安顿加以勾连,并融铸于"内圣外王"的观念结构中。但是,必须以具有本体论意义的"天"之"超越性"观念作为打通二者之桥梁,方能为儒家经世理想提供理论的正当性与伦理的公共正义性。而这一正当性与正义性即是支撑历代儒者不断进行王道公共性建构的理论源动力。从这一意义上说,儒家王道公共性的重建,实始于其对"超越性"观念的时代体知,以及本体论的不断重构。它是王道公共性建构中极为重要的理论基石。

第二节　儒学公共精神的道德形上学维度
——以宋明理学中的王道公共性为中心

诚如上节所言,儒学公共精神的历史性生成源于其对"超越性"的本体论建构。儒家这一本体论建构进路的特色,不仅体现在历代儒者对于天人关系的不断重建,而且体现在其道德形上学的建构维度上。其中,尤以深具内在超越性的宋明理学为典型代表。不过,以往学界对于宋明理学的道德形上学研究颇多,但对其彰显儒学公共精神的王道公共性问题关注却不够①。因此,本节主要以

---

① 近代以降,儒家思想沦为"游魂",其社会政治维度中的传统价值亦因此被历史所隐匿,甚或断然否弃。职是之故,学界长期以来对于儒家公共性思想的价值,并未进行充分的讨论。在大力弘扬中华优秀传统文化,(转下页)

宋明理学中的王道公共性为中心，来论析儒学公共精神的道德形上学维度。

一、儒家"王道公共性"的思想内涵及特质

公共性是人类社会政治共同体的本质性特征。不同民族、社会与国家共同体所彰显的具体公共性的进路不同，这与各自社会习俗、政治制度及文化传统的特质相关。笔者认为，王道公共性是根基于中国历史文化传统，尤其儒家思想传统所形成的一种公共性类型。它是彰显儒学公共精神的核心价值维度。职是之故，本书尝试使用"王道公共性"概念，以呈示儒学传统公共精神的特质，及其在现代学术语境中进行转型之一种可能性。本节所谓之儒家"王道公共性"，即是就儒家政治的公共性特质而言，其内涵主要有以下三点：

首先，从历史文献学角度看。许慎《说文解字》对"王"的解释："天下所归往也。董仲舒曰：'古之造文者，三画而连其中谓之王。三者，天、地、人也，而叄通之者，王也。'孔子曰：'一贯三为王。'凡王之属皆从王。李阳冰曰：'中画近上，王者则天之义。'"①王者，即为参透天地人的大德之人。成就大德之道，即为"王道"，

（接上页）冀图深入发掘"治国理政"的传统思想资源的当下，对于儒家公共性思想的开掘，不仅丰富了儒家现代转型的理论面相，亦彰显了儒家"外王"理想的时代在场感。平情而论，儒家凸显其公共性价值维度之归趣在于追求普遍仁爱的王道政治理想的实现。不过，儒者们重塑王道公共性价值维度的具体进路则有其明显的时代殊异性。譬如，宋明理学家的进路主要是诉诸宇宙本体论意义上的心性思辨建构。诚然，宋明理学在概念表象上言，或偏于理气心性的形上思辨建构，但其内里却有着重塑儒家王道公共性价值的独特理论关怀。

①〔汉〕许慎撰：《说文解字·王部》，第7页。

亦谓之"天道"。"天"乃是无欲无求,至公无私者,因之,"公共性"无疑是"天道"之所禀赋,故此"王道公共性"之彰显,即是"天道"之流行;而承担天道流行在人间秩序中落实的是"圣王",亦即汉代以降所流行称之的"天子"。古人对于"王道"与"公共性"之间的关系,实际上早有明确论述。《逸周书·殷祝》云:"天子之位,有道者可以处之。天下非一家之有也。有道者之有也;故天下者,唯有道者纪之,唯有道者宜久处之。"① 汉代谷永亦云:"臣闻天生蒸民,不能相治,为立王者以统理之,方制海内非为天子,列土封疆非为诸侯,皆以为民也。垂三统,列三正,去无道,开有德,不私一姓,明天下乃天下之天下,非一人之天下也。"② 由此可见,中国古代政治中所谓王者之道即在于"公共性"的彰显,易言之,"公共性"为王道政治的核心特质,重塑王道公共性即为王者践德之要津。

其次,从儒家思想宗趣的角度看。众所周知,儒家的外王理想即是实现"仁义"遍布于天下的王道政治,而作为礼乐精神的内核性基础的"仁"的建构无疑具有普遍性、公共性之特质。这一公共性特质的建构,并非诉诸现代权利追问的方式,而是建基于儒家内在的德性修养与公共责任伦理意识;需要进一步说明的是,笔者对于"王道公共性"概念使用的前提是,否弃以往将儒家思想直接定义为"专制主义"政治意识形态的理论言说。因为"专制主义"与"公共性"在很大程度上是两个意涵互为对立的概念。而儒家致力于实现"王道"理想则是彰显其政治公共性思想质素的独特路径。职是之故,笔者将儒家政治公共性称为"王道公共性"。

复次,从王道公共性得以彰显的最高层级指向看。"普天之

---

① 黄怀信等:《逸周书汇校集注》,上海古籍出版社,2007年,第1045页。
②《汉书》卷八五《谷永传》,第3466—3467页。

下,莫非王土"之言说,长期以来被解读成一种针对中国传统王权的私有独占性与专制性的表达。实际上,其所指称的应该是王道公共性所覆盖的终极对象——"天下"。此一言说意向在儒家经典《礼记·礼运篇》中即有明确的呈示:"大道之行,天下为公。"儒家基于"公天下"理想的公共性追求,便是其王道公共性建构的题中应有之义。由此而观,儒家王道公共性追求的是一种普遍主义意绪,与中国传统"天下"观念是相辅相成的。"天下秩序既是对王道观念的落实,同样也是王道政治的理想性目标,而其所包括地理上的含义,则可以体现出王道理想的普遍性原则。"①

二、宋明理学中的工道公共性价值之建构

一般认为,理学为宋明儒学之主潮。它以儒家致力于理气心性之形上思辨建构的"内圣"面相为核心性关切。进言之,宋明儒者的主要理论旨趣在于对"天道""天理"的探究抑或道德形上学的建构,而对于"外王"论域关切甚少。近年来,学界对于宋明理学的研究有较大的推进,关于是时理学家及其思想的多维面相,皆有深入的讨论。比如,有学者主张,"以最有代表性的理学家如朱熹和陆九渊两人而言,他们对儒学的不朽贡献虽然毫无疑问是在'内圣'方面,但是他们生前念兹在兹的仍然是追求'外王'的实现,更重要的,他们转向'内圣'主要是为'外王'的实现作准备的,因此他们深信'外王'首先必须建立在'内圣'的基础之上"②。由此可见,宋明理学并非是无关外王抑或政治的纯粹道德思辨哲

① 干春松:《重回王道——儒家与世界秩序》,华东师范大学出版社,2012年,第37页。
② 余英时:《朱熹的历史世界:宋代士大夫政治文化的研究·自序二》,三联书店,2011年,第11页。

学。从一定意义上讲,它是一套关乎儒家政治哲学的新型建构,因为"在传统中国社会,道德是判定政治制度和社会行为的准则"①,而这一道德所具有的特质及其流衍情状由此成为中国传统社会政治秩序不断得以重构的颇为重要的一脉。宋代理学家在处理"内圣"与"外王"关系时,"都深信王安石的失败主要由于'学术不正',在这一理解下,他们努力发展'内圣'之学,以为重返'外王'奠定坚固的精神基础。'外王'必自'内圣'始,终于成为南宋理学家的一个根深蒂固的中心信念"②。在理学家的心目中,心性道德修养即是实现外王政治理想的基石,此为不刊之论。笔者认为,宋明理学从"内圣"的道德形上建构中追寻儒家"外王"理想的精神之枢要在于重塑儒家王道公共性。

如前所言,宋明理学家重塑王道公共性价值之主要进路皆体现在其关乎心性道德的形上思辨建构之上。其形上思辨之特质呈示了三种不同的建构维度。基于此,本节着重以朱熹、王阳明与黄道周等人的思想论说为例,来分疏宋明理学在儒家王道公共性价值建构中的多维面相。

(一)"存天理":儒家王道公共性价值理据的终极追寻

"天理"是宋明理学中的核心性概念。程颢曾云:"吾学虽有所受,天理二字却是自家体贴出来。"③"天理"概念之独创性亦由此可见。程氏坦言形塑具有超越性之"天理"论述的公共性理由:"万物皆只是一个天理。""人能放这一个身,公共放在天地万物

---

① 金观涛、刘青峰:《中国思想史十讲》,法律出版社,2015年,第4页。
② 余英时:《朱熹的历史世界:宋代士大夫政治文化的研究》,第420—421页。
③ 〔宋〕程颢、〔宋〕程颐:《二程集》(上),王孝鱼点校,中华书局,2004年,第424页。

中一般看。"① 他主张从天地万物中体悟出带有终极性存在样态的
"天理",这便是质诸天地而无疑的人间秩序建构的终极理由。承
继程子"天理"论说进路的朱熹,亦在追索公共性价值维度上,将
理学加以推进,且日益精密化。

朱熹之学集宋代理学之大成。他在儒家"内圣""外王"思想
领域皆有创辟。诚如钱穆所言:"朱子之理学疆境,实较北宋四家
远为开阔,称之为集北宋理学之大成……然朱子于政事治道之学,
可谓于理学界中最特出。"②宋代理学自二程而后渐成系统,而朱子
学承二程。在朱熹看来,关乎治道的儒家王道公共性思想,二程论
说亦颇为精到。朱熹说:

> 太宗朝一时人多尚文中子,盖见朝廷事不振,而文中子之
> 书颇说治道故也。然不得其要。范文正公虽有欲为之志,然
> 也粗,不精密,失照管处多。
>
> 国初人便已崇礼义,尊经术,欲复二帝三代,已自胜如唐
> 人,但说未透在。直至二程出,此理始说得透。③

朱熹认为,二程对于儒家王道政治的学理重建是最为成功的。
二程之学的精核在于对于"天理"的构建与诠释,它决非仅是空
灵幽眇的形上思辨的言说,而是具有照察天人之际,勾连"内圣外
王"的明显指向。从这一意义上,朱熹可谓深得二程学之真传。譬
如,我们可以从朱熹以毕生心血集注"四书",且以《大学》一书冠

---

① 〔宋〕程颢、〔宋〕程颐:《二程集》(上),第30页。
② 钱穆:《朱子学提纲》,三联书店,2014年,第26页。
③ 〔宋〕朱熹:《朱子语类》卷五,《朱子全书》(18),上海古籍出版社、安徽教
　育出版社,2010年,第4020页。

于"四书"之首的做法中窥见其志于儒家"内圣外王"之整全思想学术的大力阐扬的宗趣。《大学》云:"古之欲明明德于天下者,先治其国,欲治其国,先齐其家,欲齐其家,先修其身,欲修其身者,先正其心,欲正其心者,先诚其意,欲诚其意者,先致其知,致知在格物。"由此而观,儒家主张外王常由"内圣"推出,而"内圣"的获致又由"格物致知"这一经验主义式的认知模式所达成。《大学》所陈说的"内圣外王"这一密切关联的逻辑链亦构成了朱熹理学思想的博大气象。朱熹承继二程关于《大学》,孔氏之遗书,而初学入德之门也"的主张,认为"于今可见古人为学次第者,独赖此篇之存,而《论》《孟》次之。学者必由是而学焉,则庶乎其不差矣"[①]。值得一提的是,对于朱熹的理学成就,学界研究甚多,近年关于其外王之学的礼学思想亦渐有关注[②]。由此,宋明以后儒学中"礼""理"互动问题也日益成为学人关切的一个前沿课题。在某种意义上,"天理"实际上是作为一种公共性的存在,为安排人间秩序之"礼"的存在提供一种理论合法性的支撑。换言之,宋代以降儒家道德形上学建构为其社会政治伦理规范提供一种正义伦理的思想资源基底,这一理论进路在朱熹诸理学命题中得以淋漓尽致的凸显,譬如"存天理,灭人欲"与"理一分殊""理先气后""天命之性"与"气质之性"等论说中皆蕴含着丰富的公共性思想。

首先,就理学的基本理论旨趣与论说原理而言,莫过于"存天理,灭人欲"与"理一分殊"的言说。这些命题绝非朱熹一人所创,

---

① 〔宋〕朱熹:《四书章句集注》,中华书局,1983年,第3页。
② 近年来,对于朱熹礼学思想的研究成果,主要有:殷慧:《朱熹礼学思想研究》,湖南大学博士学位论文,2009年;〔日〕吾妻重二:《朱熹〈家礼〉实证研究》,吴震等译,华东师范大学出版社,2012年;叶纯芳、〔日〕乔秀岩:《朱熹礼学基本问题研究》,中华书局,2015年;等等。

但致其影响扩及之大者,朱熹居功至伟①。"天理"与"人欲"的言说绝不仅是宋儒为构筑个体道德防线,预设外在客观的"天理"来控遏"人欲"之横肆的理论建构,更是一种蕴含着公共哲学观念的明显表达。因为"天理"与"人欲"的言说结构所对应的是"公"与"私"的伦理结构。按照朱熹所谓"理一分殊"的观念,"天理"虽然可以呈现为人们意象中一种独立整全的存在,但它又是照临万物的主宰,这一主宰即预示着"公理"原则作为共同体特质的存在,而万物虽所承接于"天理""公理",但却是展示为个体差异性的存在。"天理"作为道德秩序原则,在共同体与个体的双向存在中,发挥其正义伦理的功能。这一正义伦理概念贯通于儒家内圣、外王思想之全部,从而在中西政治哲学中独树一帜。

其次,就理学铺陈之逻辑结构而言,"理先气后"论无疑居于该学说之中心地位,为其公共性论说提供了理论正当性。朱熹为论证"天理"的先在性,进而确立人间道德秩序的合法性来源与理论依据,必须在逻辑上确立"理"与"气"的先后次序,尽管二者在现实时间性上是同在而不可分割的②。从王道公共性的角度看,儒家理气言说亦可在"公""私"伦理结构取得理论的自洽性。"理"是人类群体的共同正义秩序之源,亦即"公理"。因此,这里的"公理"

---

① 在朱熹之前即有关乎"天理"与"人欲"命题的论说,如《礼记·乐记》中记载:"人化物也者,灭天理而穷人欲者也。于是有悖逆诈伪之心,有淫泆作乱之事。"(〔清〕朱彬:《礼记训纂》,饶钦农点校,中华书局,1996年,第564页)程颐说:"人心私欲,故危殆。道心天理,故精微。灭私欲则天理明矣。"(〔宋〕程颢、〔宋〕程颐:《二程集》上,第312页)

② 朱熹论证理气先后问题的角度多样,学界亦有不同说法,既有主张在逻辑上而不是时间上的先后之说,亦有在时间上便有先后之别的观点。本书主要论说其公共性思想,此类概念的细微辨析并非宗旨所在,具体论述可参见陈来:《朱子哲学研究》,华东师范大学出版社,2000年,第75页。

既是具有形上抽象建构意义的"天理",亦包括形下具体意义上的群体抑或共同体本身的实然存在;而"气"因其阴阳化生而来而表现为万殊之事物,此"私"既可指称具体抑或个体意义上之"私",亦可指涉因气禀所亏而带来的不合于道德的"私欲"①。此私欲之泛滥而无所收敛之时,便侵入"公域",对于人类共同体的公共道德秩序产生侵蚀后果。因此,"存天理,灭人欲"的理学思维便是指示人们从道德修养角度去葆有人类共同体的公共正义秩序的伦理意识。这对于担负为天下苍生谋福祉的皇权及其官僚政治秩序中的"私欲"泛起现象起到制约甚或廓清的作用,其理论机制即在于理学对于"理先气后"命题的哲学论证。如朱熹所云,"此本无先后之可言,然必欲推其所从来,则须说先有是理"②。此外,陈来曾从规律的一般性与个别性的角度认为:"理气关系中包含的一般和个别问题。一类事物的'理'作为这一类事物的共同本质和规律,不为此类事物中某一个别事物所私有,不以个别事物的产生、消灭为转移,因此,就已有的一类事物的理对于此类中后来的某个事物来说,可以是'理在物先',这表现了规律具有的一般性。"③这一强调规律一般性的"理先气后"的言说为王道公共性观念建构提供了重要的理论可能性。天理之"理"只有具备超越具体个别的质性,才能佐证它在理论逻辑上的先在性,进而为人类公共政治秩序紊乱之症的不断自我廓清提供终极的道德正义支撑,而且将道德正义之源的寻找扩及宇宙论之上。譬如,朱熹承继周敦颐《太极图说》之旨,主张无极而太极,太极动静,阴阳而随之互生的观点。值得一

---

① 参见杨肇中:《儒家"仁"观念与现代公民社会型塑略论——基于中国传统"公"、"私"观念发展演变的视角》,《天府新论》,2013年第6期。
② 朱熹:《朱子语类》卷一,《朱子全书》(14),第115页。
③ 陈来:《朱子哲学研究》,第94页。

提的是,在某种意义上,朱熹对于"天理"作用深究的热衷恰似西方政治思想史上长期对于"自然权利"理论的青睐。由此可以看出,无论中西,对于政治公共性的理论支撑的寻求必定溯及道德抑或宗教,而道德与宗教根源背后的学术论证又会延伸至宇宙论之上。

复次,就理学之理论思辨与世俗观照而言,"天命之性"与"气质之性"说尤为凸显其直指人间的公共性意向。在朱熹理学思想中,"天理"与"人欲"、"理"与"气"、"性"与"理"等皆为核心概念。这些概念无非是蕴含如下两层意思:一是对人类道德与公共政治秩序之源的探寻;二是探索人类道德秩序与公共政治哲学建构何以可能。从公私思想史的角度来看,朱熹首先通过构建"理"抑或"天理"的概念来为人类共同体的正义寻求一种合当性,进而为在公共政治领域控遏私欲之泛起提供思想资源。其次,诚如前言,由于"理一分殊"的原则,"天理"是在形上、形下界别中双向存在的,只是名称不同而已。在形上抑或宇宙论层面,谓之"理",而落实至形下现实经验世界层面则名之曰"性"。此"理"之性与"气"之性又有所差异。前者谓之"天命之性";后者称为"气质之性"。"天命之性"为"气质之性"提供提升道德境界之可能;"气质之性"常因个体气禀差异而导致不得"理"之正,由此,有用力于道德修养之必要。正如朱熹所言,"盖自天降生民,则既莫不与之以仁义礼智之性矣,然其气质之禀或不能齐,是以不能皆有以知其性之所有而全之"①。不过,朱熹这一道德危机意识抑或道德修养的强烈诉求的源动力恐怕还在于其对于关乎"治平"的外王理想的执着。他认识到,人间公共政治秩序的现实世界与天理大化流行的理想世界之间存在着较大的落差。只有透悟《大学》之旨,通过

---

① 〔宋〕朱熹:《四书章句集注》,第1页。

"穷理""诚意""正心""修己""治人"等一系列儒家工夫的实践，才能在一定程度上减少二者之间的巨大紧张。

（二）"致良知"：内在心性呈现中的王道公共性价值秩序建构意旨

王阳明致良知之学是明代理学、心学之重镇。其继志于宋代理学而又大有创辟，揭出致良知之学。"存天理，灭人欲"仍然是王阳明学术逻辑的起点抑或问题意识的端绪。其与程朱理学所不同的是操存天理、去灭人之私欲之法。众所周知，王阳明是在经过人生几度磨砺之后，才悟出致良知之学。他说："知善知恶是良知，良知是天理之昭明灵觉处，故良知即是天理。"①基于对"良知"的定义，以及"良知"与"天理"之间关系的认知，他提出"天理"在于人心方寸之内，不假外求。一如前述，"天理"与"人欲"的辨析关涉"公"与"私"之间，关涉道德心灵秩序与政治秩序的合法性来源问题。朱子理学中蕴含了丰富的公共哲学观念，作为其后继者的王阳明的良知学亦复如是。只不过其寻求公共政治秩序正义的路向发生了逆转——由往外的格物致知向在内心求证天理良知的转变。具体而言，其心学中的公共性思想主要体现在诸如"良知""知行合一"以及"大学之道，在明明德，在亲民，在止于至善"等论说中。

首先，"良知"一词虽早已为孟子所使用，但王阳明将之发展成心学之思辨性极强的核心概念。在王阳明看来，这一"良知"不仅成为寻找人的内在道德意识的终极源泉，同时宣示了其所蕴含的社会公共正义何以可能的致思进路。王阳明主张在心体之

---

① 〔明〕王守仁：《传习录中》，《王阳明全集》卷二《语录二》，上海古籍出版社，1992年，第72页。

上而非心体之外去寻求"天理"之所存,亦即"心外无物""心即理"的中心意思。藉此,他于晚年揭出"致良知"学的四句教:"无善无恶心之体,有善有恶意之动,知善知恶是良知,为善去恶是格物。"王阳明认为,"良知"即"万物一体之仁",亦即孟子所谓"仁""义""礼""智"诸端得以呈现的肇因。故此,在他看来,"格心"即"格物",且须在心体上用功,在诚意上用力。这一看似精微学问如老僧入定归寂般的心学进路曾一度为世人所诟病为堕入佛禅。实际上二者有根本之不同:此学不是为求"理"而寻"理",而是为应付万事而寻"理"。其终极关怀是在"外王"一面,亦即在于对社会政治秩序进行理性重构的公共性旨趣。正如他所言,"良知只是个是非之心,是非只是个好恶,只好恶就尽了是非,只是是非就尽了万事万变",又云,"虚灵不昧,众理具而万事出,心外无理,心外无事"。由此可见,"事变""事理"为王阳明念兹在兹的社会政治关怀所在,其实与释老、佛禅之学大相异趣,充分体现其丰富的公共性思想。

此外,王阳明对于"礼"与"理"关系的论说亦可见其如上意旨。他说:"礼字即是理字,理之发见,可见者谓之文,文之隐微,不可见者谓之理,只是一物。"[1]从阳明对于"理"之所在即为"礼"的内在本质的观点,可以看出,他将"内圣"与"外王"之学合二为一。在某种意义上,他的心学主要为其外王关怀提供一套公共性论证的模式。基此,钱穆先生对于王阳明晚年拔本塞源论亦曾作如下评断:"阳明的良知学,可知其绝非空疏,决非褊狭,其间有几点值得特为提出,以为讲王学者所注意:一、讲良知之学,每易侧重在个人方面,而此篇所论则扩大及于人类之全体;二、讲良知之学,每易

––––––––––

[1]〔明〕王守仁:《传习录上》,《王阳明全集》卷一《语录一》,第6页。

侧重在内心方面,而此篇所论则扩大及于人生一切知识才能与事业。"①由此看出,王阳明致力于"良知"普显的理论进路中充溢着一种浓浓的公共情怀,这一公共情怀在某种意义上毋宁是宋明儒家身上皆所具有的精神气质。

其次,王阳明思想中的公共性思想还体现在"知行合一"说之中。知行关系向来为尊奉"内圣外王"理想的儒家所重视。王阳明"知行合一"说旨在将道德意识之"内圣"与道德实践之"外王"二事加以锁死,以杜绝因虚谈圣学抑或假道学之横生而荼毒世间的情形。王阳明认为,"知"与"行"不可割裂开来,原本是一事,"知是行的主意,行是知的功夫,知是行之始,行是知之成"。由此,他进一步指出,"未有知而不行者,知而不行,只是未知",强调行之重要性,而且不时告诫门人:"人须在事上磨,方立得住。"②王阳明针对弟子徐爱因不解"知行合一"之旨而提出现实中知父当孝、兄当悌却不能行孝悌之情状时说,这是因私欲之蔽而将"知""行"加以隔断的表现。在他看来,古人将"知"与"行"分为两段来讲,只不过是其因人而异的具体诠法而已。王阳明说:

古人所以既说一个知又说一个行者,只为世间有一种人,懵懵懂懂的任意去做,全不解思惟省察,也只是个冥行妄作,所以必说个知,方才行得是,又有一种人,茫茫荡荡悬空去思索,全不肯着实躬行,也只是个揣摸影响,所以必说一个行,方才知得真。③

① 钱穆:《阳明学述要》,《钱穆先生全集》,九州出版社,2011年,第82页。
② 〔明〕王守仁:《传习录上》,《王阳明全集》卷一《语录一》,第4、12页。
③ 〔明〕王守仁:《传习录上》,《王阳明全集》卷一《语录一》,第4页。

　　王阳明实际上已明确点出其发明"致良知"学的宗趣。他致力于向内寻求,在心体上发明一点灵明之良知,从而另辟蹊径地找到撕灭人之私欲、契合天理与公理的可靠通途。这一方法论的发掘得益于王阳明"事上磨"的个体经验,而最终裨益于明代社会道德与政治理想秩序的重构。在家国同构的中国传统社会,"在家为孝子,在朝为忠臣"的社会政治秩序思维一以贯之。在王阳明那里,"格致诚正修齐治平"八条目的次序及其重要性与宋儒朱熹所强调者并无二致,只是所格对象有所更易,而外王理想抑或公共关怀则一。换言之,阳明所谓知行之"知"的来源虽不同于朱熹,但是让人道流行亦即落实儒家修齐治平理想的使命感却是同样强烈。因此,从这一意义上,阳明"知行合一"论说实际上是一种基于公共意识之上的哲学观念。

　　再次,王阳明所诠释《大学》经典中的"大学之道,在明明德,在亲民,在止于至善"这一命题,也无不彰显着儒家独特的王道公共性思想。自朱熹以降,宋明儒家大抵以《大学》为其理论体系构建及教人之基石,王阳明也无例外。其弟子钱德洪曾说:"吾师接初见之士,必借《学》、《庸》首章以指示圣学之全功,使知从入之路。"[1]实际上,王阳明曾对于《大学》所涉及的"明明德""亲民"与"止于至善"三个概念之间关系进行阐释:

　　　　明明德者,立其天地万物一体之体也。亲民者,达其天地万物一体之用也。故明明德必在于亲民。而亲民乃所以明其明德也。

　　　　至善者,明德、亲民之极则也。天命之性,粹然至善,其灵

---

①〔明〕王守仁:《大学问》,《王阳明全集》卷二六《续编一》,第967页。

昭不昧者,此其至善之发见,是乃明德之本体,而即所谓良知也。

　　明明德、亲民而不止于至善,亡其本矣。故止于至善以亲民,而明其明德,是之谓大人之学。[1]

　　他将"明德"视为对天地万物为一体之情状的描述,明"明德"属于"体"的范畴,指示了"知"的意向,亦即是对天地万物为一体的理想秩序结构的体认;而"亲民"则属于"用"的范畴,规定了"行"的进路,将所体认到的"天地万物一体"的道德律则运用于人类社会政治理想秩序的建构实践之中,亦即是"齐家""治国""平天下",具体表现为"觉民行道"。由此而观,"亲民"即是王阳明的公共性观念之实践进路。

　　在王阳明看来,如上二者既是体用关系,也是知行关系。它们的终极目标是"止于至善",亦即良知普显,人间"仁爱"秩序的一体呈现。在此,"止于至善"不仅是描述一种最高级的道德状态与目标,更是儒家外王实践过程中的最高典范。"明明德、亲民而不止于至善,亡其本"则表现出王阳明对于在"明明德"与"亲民"过程中关乎道德修养的动源意义上的热切期待,同时彰显了他致力于理想的公共政治秩序重建的情怀。而王阳明的道德哲学与政治哲学亦无不透显着"天人合一"的逻辑理路。

　　(三)"回归六经":晚明儒家王道公共性价值秩序的再造之途

　　晚明时代,阳明后学影响极大,其学派甚为纷繁。但王学末流逐渐走失阳明本旨,多为时人所诟病。儒学再造诉求亦由此孕生。黄道周是引领晚明这一儒学思潮之巨擘。尤其值得注意的是,他

――――――――――――

[1]〔明〕王守仁:《大学问》,《王阳明全集》卷二六《续编一》,第968、969、970页。

的学说在经学与理学的互动交织中,呈现出了明显的公共性思想意向。晚明社会道德与政治秩序危机四伏,经世思潮泛起,学术亦随之丕变。晚明王学末流对于是时社会秩序产生了极大的冲击与震荡。在黄道周看来,王学之狂荡走失,其责在于影响力甚巨的王龙溪与李卓吾辈,因而斥之曰:"为王汝中、李宏甫则乱天下无疑矣。"① 究其原委,在于对王学核心环节"良知"的方法论呈示上。王龙溪所力倡之"无善无恶"论在很大程度上导致了"良知"从原本作为呈现"天理"这一公共性道德元则的直接简易之法滑向了"以任情为率性"之狂禅的助攻手。换言之,"良知"在王阳明那里是寻求"天理",以开显儒家社会道德秩序之公共性的良方,而在王学末流身上,展现的是个体情欲之私的泛滥,从而极大危及了儒家社会道德秩序的公共性建构。职是之故,黄道周以力倡回归"六经",主张"经学即理学",综调朱、王二学,重建王道公共性而独标于晚明时代。"晚明的经学运动是在救正'心性之学'的流弊过程中崛兴的,是对王学末流的一种反动。而晚明极具批判反思精神者如黄道周辈掀起了一股回归儒家经典的学术运动。"② 只有回归儒家经典,才能确切找到重建王道公共性的学术理据与思想资源,黄道周儒学中的外王意涵抑或社会政治指向由此亦得以彰显无遗。在他的思想中,易学与阴阳五行说、心性学、礼学等常交相互释,力图构筑理想的天人体系为晚明社会道德与政治秩序的重建提供一种王道公共性再造的思想资源。具言之,有两点值得注意:

①〔明〕黄道周:《冰天小草自序》,《黄石斋先生文集》卷八。
② 杨肇中:《晚明心性学论争与儒学形态的经学转向》,《中国矿业大学学报(社会科学版)》,2017年第4期。

首先,易学与阴阳五行说,虽是关乎天道、宇宙之大化流行的形上之学,但其存在的意义却是指向人间。它在"天人合一"的传统思维理路下为儒者探究人道运行的公共律则提供了深层次的理论正当性。职是之故,黄道周"大力彰扬汉代象数易学的价值,以及在去'神魅谶纬'化的基础上,重新剔抉汉代天人感应的'阴阳五行'说,构建具有'自然主义'意味的外在客观之'天道',然后'统括天人',推'天道'以明'人事',进而为晚明儒家伦理道德与政治理想秩序的重建提供一套方案"①。黄道周云:

> 世之谈《易》者,……乃专谈理义,以为性命。今以历、律为端,日、月为本,六十四为体,七十二为用,天道为经,人事为纬,义理、性命以为要归。其大要以推明天地,本于自然。②
>
> 臣观五帝三皇之道,备在《易象》,自《易象》而外,惟有《洪范》一书,为尧舜所授于禹、汤,周公所得于箕子者。
>
> 洪,大;范,法也。言天地之大道,百世所取法也。是篇统括天人,纲纪万象,信易学之闳奥,圣道之要领也。后世圣人,有志于尧舜之道,传神禹之学者,必在是篇焉。③

黄道周上述问题意识与思想进路的呈现与晚明儒学的发展困境关联密切。他力图回归汉代今文经学,颇有救偏于晚明理学、心

---

① 杨肇中:《天人秩序视野下的晚明儒学重建——黄道周思想研究》,中国社会科学出版社,2013年,第119页。

② 〔明〕黄道周:《易象正目录序次》,《易象正》,翟奎凤整理,中华书局,2011年,第2页。

③ 〔明〕黄道周:《洪范明义》原序,《景印文渊阁四库全书》,台湾商务印书馆,1986年。

学之意。在黄道周看来,宋明儒家如朱熹、王阳明等虽极措意于内圣之学,却也不失经略外王之雄志,而晚明王学末流却一味于内在心性上走失,无法归宗于儒旨,即儒家齐家治国平下的传统公共情怀。因之,他发愿要"救之以六经",重构一条儒家"由内圣而外王"的经世之新进路。由此可见,黄道周的天人哲学即是一套彰显王道公共性的政治哲学。

其次,在黄道周基于"孝本"意识的礼学建构中,亦含蕴着儒家传统的公共性特质。晚明时代因经世需要而致礼学研究蔚成热潮。如前所述,其以回归"六经"为建构天人之学的基石,而"六经同归,其指在礼"①。因之,黄道周晚年颇为措意于礼学研究。但其礼学的进路与王阳明"礼学,即理学也"的内在心性言说颇有不同。黄道周云:

> 礼者,天之教也;刑者,天之制也;命者,天之令也。王者本天,百姓本王,圣人因天与王以立其坊。……皆以明礼纠刑,申天之令也。②
>
> 圣人而以性教天下,则舍爱、敬何以矣? 爱、敬者,礼乐之所从出也。以礼乐导民,民有不知其源,以爱敬导民,民乃不沿其流,故爱、敬者,德教之本也。舍爱敬而谈德教,是霸主之术,非明王之务也。③
>
> 本者,性也;教者,道也。本立则道生,道生则教立,先王

---

① 曹元弼:《礼经学》卷四《会通》,《续修四库全书》,第94册,上海古籍出版社,2002年,第713页。
② 黄道周:《坊记集传》卷一《大坊章》,《景印文渊阁四库全书》。
③ 黄道周:《孝经集传》卷二《天子章》,《景印文渊阁四库全书》。

以孝治天下,本诸身而征诸民,礼乐教化于是出焉。①

　　黄道周致力于借助如前所言的易学与阴阳五行说所形塑之
"天道"的思想资源来构筑其礼学,使之实体化,从而力避内在心性
的虚化。而且,黄道周礼学的"孝本"论说颇为引人注意。譬如,
他"以'孝'作为礼学思想的核心内容,并从宇宙本体论的角度论
证'礼'存在的合法性,以'爱'、'敬'作为重建儒家日常礼秩世界
的主要实践路径"②,进而指出礼乐教化得以实现的关键在于"以
孝治天下"。换言之,"孝治"是真正通往己"身"与众"民"之间的
社会政治秩序的安顿的津梁。从黄道周如上礼学言说中,可窥见
其有着强烈的公共性意向。而且,他对于社会政治公共性理想的
经世追求,贯通于理学与礼学之间。黄道周重建晚明礼秩社会政
治的正当性来自他独特的公共性关怀,亦即是其天人哲学。

　　综上而观,宋明理学绝不因偏于"内圣"言说而在对于"外王"
抑或是时社会政治秩序的现实关切上有丝毫放松。其思想对于公
共社会政治秩序问题的深入思考与回应极富于特色。由它所开显
出的王道公共性价值是宋明儒家社会政治哲学的重要思想,亦具
有自身独特的理论气质。

三、儒家王道公共性价值建构中的精神特质

　　儒家王道公共性价值建构之具体面相,会因应时代的变迁而
呈示出差异性,但其所内蕴的精神特质却一以贯之,成为儒家的共
时性价值指向,主要体现于以下三点:

① 黄道周:《孝经集传》卷一《开宗明义章》,《景印文渊阁四库全书》。
② 杨肇中:《天人秩序视野下的晚明儒学重建——黄道周思想研究》,第
　232页。

第一,蕴含儒家王道政治理想之经世精神。明代大儒王龙溪云:"儒者之学,务为经世。"[①] 实际上,"'经世'是孔孟以来儒学为自身设定的文化标识"[②]。虽然践行经世精神的具体方案因时而迁,但"经世"观念本身,却是儒家思想世界里一以贯之的核心性精神。正如周积明所说:"儒学经世思想并无固定模式,从孔孟到程朱,以至阳明心学、清代朴学,均围绕'经世'思想建构自己的话语、理路、逻辑、体系,其间虽形态不一,各流派也互相攻讦,但经世宗旨一以贯之。"[③] 故此,理学作为宋明时代的儒学思想主潮,便不是坠于佛老之学的所谓空谈内圣,而是基于儒家一贯的经世旨趣,构建儒家因应时势的蕴含外王命意的具体理论向度[④]。由此亦可见,王道公共性的理学重构即成为是时儒家展示其理论生命力的应然进路。因之,我们应该将对于社会政治秩序安顿的关怀,作为解读宋明理学家思想的重要理论向度,在儒家"内圣外王"的逻辑连续体中,评估理学的王道公共性建构意旨的价值。这一建构意旨就当代而言,亦有着重要意义。儒家的心性道德论说是其理论的起点,而致力于社会政治秩序的理想建构则是其理论的必然归宿。任何跳脱这一儒家整体逻辑进路的理论面相,都将因失却儒家的元旨而导致泛滥无归。譬如,以往学界所出现的纯粹心性哲学思辨的进路,与大陆新儒家们漠视心性价值的所谓政治儒学的论说,皆在不同程度上跟儒家原旨背驰。职是之故,儒家在当代的生命意义,不仅存乎个体的心性修养的日常生活状态,而且,应

① 吴震编校:《王畿集》卷一三《王瑶湖文集序》,凤凰出版社,2007年,第350页。
② 周积明:《"经世":概念、结构与形态》,《天津社会科学》,2018年第3期。
③ 周积明:《"经世":概念、结构与形态》,《天津社会科学》,2018年第3期。
④ 宋代以降,儒学因应佛教之挑战,重塑其自身理论生命力而出现了理学形态,并逐渐衍为是时学术之主潮。

该接续其传统经世精神,重建基于王道公共性之上的社会政治秩序——王道政治。从当代来看,彰显宋明理学中王道公共性思想的价值在于:既能传承儒家的经世精神于不坠,又能弥缝近年来学人在心性儒学与政治儒学之间因价值偏好不同而造成的明显思想裂隙。

第二,强化儒家基于德性观念而来的责任伦理意识。揆诸中国近世思想发展史,儒家的理学观念传统并非一如现代启蒙论者所说的是一套封闭、压抑性的,甚或导致人性异化扭曲的思想形态。实际上,它在很大程度上兼具开放性与共时性的特质。不过,必须强调的是,任何一种政治文化的观念建构必须承继其作为一种主体性存在的历史基因。进而言之,特定社会政治共同体的公共性观念建构应基于其富于共时性与开放性的政治文化传统之上。有鉴于此,宋明理学中所蕴含的王道公共性观念对于中国建构现代公共观念是富于启示意义的。

如果说西方社会政治共同体的公共性建构诉诸其传统中的自然法观念与权利观念的话,那么中国传统社会政治共同体的公共性建构的思想资源则是凭藉于儒家所谓"继善成性"之道论中所呈现的"天人合一"观念。在这一整全性的天人观念里,"人道"抑或"王道"中之公共性建构具有来自"天道"的深厚理论正当性[1]。推"天道"以明"人事",是宋明理学家们所秉持的基本思维路径。而基此重构之"人事",即是本文所谓之"王道公共性"。因之,从某种意义上,儒家的德性观念传统来自于这一独特的天人观念结构。天人观念结构亦造就了儒家独特的公共参与意识与责任精神。这

---

[1] 与儒家所谓"天人合一"观念有所不同的如"天人相应""天下感应"等论述,主要从宗教性信仰、民间信仰层面来言说天人关系,与宋明理学视野下的"天人合一"言说有别,故不赘论。

一经世传统与德性观念成为儒家理论内部之间协作共进的双重维度。北宋张载所谓"为天地立心，为生民立命，为往圣继绝学，为万世开太平"的名言即为显证，充溢着作为一个儒者不可逃避的公共参与意识与责任伦理观念。一如前述，儒家的公共性意识端于基于"天人合一"思维的天人观念结构所赋予人的内在道德义务与责任意识。在西方现代自由主义思潮的影响下，个人主义与权利意识得以无限张大的今天，这一王道公共性观念显得弥足珍贵。总体言之，在一个现代社会里，政治共同体的责任伦理意识与个体权利意识必须同时得到尊重与维护。因之，对于中国未来政治公共性观念建构来说，"德性"与"权利"二者应该呈现双彰状态，才能建构一个相对完善的现代公共政治社会，而由此所致之国家治理体系与治理能力现代化目标的达成才是可期的。

第三，彰显儒家注重人类作为一个整体性存在所具有的普遍性关怀。近年来，西方以原子式个人主义为基础的自由主义受到诟病，社群主义由此得以产生、崛起。其措意于社会政治共同体的价值秩序形塑之意绪，尤为令人印象深刻。社群主义的理论旨趣，在某种程度上与儒家社会政治观念趋近，甚或合辙。它们代表了一种对于以自由主义为主流导向的现代性政治的反思进路。不过，值得进一步申述的是，社群主义与儒家虽然皆于政治社会共同体的公共性伦理颇为关切，但是，前者所构建的共同体伦理之范域仍然没有超出现代民族国家的框限。换言之，它所谓之共同体伦理的有效性大体限于民族或国家之内，而后者的运思起点，却是以"人"作为一个整体性类别的存在而加以考量的。譬如，宋明理学长于从宇宙本体论角度来体证"仁"作为人的内在根本品质的普遍性与可欲性。这种普遍性的关怀与儒家传统"天下大同"的理念是若合符契的。在这一意义上，儒家王道公共性思想有着能够在超越民族国家的偏狭的现代性理念之上,来重塑人类未来社会政治秩序的丰富理论资源。总之,通过践履儒家的"王道仁政"的普遍主义精神,从而使得政治公共性的层级能够突破民族国家的局囿,进一步扩展并惠及于人类整体世界,构建真正的人类命运共同体。

总之,宋明理学中所呈现出来的儒家王道公共性价值建构的精神特质在于:它主要基于儒学经世的问题意识,并诉诸具有超越性意义的宇宙本体论的德性建构与责任伦理形塑,从而夯实儒家"内圣外王"思想结构的传统基石,增强其王道政治思想中的理论自洽性与厚重感。

第三节　儒学公共精神的政治哲学维度
——以"君子喻于义,小人喻于利"之言说为中心

孔子"君子喻于义,小人喻于利"之言说,已然成为儒家义利道德观的经典表述,人们耳熟能详①。但对于该言说所蕴含的政治哲学维度,学界似乎关注不够。尽管有论者指出,此处"君子"与"小人"不仅就"道德"言,也有指谓"位"的意涵。然而,其何以既言"位",又言"德"? 除了基于个体之"位"与"德"的伦理学考量之外,是否又具有超越于个体之"位"与"德"的公共政治意涵呢?

①　一般认为,"君子"与"小人",乃为儒家思想中所常见概念,而且多作为个体德性修养之人格标签加以对举,从而在《论语》学思想史上出现一种泛道德主义的诠释话语范式。因之,《论语》中所出现的"君子"主要指谓品德高洁之士,而"小人"往往被理解为"道德低下,甚或道德败坏"之人。亦由此,导致人们视孔子关于"惟女子与小人为难养也"之言说有性别歧视意思的误解。对于"喻"的解释,自孔安国以降,大体不差,可视为"知晓""认同",并付诸行动之意。

换言之,它在中国传统政治哲学上有何理论价值? 我们认为,如上义利之辨呈现出一种即"位"而言"德,"位""德"共在的思想结构。因为言位不言德,失却王道政治之内在德性依凭;言德不言位,无法凸显儒者经世之命意。进言之,它不仅是对于"修己"的君子德性伦理规范的宣示,而且是对于"安百姓"的君子政治的治理技艺原则的强调。故此,该言说蕴含着儒家"内圣外王"的公共德性逻辑。鉴于此,本节尝试从儒家政治哲学的维度,论析"君子喻于义,小人喻于利"所内蕴的丰富涵义,并由此呈示出儒家伦理观念中的公共精神形态。

一、"君子"与"小人":礼义规范抑或德性拷问?

克罗齐说:"一切历史都是当代史。"人们对于"君子喻于义,小人喻于利"的理解,往往在受到前人的启发与影响的同时,也带有强烈的时代印迹。这种理解上的时代印迹,可以帮助我们明晰孔子言述之思想史演变的内在理路。故此,先让我们了解一下历代前贤对于孔子言说的理解与诠释。

诚如朱熹所言:"义利之说乃儒者第一义。"[1] 自孔子后,儒家义利言说与君子小人之辨常相并提。人们往往通过儒家君子小人之辨的理解来确立儒者的义利观。这就涉及对"君子""小人"的诠释。对于《论语·里仁篇》中"君子喻于义,小人喻于利"之言说意涵,历来都有不同的诠说,大体可分为或"以位言"、或"以德言"两种。不过,正如晚清经学大师俞樾在《群经平议》中所说:"古书言君子、小人大都以位而言,汉世师说如此。后儒专以人品言君子

---

[1] 朱熹:《与延平李先生书》,《朱子全书》(21),第 1082 页。

小人，非古义也。"① 此言可谓的论。

汉代大儒董仲舒曾在"举贤良对策"中云："皇皇求财利常恐乏匮者，庶人之意也。皇皇求仁义常恐不能化民者，卿大夫之意也。"② 董氏虽未直接引用孔子的"君子喻于义，小人喻于利"之言说，却明确以"位"，亦即社会政治伦理道德情状来言喻"卿大夫"与"庶人"。在他看来，卿大夫以上的君子们有以"仁义"来教化人民的职责，这是指谓具有一定政府官职的人所应具备伦理道德的应然状态。庶人老百姓则是以追求财富利益为日常处世之最大动机，这是对于处于社会低层角色——"小人"的日常伦理状态的实然描述，并无明显道德贬抑的意味。实际上，汉代儒家言说中已然暗含伦理道德期待，即以"君子"角色来统括卿相士大夫等社会精英阶层，并赋以其伦理道德的应然明确规范。这一思想的转向，应该是始于先秦时期。

先秦时期，儒家对于社会精英阶层的德性强调尤为强烈，以"君子""小人"言位、言德情形时常出现，甚或德、位同言。如《荀子·王制篇》云："虽王公士大夫之子孙，不能属于礼义，则归之庶人。虽庶人之子孙也，积文学，正身行，能属于礼义，则归之卿相士大夫。"③ 由此可见，在先秦人的观念中，社会位阶的确定取决于人对于"礼义"的领悟，亦即是"礼"内在的精神规训。而这一精神规训，在孔子以降的儒家看来，涉乎"德"的养成。基于此，儒家对于原初所指谓"位"之意义上的"君子""小人"，开始出现向主观"德性"修养的观念转向。正如焦循对于《荀子·王制篇》中这段

① 程树德：《论语集释》，程俊英等点校，中华书局，2017年，第346页。
②《汉书》卷五六《董仲舒传》，第2521页。
③〔清〕王先谦：《荀子集解》（上），沈啸寰、王星贤点校，中华书局，2016年，第175—176页。

话的解释:"卿士大夫,君子也。庶人,小人也。贵贱以礼义分,故君子小人以贵贱言,即以能礼义不能礼义言。能礼义故喻于义,不能礼义故喻于利。"① 焦循明确以"卿士大夫""庶人"之位来对应诠释"君子""小人",同时,亦强调指出"位"之贵贱则蕴含着相应不同的社会伦理要求,即是其对于礼义精神的葆有与否,进而引出儒家社会伦理角色的不同义利观念。皇侃《论语义疏》引东晋经学家范宁云:"弃货利而晓仁义则为君子,晓货利而弃仁义则为小人也。"② 也就是说,作为不同社会地位角色的"君子""小人"所蕴含的道德伦理是不同的。"君子"即是通晓礼的精神所赋予的"公义";而"小人"则因未受礼精神之规训而凡事皆考量于私利。"君子喻于义,小人喻于利"所呈示的儒家义利观,即是公私观,涉及儒家公共性哲学之维。而这一关于公共性伦理的思考便是其所言"礼义"的题中应有之义。对于公共性伦理的要求,恰恰是自孔子而后,儒家极力提倡"君子"精神的归趣所在。进言之,"君子"的使命即是呼唤具有通晓礼义精神的精英士人起来领袖群伦,重建理想的礼乐社会秩序。

　　无论是先秦荀子,还是汉代董仲舒,对于孔子关于君子与小人的义利观的诠释,采取的都是二元伦理叙事结构。他们不仅关注社会精英之君子的应然伦理精神与政治道德,同时也言说小人之实然伦理情形。儒家义利观在君子、小人的二元伦理比较中,突出"君子人格"在重整礼乐社会的极端重要性。除此之外,他们还将构成礼乐社会基底的"小人",即庶民百姓,作为社会治理的对象来讨论——教化于民何以可能。焦循云:

————————

① 程树德:《论语集释》,第267页。
② 程树德:《论语集释》,第267页。

> 无恒产而有恒心者,惟士为能,君子喻于义也。若民则无恒产因无恒心,小人喻于利也。唯小人喻于利,则治小人者必因民之所利而利之。故《易》以君子孚于小人为利。君子能孚于小人,而后小人乃化于君子。此教必本于富,驱而之善,必使仰足以事父母,俯足以蓄妻子。儒者知义利之辨而舍利不言,可以守己而不可以治天下之小人。小人利而后可义,君子以利天下为义。孔子此言正欲君子之治小人者知小人喻于利。①

这段话指出,士君子有"喻于义"的精神人格,对于理想社会公共规范与礼乐秩序的重建,有着无条件的不懈追求。而其治理社会的原则不是强小人为君子,而是"因势利导",正视"小人喻于利"的客观事实,"因民之所利而利之"。虽然儒家的治理哲学在于崇尚"教化",实现礼乐政治秩序,但其教化的前提在于使民先富而后教,因为"小人利而后可义"。这是儒家基于对中国传统社会的深刻洞察而得出的重要社会治理技艺,彰显了它在理想主义与现实主义二者之间采取兼容统一的认知思维。正如张俊所说:"儒家伦理体系,绝不仅是由一种君子道德或德性伦理构成的。从先秦开始,儒家伦理就在美德伦理系统下为功利伦理预留了位置,儒家从来都是道德理想主义和现实主义双轨制,精英与平民伦理并存,自律与他律道德共生,那种以德性论或道义论概括儒家道德哲学体系的观点是片面的。固然,道德理想主义、人文精神、心性之学、君子人格、道义论在儒家传统中享有价值优位并长期居于主导地

---

① 程树德:《论语集释》,第267页。

位,但这并不是化约儒家传统的理由。"①

如果说先秦与汉代学者对于孔子"君子小人之辨"的理解,是置于社会精英(君子)与庶民百姓(小人)的双重伦理结构体系中加以申述,其"德"与"位"的双向度言说的意向是非常明确的,那么至宋代,则集中于君子之"德性"的维度进行阐释。"君子"与"小人"直接成为具有普遍性之人的德性品行高下的标识。如,程颢对于"君子喻于义,小人喻于利"的解释:"义者,天理之所宜。利者,人情之所欲。"② 此处"义""利"不再是对于分属社会地位之不同意义上的"君子""小人"的伦理情状的描叙,而是从天人秩序的角度来诠释:"义"是天理之所彰显的存在,具有普遍性与可欲性,而"利"则为人情所独有之私欲。这与程门理学的"存天理,灭人欲"的言说相为契合。

程门弟子杨时进一步疏解云:"君子有舍生而取义者,以利言之,则人之所欲无甚于生,所恶无甚于死,孰有舍生而取义哉? 其所喻者义而已,不知利之为利故也,小人反是。"③ 在他看来,"义"与"利"是截然对立的。因为他们主要是在道德哲学而非社会政治哲学上阐释儒家的义利之辨。而同为程门弟子的谢良佐说:"以天下为心者,虽有不善,亦义心也。求济一身之欲者,虽有善,亦利心也。盖起平日处心积虑如此。然喻于义则大,喻于利则小,此君子小人所以分也。"④ 他从道德动机的角度出发,以公私为衡定义利之标准,扬公抑私,进而分判君子与小人。谢氏虽以道德论君子小

① 张俊:《儒家伦理的二维结构体系——从"君子喻于义,小人喻于利"谈起》,《文史哲》,2017 年第 4 期。
② 〔宋〕朱熹:《四书集注章句》,第 73 页。
③ 〔宋〕朱熹:《四书集注章句》,第 73 页。
④ 〔宋〕朱熹:《论语精义》,《朱子全书》(7),第 157 页。

人之殊异,但其强调天下公共秩序的意向已然更为显明。

宋代心学的代表人物陆九渊对于"君子喻于义"的诠释,虽亦基于"义""利"二元对立的立场,但重在对于人之所具有的道德实践理性的明确提示——"所志而所习"。他说:

> 非其所志而责其习,不可也;非其所习而责其喻,不可也。义也者,人之所固有也。果人之所固有,则夫人而喻焉可也。然而喻之者少,则是必有以夺之,而所志所习之不在乎此也。孰利于吾身,孰利于吾家,自声色货利至于名位禄秩,苟有可致者,莫不营营而图之,汲汲而取之,夫如是,求其喻于义,得乎?君子则不然,彼常人之所志,一毫不入于其心,念虑之所存,讲切之所及,唯其义而已。夫如是,则亦安得而不喻乎此哉?然则君子之所以喻于义,亦其所志所习之在是焉而已耳。[1]

陆九渊认为,人或喻于义,或喻于利,完全取决于他的所志所习。究其所志与所习之目的则是考察人的道德意识与道德实践理性之存有。故此,"君子"之所以喻于"义"皆是其知晓并践行其"义"之前,便有一个道德意识"入于其心",亦即是自孟子以至宋明心学家们所谓之"先立其大者"的意思。实际上,陆九渊此论亦是为世情所发。正如刘宗周所云:"象山先生至白鹿洞讲'喻义喻利'一章,大底言科举之习,任宦之途,名虽为义而实喻于利,缘其志之所向如是。"[2]世之功利之徒假借道德君子之名逞其私欲,故此,陆

---

[1]〔宋〕陆九渊:《陆九渊集》,钟哲点校,中华书局,1980年,第377页。
[2]〔明〕刘宗周:《经术二·论语学案》,吴光主编:《刘宗周全集》第一册,浙江古籍出版社,2007年,第315页。

九渊直陈读书士人弊病，主张从内在的道德心志入手，解决伪君子横行的问题。朱熹亦以为陆氏此言切中学者隐微深锢之病①。

综上观之，自宋代以降，理学、心学家们对于孔子"君子喻于义、小人喻于利"的诠释逐渐走向了道德形上学的建构之路。究其缘由，理学、心学家们的义利观论述预设了一个伦理前提，抑或是一个专门的言说对象，即是有志于成为社会精英、领袖群伦的士大夫。而士大夫的礼乐规训无疑可遵循儒家"内圣外王"之思想理路，即是从道德修养上寻求儒家政治理想得以落实的实践基石。因此，理学家们才会致力于在心性思辨维度上建构儒家的道德形上学。

不过，作为宋代史学家的范祖禹，却有着与上述不同的义利论述，值得一观：

> 君子存心于义，小人存心于利。义者，宜也。事得其宜，则利在其中矣。故君子惟曰义，不曰利，小人惟曰利，而不顾其宜与不宜也。君子之所见者大，小人之所见者小，故君子义足以兼利，小人专利而忘义也。②

从这段话中可以看出，范氏虽然亦是基于道德言述的角度来分判"君子"与"小人"，论说义利之分殊，但他并没有将"义""利"二者作截然对立的诠说，反而是从"义""利"二者之间的联系，来论说君子之"义"的丰富蕴含。他认为，所谓"义"即是做事适宜、合理，由此，"利在其中"。换言之，"义"并不是一种否认"利"的

---

① 参见〔明〕刘宗周：《经术二·论语学案》，《刘宗周全集》第一册，第315页。
② 朱熹：《论语精义》，《朱子全书》（7），第156页。

存在,而是作为"利"的合理彰显者而存在。在某种意义上讲,它是大利。而"小人"所追求的"利"往往是一种枉顾事情合理性的"小利""私利",且是作为"义"的对立面而存在的。因此,在范氏看来,君子人格在只有"义""利"兼顾中,才能得以真正养成。于此,他得出结论:君子之人格是"义利兼顾";而小人之人格是"逐利而忘义"。由此看来,范祖禹表现出与同时代理学家们不同的理论旨趣。他不仅关注人的道德精神的理论建构,而且将该建构的基点落实于社会政治生活之"事"上,而不是空谈心性与天道以挺立"义"之道德的理论合法性。

对于儒家义利之辨,晚明大儒刘宗周的看法,也有值得注意之处:

> ……至朱子晚年,又与人书曰:"世间喻于义者必为君子,喻于利者必为小人。而近年一种议论,乃欲周旋于二者之间,回互委曲,费尽心机,卒不可得为君子,而其为小人亦不索性,亦可谓误用其心矣。"合二先生之言观之,乃知世间有以利为义之学,有混义利一途之学。夫惟有混之一途,而后有假之一途,然要之不可混,不可假也。……易曰:"利者义之和。"子思子曰:"仁义所以利之。"道德何尝不是,此周旋之说所自起。义利本非二途,但就中君子只见得有义,小人只看得有利,义利两途,遂若苍素之不可混,圣人特为表其辨如此,亦衰世之意也。[1]

从刘宗周的这段评论中可看到,宋明理学家执着于严分义利

---

①〔明〕刘宗周:《经术二·论语学案》,《刘宗周全集》第一册,第315—316页。

为两途的真实原因。刘宗周认为，"义"与"利"本身虽然不是截然对立的，但是在关乎义利之辨的学理建构中，应该将之加以分疏与区隔，否则将不利于道德实践。

综而言之，在关于"君子喻于义，小人喻于利"的诠释上，宋明儒者对于作为社会精英的君子士大夫确乎有着在"德性"上的明确且强烈的期待。进言之，他们无论是在"得君行道"，还是"觉民行道"上，皆喻示着是时儒者基于人所具有的普遍性的道德潜能的认知预设，逐渐打破了"君子"抑或"小人"原初所指涉社会地位的伦理想象。因为在他们看来，这是儒家建构富于王道公共性的社会政治秩序的关键环节，是"内圣外王"的传统逻辑理路的必然选择。所不同的是，一如前述，在理学家与非理学家之间存在着基于社会道德实践的不同考量所带来的义利论述差异。

至于清代，汉宋之争起。宗汉者，多承汉代儒者所释，一如前述之焦循等，他们论说"君子""小人"，不纯以"德"论，兼以"位"言；而宗宋者，则承理学余绪，严辨君子小人之分，严界义利殊异之途。

近人钱穆著《论语新解》，他对于"君子喻于义，小人喻于利"的解释，主要倾向于宋儒立场：

> 喻，晓义。君子于事必辨是非，小人于事必计其厉害。用心不同，故其所晓了亦异。或说：此章君子小人以位言。……今按：董氏之说，亦谓在上位者当喻于仁义，在下位者常喻于财利耳。非谓在下位者必当喻于财利，在上位者必自喻于仁义也。然则在下位而喻于义者非君子乎？在上位而喻于利者非小人乎？本章自有通义，而又何必拘守董氏之言以为解。又按：宋儒陆象山于白鹿洞讲此章。曰：人之所喻，由于所习，

所习由于所志。于此章喻字外特拈出，"习"字"志"字，可谓探本之见。①

钱穆认为，董仲舒仅仅以"位"言说"君子""小人"之辨，而忽视"道德"层面的衡定标准，不完全符合孔门义蕴。基此，他将陆九渊注重的从"所志所习"的道德实践层面来分判君子小人之分的做法，视为真正把握了孔子思想之根本方法。

杨伯峻对于"君子""小人"究竟是指"位"，还是指"德"，抑或是兼指"位""德"，则未有定见。但他对于汉代以董仲舒为代表的学者仅以"位"言"君子""小人"的观点，明确表示了谨慎态度："君子、小人是指在位者，还是指有德者，还是两者兼指，孔子原意不得而知。《汉书·杨恽传》'报孙会宗书'曾引董仲舒的话说：'明明求仁义，常恐不能化民者，卿大夫之意也。明明求财利，常恐困乏者，庶人之事也。'只能看作这一语的汉代经师的注解，不必过信。"② 由此看来，现代人对于儒家的君子小人之辨的理解，主要深受宋儒影响，致力于对心性道德修养的内圣拷问，而于该命题所呈示之外王旨趣则无所措意。

二、"义"与"利"：截然对立抑或相融相生？

一般认为，义利之辨是儒家道德哲学的中心论述。从思想史的理论脉络寻绎之，可发现其不仅关乎儒家的道德论述，而且是儒家政治哲学中的公共性价值建构的逻辑原点。义利之辨表面上看，是涉及个体日常行为的道德裁处，而事实上，它的道德性评判

① 钱穆：《论语新解》（新校本），《钱穆先生全集》，第91—92页。
② 杨伯峻：《论语译注》，中华书局，2009年，第38页。

无法超脱于公共性场域的话语规定。因为作为道德中心言说的义利之辨，从一定意义上，即是公私之辨。公私秩序中的规范逻辑决定着义利逻辑结构中的理论铺陈。基此，对于公私秩序的拷问实属必要。众所周知，中国传统社会是礼乐社会，而礼乐社会的心理特质是共同体主义式的。这一具有共同体主义特质的传统社会拥有扬"公"抑"私"的文化传统，以确保其社会政治公共性秩序的挺立。"公"与"私"原本指谓"朝廷"或"公家"与"私人"或"私家"的政治组织空间抑或社会生活身份。但当其与"德性"观念传统相绾结之后，"公"与"私"便含摄了一种道德性的指称①。从思想史的角度看，儒家公私之辨中的道德性指称发展到宋明时代，逐渐衍化成一种道德严格主义，从而又进一步强化了义利之辨中的道德言说倾向。譬如，宋代理学家所讲的"存天理，灭人欲"，其"天理"与"人欲"的对立是源自"公"与"私"的道德对立。由此，义利关系便被视为"公义"与"私利"之关系。如二程曰："义利云者，公与私之异也。"陆九渊亦云："曰公私，其实即义利也。"朱熹对于义利之辨有更细分疏。他认为："义者，心之制，事之宜。"②"有自然之利，如云'利者义之和'是也。专言之，则流于贪欲之私耳。"③朱熹对于"义"的解释是从道德之心的动机而论，对于"利"则有"自然之利"与"贪欲之私"的区分。"自然之利"无疑契合天理，从而能达到义利一致的状态。"贪欲之私"则是意欲渐灭的对象。就后者而言，朱熹承认义利之间、公私之间呈现截然对立状态。尽管朱熹对于义利之间的统合有体知，但其终归承继二程，带有明显的从

① 参见杨肇中：《儒家"仁"观念与现代公民社会型塑略论——基于中国传统"公"、"私"观念发展演变的视角》，《天府新论》，2013 年第 6 期。
②〔宋〕朱熹：《朱子全书》（6），第 246 页。
③〔宋〕朱熹：《朱子全书》（23），第 2701 页。

道德上将之加以对立化的倾向。因为当义利之辨与道德意义上的公私之辨产生勾连、互释之后，"义"与"利"之间便逐渐衍化成对立关系，而非相融相生关系。譬如，以往对于"君子喻于义，小人喻于利"的解读，将"君子""小人"视为道德境界高下对立的人格性的具体表征。在这种解读意向下，义利关系自然是相互对立的。

实际上，在儒家原旨中，"义利"关系是相融相生，而绝非是截然对立的。其截然对立的境况是在被置换为道德层级问题时形成的。譬如，《释名》云："义，宜也，裁制事物，使合宜也。"①"义"的本意是指谓人们在处理日常事务的行为规范的合宜性。而这一合宜性，在儒家看来，即是合礼性。而一如前述，"礼"是对于共同体成员的规范性要求，具有鲜明的公共性特质。故即此而言，"义"便是指"公义"。诚然，"公义"也有不同层级之分。而在不同层级类分之下，便显现出"公"与"私"的分判。关于这一点，明末清初时期王夫之有着明晰论说：

> 有一人之正义，有一时之大义，有古今之通义，轻重之衡，公私之辨，三者不可不察。以一人之义，视一时之大义，而一人之义私义；以一时之义，视古今之通义，而一时之义私矣。公者重，私者轻矣，权衡之所自定也。三者有时而合，……有时而不能交全也，则不可以一时废千古，不可以一人废天下。执其一义以求伸，其义虽伸，而非万世不易之公理，是非愈严，而义愈病。

> 事是君而为是君死，食焉不避其难，义之正也。然有为其主者，非天下所共奉以宜为主者也，则一人之私也。……君臣

① 任继昉纂：《释名汇校》，齐鲁书社，2006年，第173页。

者，义之正者也，然而君非天下之君，一时之人心不属焉，则义徒矣。此一人之义，不可废天下之公也。[1]

在王夫之看来，"义"之本身，有多种维度，如"一人之正义""一时之大义"以及"古今之通义"，这些维度被置于公私秩序分疏之下，且"公义"与"私义"之间的界定也是相对而变化的。当然，其基本原则是彰显共同体主义思想的"重公轻私"观念。由此可见，王夫之对于"公共性"的强调是分判正义与否的界标。此外，他认为，对于人的道德行为之"义"的评判，并不必然等同于"公"，而需要作具体历史情境的分疏。譬如，"臣为君死"是一般意义上的正义行为。但其成立必须有个前提，即是"君"应为"天下所共奉"之"君"。如果"君"丧失其得以存在的正当性，那么为其而死之"臣"之行为则是"废天下之公"，属于"私义"，从而也丧失它所本有的道德意义。

王夫之对于义利之辨，极为重视。他说："天下之大防二，而其归一也。一者何也？义利之分也。"[2]王夫之虽肯定义利分际之重要，但对于义利蕴含之趋同与契合处，也有颇为精辟的论说。他说：

> 义之与利，其途相反，而推之于天理之公，则固合也。义者，正以利所行者也。事得其宜，则推之天下而可行，何不利之有哉？但在政教衰乱之世，则有义而不利者矣。乃义或有

①〔明〕王夫之：《读通鉴论》卷十四，《船山全书》（10），岳麓书社，2011年，第535—536页。
②〔明〕王夫之：《读通鉴论》卷十四，《船山全书》（10），第502页。

不利,而利未有能利者也。利于一事,则他之不利者多矣。利于一时,则后之不利者多矣。不可胜言矣。利于一己,而天下之不利于己者至矣。①

王夫之认为,在日常生活实践中,"义"与"利"二者虽呈现为意涵背反,但从"天理"所蕴含的公共性亦即儒家道德形上学而言,"义""利"之间是相合的。换言之,王夫之从公共性的角度来体认义利之辩证关系,从而在一定程度上,对于"天理""人欲"对峙化的理解思维进行纠偏。不过,值得注意的是,王夫之认为,义利之间的统一性在衰乱之世容易被打破,有"义而不利"者,亦有"利而不义"者。"利"往往难以含摄于"义"之中,其缘由在于"义"所表征之社会政治公共性遭到破坏。如,一事、一时与一己之利对于公共性的建构而言是不"利"的,亦即是不"义"。由此而观,王夫之视野中的"义""利"之所依归,皆以社会政治公共性的实践证成为尚。进言之,公共性是儒家义利得以契合不悖的基石。诚然,它也是义利分野的实质性判准。作为明清之际的儒者,王夫之义利统合之论说与其理欲观相一致。

王夫之阐释理欲关系时言:"圣人有欲,其欲即天之理,天无欲,其理即人之欲。学者有理有欲,理尽则合人之欲,欲推即合天之理。于此可见,人欲之各得,即天理之大同,天理之大同,无人欲之或异。治民有道,此道也。"② 王夫之基于对宋明理学的深沉反思,在圣人与天道合一语境中,将人们惯常所闻之"天理"与"人欲"的对立化言说加以消解。反对将"理"(义)与"欲"(利)做二

———————

① 〔明〕王夫之:《四书训义》卷八,《船山全书》(7),第382页。
② 〔明〕王夫之:《读四书大全说》卷四,《船山全书》(6),第641页。

元截然对立理解的心性道德进路,进而主张"理在欲中",理欲具有一致性的哲学观。不过,无论是理欲,还是义利,二者展开统合对话的桥梁便是"公"或"公共性"。总之,王夫之该论说为后世学人提供了颇具价值的启发。儒家的经世面相在关于义利之辨的如上论说中得以重要呈现。由此可见,宋明理学的道德形上思辨有其关乎社会政治公共性建构的深沉思考,亦即是笔者所说的理学家们的王道公共性关怀①。这也是宋明以降,理学思想资源常常能够为中国传统社会政治变动与重构提供积极动力的重要原因。它蕴含着给予道德与政治的双重关切,而长期以来,学人对于儒家义利之辨的问题,以道德修为的解读向度,遮蔽了儒家社会政治公共性价值建构的可欲性意图。

三、"君子喻于义,小人喻于利"的公共性思想意蕴

我们从公共性政治哲学的角度,对《论语》进行重新解读,或许更能呈示其所含摄的原初意蕴,进而获致对《论语》及先秦儒学的新认识。一如前述,在儒家关于"君子"与"小人"的义利观中,"礼义规范"与"德性拷问"是其千年来建立相关伦理道德论述的两个理论维度。然而,近世以降"德性拷问"成为儒家义利观阐释的主流进路,使得其堪可诠释的空间变得相对狭小,尽管很深刻。

一般认为,宋明理学家以心性思辨来进行道德形上学建构,专注于内圣领域的开拓工作,而于外王一域甚少措意。实际上,近年来已逐渐有学者打破长期以来的如上陈说,重建宋明时代理学家丰富的历史与思想世界——作为逻辑连续体而存在的"内圣外王"

---

① 参见杨肇中:《论宋明理学中的王道公共性意涵及其当代价值——兼从中西哲学比较的视域看》,《江南大学学报(人文社科版)》,2020年第2期。

思想结构,在理学家们重建"道体"的行动中,发现其存在强烈关切现实"治体"建构的深层意指①。由此带来的学术研究变动,即是关乎经典诠释方向的多元化与诠释空间的大为拓展。换言之,宋明时代的儒学非理学、心学所能范围,即使是理学、心学之思想建构也非尽然心性道德之内圣言说。作为阳明后学主将的王龙溪云:"儒者之学,务为经世。"②此言将儒家的经世精神品格一语道出。儒家个体的心性之学无论何等精微,其终极关怀在于经世济民与重建人间礼乐社会秩序。否则,其与佛老之学无异。众所周知,宋明理学家们在严辨儒学与二氏之学的分野立场上是绝不含糊的。从这一意义上,对于"君子喻于义,小人喻于利"这一《论语》经典言说的诠释,应该紧扣儒家主旨——"修己以安人""修己以安百姓"的角度来展开③。换言之,儒家所主张弘扬士君子的精英意识就是要领导社会,承担天下政治责任。"君子"作为社会角色的存在,具有以下三种特质:一,他们是具有一定社会地位的群体领导者;二,他们所关怀的是社会公共性事务;三,他们应该是道德的标杆人物,引领社会风尚。"为政以德,譬如北辰居其所,而众星拱之。"对于"君子喻于义,小人喻于利"的诠释应该建基于如上对"君子"精神特质的理解上。总括来看,该句之本旨是兼顾"位"与"德",以"位"为主,以"德"为关键。在某种意义上,"公共性"意向即是如上"位""德"兼指之诠释所应含摄的思想特质。具体言

① 参见杨肇中:《论宋明理学中的王道公共性意涵及其当代价值——兼从中西哲学比较视域看》,《江南大学学报(人文社科版)》,2020年第2期。宋明时代的儒者,除了理学家以外,还有许多具有其他的儒学面相的学者,如宋代事功派叶适、陈亮等。
② 王龙溪:《王瑶湖文集序》,《王畿集》,第350页。
③ 杨伯峻:《论语译注》,第156—157页。

之,"君子喻于义,小人喻于利"所蕴含的公共性思想分述如下。

（一）儒家倡导"君子喻于义"之实质命意

君子的精神使命,已为孔子"修己以安百姓"的言说所概括。此中所谓"安百姓",即是"安天下","治天下"。"天下"一词表征了中国传统观念中最高层级的"公共性"观念,在先秦以降的诸种文献中便有记载。如,《吕氏春秋·贵公》:"天下非一人之天下,天下之天下也。"《逸周书·殷祝》:"天子之位,有道者可以处之。天下非一家之有也。有道者之有也;故天下者,唯有道者纪之,唯有道者宜久处之。"《礼记·礼运篇》:"大道之行,天下为公。"等等。由此而观,君子所治之天下,乃是天下所有人或百姓之所共有的天下。只有作为一种公共性的天下的存在,才喻示着王道亦即大道流行于世。笔者将这种公共性政治形态视为王道公共性政治[1]。君子念兹在兹的理想便是王道公共性政治的实现。在某种意义上,这是君子所应知晓、认同并予以终身实践之礼乐大义。换言之,礼乐教养的培育与礼义伦理规范的遵守是君子所喻之大义。这是君子之所以为君子的标识。

此外,君子在日常生活中,遭遇到"义"与"利"的伦理冲突时,该何去何从? 孔子的立场亦是非常明确的。他认为,"富与贵,是人之所欲也;不以其道得之,不处也。贫与贱,是人之所恶也;不以其道得之,不去也"[2]。这里所谓的"富贵""贫贱"当属于"利"的范围,而"道"即是合符"大义"之道。在孔子看来,得富贵弃贫贱,是人所具有的正常欲望,但君子必须要以"义"控"利",当前后二

---

[1] 参见杨肇中:《论宋明理学中的王道公共性意涵及其当代价值——兼从中西哲学比较视域看》,《江南大学学报（人文社科版）》,2020年第2期。

[2] 杨伯峻:《论语译注》,第35页。

者冲突时,君子应是舍"利"而取"义"。对于"义"的执守是君子的生命意义所在,乐莫大焉。正如孔子所说,"饭疏食饮水,曲肱而枕之,乐亦在其中矣。不义而富且贵,于我如浮云"①。

　　值得注意的是,为了更为突出"君子"的这一精神人格的独特性与必要性,孔子采取与之相比照的方法,那就是以作为庶民百姓的"小人"为其对举之主体。一如前述,孔子此处特别提出所谓"小人喻于利",其目的绝不是在道德上对于庶民进行蔑视与批评,而是基于日常生活的细致体察而得出的客观情状的描叙。通过这一客观情状的描叙,告诫意欲成为君子的读书士人,应该具备超越于一般庶民百姓的礼义教养与公共性伦理规范意识。因为这是君子能够领导社会,担当天下政治责任的前提条件。荀子曰:"人无礼义则乱,不知礼义则悖。"②悖乱即意味着公共社会政治秩序的打破,亦即是孔子所谓之"礼崩乐坏"。因此,作为社会领导者的君子因礼义教养而孕育的道德典范,对于社会道德发挥引领作用。正如孔子答季康子问云:"子欲善而民善矣。君子之德风,小人之德草,草上之风必偃。"③君子之富含公共性的礼义教养与伦理德性之重要可见一斑。

　　承继孔子之志的亚圣孟子"以民为本""遂民之利"思想令人印象深刻。这首先体现在他的义利观中。孟子的义利观中,明确彰显了他对于社会政治公共性的考量,较好地诠释了孔子"君子喻于义,小人喻于利"的论说宗旨。如,《孟子》开篇就记载他与梁惠王关于义利问题的对话:

---

① 杨伯峻:《论语译注》,第69页。
②〔清〕王先谦:《荀子集解》,第519页。
③ 杨伯峻:《论语译注》,第127页。

　　孟子见梁惠王。王曰："叟，不远千里而来，亦将有以利吾国乎？"孟子对曰："王，何必曰利？亦有仁义而已矣。王曰：'何以利吾国？'大夫曰：'何以利吾家？'士庶人曰：'何以利吾身？'上下交征利而国危矣。万乘之国，弑其君者，必千乘之家；千乘之国，弑其君者，必百乘之家；万取千焉，千取百焉，不为不多矣。苟为后义而先利，不夺不餍，未有仁而遗其亲者也，未有义而后其君者也。王亦曰仁义而已矣，何必曰利？"①

　　梁惠王向孟子请教治国之策，以"利吾国"为首要立场。而在孟子看来，作为治国之第一哲学原则应该是"仁义"。在战争频仍、社会动荡的战国时代，礼崩乐坏，日甚一日。原初分封诸侯称王称霸，各顾其利，贪利则争，争则乱。由此其他社会角色如卿大夫、士君子乃至庶人等纷然效仿，"上下交征利"，弑君篡国，而作为公共性实体存在的天下与国家共同体势必荡然无存。职是之故，孟子认为，治理国家者当以"仁义"为首要原则，罢兵息争，务以养民，重建天下礼乐政治秩序。孟子此言便是对于孔子"君子喻于义"的正解。此外，众所周知，孟子有名句："民为贵，社稷次之，君为轻。"值得追问的是，孟子何以言此？难道是真正想表达他对是时统治者的轻蔑，而高扬民权吗？答案当然是否定的。笔者认为，应结合战国社会的情势来看孟子此言，方能解其真意。一如前言，战国统治者常常为私利发动战争，置百姓小民于水火之中，而仁义之心荡然无存。但实际上，中国古代政权更替观念是"天所授命"，即使在德政观念起来之后，"天命"依然是终极的合法性来源。而"天为民而立之君"，故百姓小民是天下共同体、国家共同体的基石与"天

────────────

① 杨伯峻：《孟子译注》，中华书局，2010年，第1—2页。

命"的预示者。《尚书》云:"天听自我民听,天视自我民视。"得民心者得天下。由此可见,民心所向对于治理精英们的重要意义。正如焦循对于孟子"民贵君轻"言说意旨的归纳:"得民为君,得君为臣,民为贵也。先黜诸侯,后毁社稷,君为轻也。重民敬祀,治之所先,故列其次而言之。"①

在义利之间,孟子还通过"士"与"民"之间角色质性的对比,来强调"仁义"的优先性。他说:"无恒产而有恒心者,惟士为能。若民,则无恒产,因无恒心。"②孟子将"士"与"民"进行比照论述,实际上所指的是"君子"与"小人"之间的对比。士君子之"恒心"即是指拥有持续不变的、一以贯之的仁义之心抑或公心,它的存在与否和有无固定的资产与财富没有直接关系。因为志于实践"道"之"恒心",足致君子"安贫乐道"。换言之,对于君子来说,在处理义利关系上,其践履仁义之心具有绝对的价值优先性。诚如儒家所倡导的令人动容的"杀身成仁""舍生取义"的理念。一般而言,人的身体与生命无疑是其最大的利益所在。而相较之下,还有更高的价值,即"仁义"理念。恰恰是这一"仁义"价值的优先性,确证了孔子"君子喻于义"之应然伦理规范概括的精辟性。

一如前述,战国时代,上下贵贱,无不言利,而"大义"则淹没于滔滔"逐利"之中。"义"的淹没预示着社会政治公共性的解构,礼乐文化共同体的崩解。究其原因,则是传统意义上担当领导社会重任的精英群体——"君子"的溃败。其溃败之征在于"君子"已然"学绝而道丧"。故此,孔孟儒家孜孜于振学行道,倡导仁义,重建公共性礼乐社会。而"义利观"的重塑则成为他们志于弘道

---

① 〔清〕焦循:《孟子正义》,沈文倬点校,中华书局,1987年,第976页。
② 杨伯峻:《孟子译注》,第16页。

的首要之举。

（二）儒家强调"小人喻于利"之真实意图

孔子以"小人喻于利"作为"君子喻于义"的对举对象，其用意不仅在于突出君子精神人格的独特意蕴，为意欲成就君子理想的后来者确立不断前行的目标与意义，而且在治理技艺原则的层面上，强调最终成就君子理想的社会政治实践方向，亦即"修己"之后何以"安百姓"的问题。进言之，"己修"仅是"百姓安"的前提与必要条件，而不是充分条件。在"己修"与"百姓安"的两端之间，还必须有一个"安百姓"的技术化处理过程。而这一技术化处理的关键，即在于对于所治之对象的了解，亦即是对于百姓日常生活需求的真正了解。明乎此，孔子所言"小人喻于利"的另一深层用意，便呼之欲出了。《尚书》云："民惟邦本，本固邦宁。"[1] 这是中国古代民本思想的经典表达。而以民为本何以可能呢？基此，孔子提出"遂民之利"的主张。他认为，治国之道即是"先富后教"。如："子适卫，冉有仆。子曰：'庶矣哉！'冉有曰：'既庶矣，又何加焉？'曰：'富之。'曰：'既富矣，又何加焉？'曰：'教之。'"[2] 从孔子与弟子冉有的对话中，我们可以窥见孔子重视增加人民所拥有的物质财富与提高人民的生活水平的治国理念。因为这是儒家实行礼乐教化的治国理政的先决条件。这与孔子颇为推尊的齐相管仲"仓廪实而知礼节，衣食足而知荣辱"[3] 的治政理念若合符节。管仲的治国方略，正如司马迁所说："通货积财，富国强兵，与俗同好恶。……俗之所欲，因而予之，俗之所否，因而去之。"[4] "与俗同

---

[1] 李民、王健：《尚书译注》，上海古籍出版社，2012年，第72页。

[2] 杨伯峻：《论语译注》，第134—135页。

[3]〔汉〕司马迁：《史记》卷六二《管晏列传》，中华书局，1959年，第2132页。

[4]《史记》卷六二《管晏列传》，第2132页。

好恶"，即是重视人民自身的利益诉求，而顺民心。从这一意义上看，孔子所谓"小人喻于利"确乎是对于前人治理经验的承继。

孔子提倡"仁"。而"仁者爱人"是他对于"仁"之内涵的重要诠释之一。这一理念在治理国家层面上的表现，便是主张对于人民利益的关切与爱护。因此，孔子说："君子去仁，恶乎成名？君子无终食之间违仁，造次必于是，颠沛必于是。"①君子念兹在兹的祈愿便是追寻"仁政"理想的实现。作为治理一方的君子应该在"遂民之利"上去求"仁"。藉此方可得民之心。由此而观，"得民心者得天下"之言说即是指陈"百姓安"与"天下治"的治理妙方。成就儒家王道政治之枢机，亦无外乎此。

孟子提出了著名的"恒产"与"恒心"说，对"小人喻于利"进行了有力的诠解。试看他与齐宣王的一段对话：

> ……若民，则无恒产，因无恒心。苟无恒心，放辟邪侈，无不为已。及陷于罪，然后从而刑之，是罔民也。焉有仁人在位罔民而可为也？是故明君制民之产，必使仰足以事父母，俯足以畜妻子；乐岁终身饱，凶年免于死亡；然后驱而之善，故民之从之也轻。
>
> 今也制民之产，仰不足以事父母，俯不足以畜妻子；乐岁终身苦，凶年不免于死亡。此惟救死而恐不赡，奚暇治礼义哉？②

在这段话中，孟子以"士"与"民"的社会角色的比较，来凸显

---

① 杨伯峻：《论语译注》，第35页。
② 杨伯峻：《孟子译注》，第16页。

"民"的社会性特质：无"恒产"即无"恒心"。他在这里并非对于"民"抑或"小人"的社会角色表示轻蔑与道德批评，而是基于其实然情势，对于治理精英抑或"君子们"进行提醒与告诫：应该重视人民的物质利益与生活诉求的满足；如果忽视这一点，而断断然实行所谓刑法抑或礼义之教，难免了无成效。

荀子认为，君子的"义利"观念关乎国家之治乱。他说：

> "义"与"利"者，人之所两有也。虽尧舜不能去民之欲利，然而能使其欲利不克其好义也。虽桀纣不能去民之好义，然而能使其好义不胜其欲利也。故义胜利者为治世，利克义者为乱世。上重义则义克利，上重利则利克义。故天子不言多少，诸侯不言利害，大夫不言得丧，士不通货财，有国之君不息牛羊，错质之臣不息鸡豚，冢卿不修币，大夫不为场园，从士以上皆羞利而不与民争业，乐分施而耻积臧。①

首先，荀子肯定无论是圣王、君子，抑或是小人、百姓，皆具有好"义"与欲"利"的两种本性；其次，他主张圣人君子对于民众的义利观念进行引导，达致以"义"制"利"的目的，亦即是"使其欲利不克其好义"，这是治世之表征。反之，则是乱世之征象。复次，在荀子看来，一个国家的民众是否具有正确的义利观念，主要取决于社会上层的精英领导阶层——天子、诸侯、卿大夫与士君子本身。这无疑继承了孔子所强调的"君子应作为引领社会的标杆符号"的理念。诚如孔子告诫季康子所言："政者正也，子帅以正，

---

① 〔清〕王先谦：《大略篇第二十七》，《荀子集解》，第 592—593 页。

孰敢不正。"①最后,荀子强调国家治理者不能与民争利。因为对于治理者来说,其义在于利"民",因"民"之利而利之。而与"民"争利,便违背了其作为社会公共性存在的伦理规范,进而导致出现以"私"而害"公"的腐败。因此,荀子主张:"以义制事,则知所利矣。"②总而言之,荀子重视民利,从某种意义上,也是对于孔子所谓"小人喻于利"的一种理解与诠释。

西汉名儒萧望之则从化生万物的阴阳二气说的角度,解释人民身上所具有"义"与"利"的两种本性:

> 民函阴阳之气,有好义欲利之心,在教化之所助。尧在上,不能去民欲利之心,而能令其欲利不胜好义也。虽桀在下,不能去民好义之心,而能令其好义不胜其欲利也。故尧、桀之分,在于义利而已。道民不可不慎也。③

萧氏结合汉代流行的阴阳家学说,论证人民欲利之心与好义之心同时存在的正当性。作为统治者,必须正视所治之民的义利之心。国家治理之好坏,取决于统治者对于人民义利之心的平衡与驾驭——以"义"御"利"。由此可见,汉代儒者在很大程度上承继了荀子的义利观。

综上言之,儒家对于"民利"的承认与重视是一以贯之的。从一定意义上,所谓"民利"即是"公利",亦是"仁义"思想之公共性特质的彰显之所在。这是儒家民本思想的中心内容,也是儒家治

---

①杨伯峻:《论语译注》,第127页。
②〔清〕王先谦:《君子篇第二十四》,《荀子集解》,第535页。
③《汉书》卷七八《萧望之传》,第3275页。

理思想中极为重要的一环。不过,平心而论,由于先秦及汉代儒者多从"位"的角度来言说"君子"与"小人"的内涵,因之,相对而言,他们更为关注治理技艺层面上的重民之利的理论建构。

第三章　儒学公共精神的
现实社会政治展开

　　本章对于儒学公共精神在现实社会政治中展开的讨论,主要围绕以下两类问题:一是"天下"和"国家"的政治共同体观念及其历史衍变;二是中国传统社会中个体与群体的秩序,其中包括公共社会政治秩序建构、治理逻辑、人民权利以及"内圣外王"结构的有效性等。对于这些问题的简要论析有助于把握儒家在经世致用的实践过程中所呈示的公共精神取向。

第一节　"天下"与"国家"——儒家政治
秩序中的共同体形态

　　在儒家政治秩序观念中,共同体意识是非常强烈的。而在政治共同体结构的形塑中,"天下"共同体与"国家"共同体,又尤为儒家所关切。从某种意义上说,儒家礼乐文明秩序的建构主要是在"天下"与"国家"的双重维度中,完成其理论证成与实践开展的工作。

　　然而,从历史变迁的角度看,如上儒家传统观念在现代处境中却发生了革命性的变革。因此,当下儒学所面对的问题是,如何因应时代的变迁,作出其现代性重塑方向的准确研判。学界一般认为,就儒学的核心内容来说,无外乎"内圣"与"外王"两个维度。前者主要指谓儒家的道德心性修养领域,学人对于其历来的成就及现代价值予以否认抑或反对的恐怕不多,而之于后者亦即儒家安顿社会政治秩序的现代价值问题,却是异说纷呈,成为往复论辩之重心。仅就儒学研究阵营而言,现代新儒家主张以传统德性资源与西方现代民主政治文明相接榫,而大陆新儒家则力图重返儒家经典经学,慨然拒斥西方现代政治价值,亦如有论者所言,"这涉及现代儒学是否承诺'现代'价值与制度的根本问题,也涉及儒学如何体现其现代特性的关键判准"①。不过,平心而论,大陆新儒家或新儒教之鹄的不在于是否承认"现代"价值的问题,而在于力图重新定义对于中国而言,何谓"现代"价值,以及如何重塑这一价值的问题。

当然,本章之重点不在于对儒家政治思想资源的现代合理性与有效性如何作政治表态式的肯定,而在于论证其现代价值得以充分展开的应然进路,亦即儒家当代新型政治关怀的双向建构——"天下"哲学与"国家"哲学的问题。只有在有效回应上述两个问题的过程中,儒家的现代政治价值资源合理性才能得以凸显。实际上,对于儒家传统的外王价值的接续与发展而言,面对近代以降来自西方社会政治文明的强大碾压力,无疑需要一场思想的"突围",才能获致一种自洽甚或洽他的政治现代性②。笔者认为,这一儒家政治现代性的突围路径应该在于对"天下"哲学与

---

① 任剑涛:《重审"现代新儒学":评"大陆新儒家"的相关论述》,《天府新论》,2017年第1期,第139页。

② 近代以降,中国观念转变的叙事预设是借鉴于西方的概念——"启蒙"来实现的。其在发挥致使传统中国发生向现代转型的功用的同时,亦使得中国的社会政治转型路径亦步亦趋于一元发展论的西方。而现代(转下页)

"国家"哲学展开双向理论建构。换言之,"天下"与"国家"的双重维度的政治哲学是当代儒家突破时代的政治重围,重塑其外王结构,建构其新型政治的必然进路。由此,儒家需要处理"本土化"与"西方化"、"传统化"与"现代化"之间的内在张力问题 ①。不过,需要指出的是,在疏解这一理论张力的过程中,"天下"与"国家"政治哲学的双向建构的出发基点抑或角度、视野是有差殊的。前者主要是基于人类社会政治文明的视角,后者则是具体因应现代民族国家的内部建构的政治诉求。两者必须纳入儒家当代新型政治哲学的关怀之中。否则,儒家政治思想的现代突围及其现代外王结构的重塑将难以获致成功,而儒家在现代政治思想与制度实践领域的缺位,不仅对于儒家之外的人类政治资源来说是一个很

（接上页）中国思想界需要更多的应该是一种超越"启蒙"的心态及其观念。以开放的心态积极汲取传统思想资源,并加以现代涵化,以建构出突破以"马克思主义"与"自由主义"为代表的现代政治思潮的强力围堵的理论型态。这一儒家理论的当下诉求可以视之为现代新儒家的升级版本抑或超越版本。二者之间的分野在于前者主动出击,而后者被动迎战。这亦是时势使然。众所周知,近年来,中国官方对于儒家思想的价值予以高度肯定,但其现代的合理性与有效性实则需要儒学者进行相关理论的自我建构与自我证成,而远非来自官方政治表态所能奏效与自动彰显。故此,本节使用思想的"突围"二字,代表着儒家的一种反思现代性抑或超越现代性的理论旨趣。

① 本书所主张的儒家当代使命在于通过重塑"天下"与"国家"来整合与推展人类社会政治文明与建构理想的世界社会政治秩序的原因大体有二:第一,由于中国近代"救亡"压迫下儒学近乎被全盘否定的气运已然发生翻转式的改变,儒家思想得以理性清理与阐扬的时机,可谓"一阳来复";第二,西方社会政治文明与现代性在推动人类社会发展的同时,亦充分显露了它的不完满性甚或危机性。此以"一战"之后诸多中西学人的文明反思为显证。在这一意义上,儒家的开放性与包容性特质大体可救其失,尽管儒家自身在"本土化"与"西方化"、"传统化"与"现代化"之间亦存有一定的内在紧张。

大的损失,儒家的整全价值世界亦会因其残缺不全而面临崩塌,由此其内圣之说即便再精深,亦是无所附丽了。

一、"天下"与"国家"的传统政治意蕴

政治是人类共同生活的艺术。政治之关怀的单位,就其大者而言,"天下"与"国家"而已。不过,就现代政治的理念与架构而言,却是有"国家"而无"天下"。准确地说,"国家"不是"天下"意义之下的"国家",而是明"边界"、定"内外"的极易产生对峙思维的民族国家。这无疑是为近代以降西方的民族社会政治共同体的逻辑所决定的,而传统中国政治思维中的"天下"与"国家"观念,则因时运颠沛而被遮蔽抑或隐匿。

"天下"概念显见于先秦诸种文献典籍之中。如《管子·霸言》:"化人易代,创制天下,等列诸侯,宾属四海,时匡天下。"《道德经》:"修之于身,其德乃真;修之于家,其德乃余,修之于乡,其德乃长;修之于邦,其德乃丰;修之于天下,其德乃普。"《庄子·天下篇》:"天下之治,方术者多矣。皆以其有为不可加矣。"《吕氏春秋·贵公》:"天下非一人之天下,天下之天下也。"由此可见,"天下"概念至少蕴含如下三层意思:第一,指谓地理学意义上的空间区域最广大者;第二,强调政治秩序的一统形态;第三,突出政治秩序的公共性特质。其作为一种政治理念及制度体系,始于周代创制之初。此时政治变革剧烈,造成了影响中国最深的政治文化观念及制度实践。正如王国维所说,"中国政治与文化之变革,莫剧于殷周之际",自周而后,"旧制度废而新制度兴,旧文化废而新文化兴"[①]。这一新制度新文化作为奠定中国政治秩序的基石颇具

————————

① 王国维:《殷周制度论》,《观堂集林》卷十,中华书局,1959年,第451页。

价值,即使是在周代末期的"礼崩乐坏"之际,作为儒宗的孔子仍然以浓烈的复古意绪来叙述其对于"天下"政治价值的坚守:"郁郁乎文哉,吾从周。"① 其思考问题无不以"天下"关怀为终极旨趣。因为"周朝发明的天下体系是一个世界政治体系,它定义了作为整体存在的政治世界"②。而这一以整体形式存在的政治世界的价值基石抑或正义基础即是德性伦理政治观。如:"夫欲用天下之权者,必先布德诸侯,是故先王有所取,有所与,有所诎,有所信,然后能用天下之权。"③ 德性观念成为"天下"与"侯国"何以能够相处于同一政治世界的认同之源。而保持一个"协和万邦"的整体存在的政治世界秩序自然成为矢志于"承继周制"的儒家的外王价值结构中的题中应有之义。

儒家对于政治理想的预设的着眼点大体在于"天下",如后来的《礼记·礼运篇》中对于大同世界的畅想与期待——"大道之行,天下为公。"换言之,"天下为公"即是大道之流行于世的表征。而为何在儒家社会政治秩序预设中没有专门就"国家"这一层级加以犹如"天下"般的论说呢?

众所周知,中国传统政治层级秩序由小而大依次为:家—国—天下。在这一政治认同传统中,其显示出了两点值得注意的地方:其一,"家"与"天下"这两端的理论言说是被重点关照的,而"国"则相对被忽视,至少未予以重点关注。诚如梁漱溟所说:"中国人心目中所有者,近则身家,远则天下,此外,便多半轻忽了。"④

---

① 杨伯峻:《论语译注》,第28页。
② 赵汀阳:《天下的当代性:世界秩序的实践与想象》,中信出版社,2016年,第56页。
③〔清〕黎翔凤撰:《管子校注》,梁运华整理,中华书局,2004年,第465页。
④ 梁漱溟:《中国文化要义》,第82页。

其二,"国"与"家"的论述更多指涉具体政治单位,而"天下"则蕴含"文化""文明"之义,换言之,"天下"之论说常常建基于"文化""文明"的视角。如顾炎武所言的"亡国"与"亡天下"之辨:

> 有亡国,有亡天下。亡国与亡天下奚辨?曰:易姓改号,谓之亡国;仁义充塞,而至于率兽食人,人将相食,谓之亡天下。……是故知保天下,然后知保其国。保国者,其君臣肉食者谋之;保天下者,匹夫之贱与有责焉耳矣。①

由此可见,中国传统的政治认同中,"国家"观念不过是基于某一家族姓氏之上的具体政权与国号,其重要性远远不能与"天下"观念相提并论。因为"天下"观念关涉到民族文化与教化之人道的存亡。所谓"国家"不是传统政治文化中的最高信仰,其与现代国家的政治认同可谓差殊万里。进而言之,"国家"不过是民族文化的守夜人。如其失职,"亡国"则似乎并不是一件那么值得令人遗憾的事儿。于此,有论者将"家国"与"天下"的关系比喻成"肉身"与"灵魂"的关系。"天下代表了至真、至美、至善的最高价值,这一价值要在人间实现,必须通过宗法家族和王朝国家的制度肉身,这些制度是由将伦理与政治合为一体的名教、典章制度和风俗组成,由此,天下价值不远人,就在人间的礼法秩序与日常生活之中。……另一方面,宗法秩序的正当性,国家秩序的合法性,无法自证其身,只能从超越的天下意识,从更高的天命天道天理中获取。……若家长和君主的作为不符合天下之大道,违背了圣人之

---

① 〔清〕顾炎武:《日知录集释》(全校本),上海古籍出版社,2006年,第756—757页。

言,那么作为个人就没有尽忠尽孝的道德义务;假如出现了逆天而行的暴君。按照孟子的激进思想,便可以遵循天命,起而革命,重建王朝。"[1]从这一点,亦可以看出,古代中国诸多朝代亦即"国家"虽历经更迭,但其文化传承却能够得以规避沦亡的命运,未曾中断。这不得不归因于中国传统的"国家"与其"文化"并未像现代的民族国家一样形成捆绑关系。因之,民族文化能够以超然的姿态来避开历代政治军事争斗的浩劫。这确乎不仅仅是因中华文化的传统优位态势而导致异族征服者被征服的历史活剧的展现。准确地讲,这是传统中国居于"天下主义"文化意识之上的民族主义形态特质使然。"对于中国历史传统中的'民族主义'来说,它主要是在文化共同体意义上被建构的。而'天下主义'成为这个民族观念意识中最为核心的特质。……这一民族主义观念确乎与受西方影响的所谓现代民族主义观念大为不同,西方民族主义观念不仅界分地域、种族之异同,而且蕴含政治权利之分殊。而中国传统民族主义观念在'天下'观念的映照下,对于上述西方民族主义观念中所强调的'种族'与'政治权利'等概念相对模糊,亦即没有清晰的边界。由于其秉持文化的判准,必定意味着它绝非铁板一块,而具有流动与变迁的特性。"同时,"中国的传统'天下主义'观念,会衍生出极具普世主义特质的民族主义意识与观念。并且,它即使在民族之间长期的相互征伐与侵袭下,也保持着一种无以伦比的韧性"[2]。

基于上述分析,我们可以看出,"国家"实际上是嵌入传统中国

---

① 许纪霖:《家国天下:现代中国的个人、国家与世界认同》,上海人民出版社,2017年,第4页。

② 杨毓团:《从"天下主义""民族国家"到"新天下主义"——中国民族主义特质流衍论略》,《政治思想史》,2016年第2期,第26页。

政治秩序链条中的一级,既不具有最高意义,抑或终极意义,也不具有自立于一极之独立地位,这是由中国传统民族主义观念的普世主义特质所决定的。同时,它亦为儒家经典《大学》的相关论说所表征:"古之欲明明德于天下者,先治其国;欲治其国者,先齐其家;欲齐其家者,先修其身;欲修其身者,先正其心;欲正其心者,先诚其意;欲诚其意者,先致其知,致知在格物。"[1] 这一在朱熹看来是"教人之法,入德之门"的道德哲学,实际上也是一部儒家的政治哲学。其中,儒家的道德哲学以独特的由内圣而外王的结构为其逻辑运思进路;而其政治哲学则蕴含着一种基于空间区域范围由小而大的推扩逻辑理路。由此可见,在这一政治推扩逻辑理路中,"国"虽然是儒家推明"天下"政治理想的必经之路,但不具有最高义抑或终极义亦是显然。何以故?其原因就在于:"天下"概念看似是比"国家"概念在空间意义上为更大的范围指向,但关键的问题还并不在此,而是在于"天下"本身所蕴含着文化与文明的视野。而"国家",当它无法与现代西方民族国家一样与"民族"捆绑在一起时,必然因无所自性而只能依附于"天下"以彰显其存在的有限意义。基此可见,在传统中国政治观念中,"天下的政治问题是国家的政治问题的依据,政治问题的优先排序是'天下—国—家'"[2]。因此,在朱熹的诸多论述中,以"天理""人欲"与"气禀"等哲学概念来论说其道德哲学与政治哲学时,所提及之"君"显然主要指向的是"天下"之君,而非"国"之君,尽管亦有涵盖后者的意味在。进言之,朱熹是在一种"天下主义"的观念里建构与观照其政治哲学的。这是一种传统观念的流衍使然,因为其时之

<hr>

[1]〔宋〕朱熹:《大学章句》,《四书章句集注》,第 3 页。
[2] 赵汀阳:《天下体系:世界制度哲学导论》,江苏教育出版社,2005 年,第 17 页。

"国"已为传统政治秩序中的二级单位——"诸侯"所掌控与表征。而即便是这样的"侯国"政治亦在秦汉而后的郡县制主导的政治秩序中逐渐边缘甚或消散。自此以后,"侯国"概念为基于文化意识中"华夷之辨"观念下的"国家"观念所取代。而这一"国家"观念虽不再受益于天下政治体制中的宗法分封,但却主要源自华夏王朝对于周边所谓狄夷族群政治体的追认与册封。从而在一定意义上,它延续了自周代以降绵延下来的天下政治体系。

当然,秦汉以后的天下政治相较于周代,发生了很大的改变,其时"国家"观念在逐渐向现代民族国家的方向流衍与靠近,但它与后者确乎又有着质的差殊。而正是由于这一差殊,当近代中国遭遇西方强力入侵之后,"天下"政治体系被突破,而其"国家"的传统形态才呈现出了明显的断裂情状。因此,从这一意义上来看,现代处境中的传统中国之"国家"相比于现代之"民族国家"来说,无疑是比较尴尬的。这在一定程度上亦可解释为什么近代中国在遭遇了西方现代民族国家的冲击之后,一时难以聚集有效资源来抗击西方列强入侵,而必待传统中国之"国家"自我转型在"反帝反封建"的口号鼓荡下缓缓启动之后,其反击、自保之力方能聚集。譬如,梁启超在戊戌变法之后的留日期间,尤热衷于倡导基于民族国家理念之上的"国家主义",并充分认识到:"晚清以降'世界之中国'则是中国卷入民族国家体系之现代世界的全球化时代,亦即中华帝国向民族国家转型而融入现代世界的过程。"[1]尽管如此,在传统思想语境中,中国之"国家"论述亦是如上所言的,是能够保持其自洽性的。

---

[1] 高力克:《世界国家与普世文明——梁启超的新天下主义》,《天津社会科学》,2015年第6期,第141页。

二、儒家政治思想在近代以降的遭际

一如前述,儒家公共政治的传统体系在进入近代以后,发生了明显的断裂,表现在以下两个方面:第一,具有界标性意义的事件即是1905年的科举制度的废除。它预示着儒家的传统公共政治理念在现实中失却了制度性依托,开启了在近代中国被边缘化的命运。随着1911年辛亥革命的爆发以及清政权的崩塌,儒家被视为皇权专制政治的拥戴者而彻底走下政治神坛。这一历史际遇是在20世纪初年即形成的"专制—民主"的二元对峙思维中就注定了的。如上对峙思维在很大程度上影响着国人的心灵;第二,儒家基于"内圣外王"的传统政治逻辑遭到严重质疑与破坏。换言之,儒家建基于德性伦理的政治进路被严酷的现实所否弃。因为民主是现代政治的风向标,而儒家却因其与皇权政治的合作的千年历史而被贴上专制的标签。由此,其政治的现代价值在很大程度上被宣告终结。尽管袁世凯北洋政府一度重启尊儒读经的政治运动,但是,终究难以抵挡历史的"去儒化"政治观念洪流。即便是"五四"以后现代新儒家登场,试图挽回儒家文化发展的颓势,但对于接受民主与科学观念洗礼之后的他们而言,民主政治确乎是异乎传统中国政治而又必定成为未来中国政治发展之趋向。

第一代现代新儒家重点放在对于心性儒学的精神道德价值的形上阐发之上,如梁漱溟、熊十力、张君劢等。当然,这一儒学面相的出现有其历史原因。因为"五四以来,在强烈的民族文化危机意识的刺激下,一部分以承续中国文化之慧命自任的知识分子,力图恢复儒家传统的本体和主导地位,重建宋明理学的'伦理精神象征',并以此为基础来吸纳、融合、会通西学,建构起一种'继往开来','中体西用'式的思想体系,以谋求中国文化和中国社会的现实出路。它主要是一种哲学和文化思潮"①。这一哲学思潮主要建基于捍卫儒家的内圣价值之上,而之于体制儒学抑或政治儒学的现代重建诉求则尚待如牟宗三等第二代新儒家的出现,迟至20世纪五六十年代才得以尝试提出。但是,这一儒家现代政治建构凸显出了与传统政治儒学的面相颇为不同的特质。譬如,如前所述的传统"天下"政治言说已然缺位,取而代之的是试图与西方国家现代政治接轨的基于民族国家的"民主政治"。正如牟宗三所说:"以往之道德形式与天下观念相应和,今则复需一形式以与国家观念相应和。唯有此特殊之认识与决定,乃能尽创制建国之责任。政制既创,国家既建,然后政治之现代化可期。"② 平心而论,从政治思想建构的势位来看,其无疑属于全然效法西方现代政治旨趣的一种防御性理论架设。进而言之,以西方的区域性政治思想论说泛化为人类现代政治的普适性范型,而传统中国的德性政治抑或贤能政治则被视为"专制"帮凶、"人治"典范而被束之高阁。基此,牟宗三提出"良知坎陷"说,将儒家"内圣"与"外王"之间的"直通"逻辑变为由德性主体向知性主体转换的"曲通"逻辑。由此,牟宗三自信其说在现代新儒家接着讲之进路中的理论价值,即"有进于往贤",并提出了"如何顺吾之文化生命而转出科学与民主"的理论方向。而且,以"西方文化之特质,融于中国文化之极高明中,而显其美,则儒学第三期之发扬,岂徒创造自己而已哉?亦所以救西方之自毁也。故吾人之融摄,其作用与价值,必将为世界性,而为人类提示一新方向"③。不过,牟氏为人类指示的是关乎

---

① 李翔海:《现代新儒学论要》,南开大学出版社,2010年,第17页。
② 牟宗三:《道德的理想主义》,《牟宗三先生全集》(9),台湾联经出版公司,2003年,第3页。
③ 牟宗三:《历史哲学·自序》,《牟宗三先生全集》(9),第20、6页。

"国家"政治而非"天下"政治之方向。而当下继现代新儒家而后起之大陆新儒家们如蒋庆辈,则未承如上从内圣开外王的逻辑进路,而是表明拒斥西方现代政治价值之态度,高调宣示重回儒家公羊政治传统,重拾贤能政治之故辙,欲开出与前者相对峙的儒家外王新路。但尽管如此,其思考问题的出发点却尚未超越民族国家理念的现代之"国家"处境,遑论新"天下主义"的政治体系建构。从这一意义上说,大陆新儒家们的政治诉求依然不出一如前述的现代新儒家的防御性政治理论的窠臼,只不过是随着中国国力的崛起,文化自信力的升腾,意欲重返中国政治传统,力图以"贤能政治"取代"民主政治"在现代国家建构中的主导地位。故而,当代学人之于世界政治之冲突与动荡的解决之道尚未能在理论上予以突破。

实际上,20世纪末至21世纪初,人类社会政治在冷战时代的结束之后,虽未进于福山所谓的"历史终结",但却迈入了如亨廷顿所说的文明冲突时代,而且文明的冲突在全球化进程不断加剧的情形下映现得愈加明显。这无疑不是仅仅靠完善建基于民族国家的现代国家政治理念所能解决的。因为基于此的政治理念的特质有着异常明显的边界意识如"权利"与"主权"观念,而"既然现代政治单位(个人或国家)是与他者划清界限的独立存在,其思维模式就注定是优先谋求排他利益的最大化;或者说排他利益必定优先于共享利益"①。此种政治特质与全球化的时代方向恰成背道而驰之势。因此,必须要建立一种新型的政治哲学理念以化解诸种文明体系与民族国家之间的利益冲突。赵汀阳所提出的建构"世界的内部化"的新型全球政治体系的观点,体现了一种颇具卓识的政治理论眼光。他认为,"现代政治哲学所推荐的价值或制度仅在

---

① 赵汀阳:《天下的当代性:世界秩序的实践与想象》,第241页。

民族国家的排外条件下有效,而如果升级为全球制度就会造成灾难性的后果。这意味着现代政治哲学并非普遍有效的政治理论,而仅仅是国家理论。……一个政治游戏的普遍有效性在于它有能力不断化解不断出现的冲突,而不可能阻止冲突的出现。天下体系期望达到'协和'的政治"。而这一"协和"政治的天下体系建构的合理性在于:"天下概念创造了一个容量最大的政治分析框架,开拓了分析世界问题的政治尺度。无论是全球政治、国际政治还是国家政治,都可以在天下框架内统一分析。同时,天下把世界理解为政治主体,而不仅仅是一个物理存在。世界因此具有了属于世界自身的政治意义。"[1]赵汀阳此说的灵感无疑源自中国周代的"天下"政治传统。该政治传统虽于秦汉而后在政治制度实践意义上被逐渐消解,但其思想观念资源的遗存却为自孔子以降的儒家所承继下来,譬如"君臣共治天下""天下非一人之天下,乃天下人之天下"等观念作为儒家政治理论的基本底色而一直得以存在。

　　当代儒家如欲重新崛起,从而有贡献于世界福祉的增进,则必须摆脱一如前述的长期以来居于防御性理论建构的现代被动处境,进而在现代社会政治理论的境遇中进行"返本开新"。在开掘传统的同时,亦以开放心态,融汇当代处境意识。由此,儒家致力于新型政治哲学的建构即是势所必行。基于此,笔者认为,儒家必须在"天下"与"国家"的双向建构中彰显它在当代政治中的现实关怀。这亦是儒家在现代人类社会政治处境中对其以往的防御性理论建构情势之"逆转"抑或"突围"的应然进路。至于其原因,概言之即是,构建新型"天下"政治体系应对未来不可逆的全球化进程中的诸种文明之间以及国家之间的冲突,构建现代"国家"政治

---

[1] 赵汀阳:《天下的当代性:世界秩序的实践与想象》,第 22—23、127 页。

应对国民的权利诉求与国家权力制衡机制。由此可见,就总体而言,其政治理念与制度体系,既与传统中国之倚重"天下"而弱化"国家"的文化抑或文明至上的政治气象不同,又与发端于西方的基于现代民族国家的强分"权利"抑或"权力"边界的政治架构相殊异。在一定意义上,它力图将如上二者的政治理念融汇于一炉而冶炼、整合之。

三、"天下"与"国家":儒家现代政治思想重塑的两个向度

由于在现代处境中,国家的建构事实上成为现代政治理论所要处理的首要问题,故此,笔者先言儒家之现代"国家"建构的进路,再言儒家之"天下"政治体系的重塑。

(一)儒家之现代"国家"建构的进路

一如前述,传统中国政治观念中虽有"国家"这一层级的存在,但不是被置于二级机构式的虚化处理,就是为"天下"文化意识所表征,不存在一种独立的观念及制度自性。然而,中国在进入近代以降,传统政治主导观念——"天下"政治因难以聚集资源来应对西方基于现代民族国家的政治体系所带来的严峻挑战,而逐渐崩解,并为"国际政治"所表述与取代①。由此,国家建构就成为了现代政治理论的核心问题,而现代国家建构的特质在于其主权与权利意识的张大。众所周知,国家的职能由"对外"与"对内"所构成。其对外职能皆因应现代民族国家的主权特质而呈现出竞争甚或征服的丛林律则。自近代以降,如上律则在所谓宗教普世主义抑或自由政治普世主义的理论合法性庇护下得以纵横肆虐于世

---

① 这里所说的"世界"政治,主要指涉的是以民族国家为政治单位所建构的世界政治格局,亦可称之为"国际"政治,与传统中国的"天下"政治有着本质的区别。

界,此以两次世界大战为显例。当然,这也是中国传统天下政治观念资源能救现代国际政治之失所在,于此,后文有其详述。

　　对于现代中国而言,国家内在职能中的"权利"观念建构与呈现却无可回避,且显得十分重要①。该观念充分贯穿于国家与社会、公民之间,社会与公民之间,以及公民与公民之间。与之紧密相关抑或表征其特质的观念即是"自由""平等""宪政""民主""法治"等等。而一般认为,儒家政治理念在权利领域是缺位的,因为其一贯讨论与提倡"义务"伦理与"责任"伦理。由此,随之而来的认知惯见是,"自由""平等""宪政""民主""法治"不是儒家所欲论列与观照之域。因为上述伦理的反向伦理,儒家是付诸阙如的。譬如,它没有与"义务"责任相对应的"权利"观念基准,这成为儒家政治因具有漠视个体正当独立存在的不平等的集体主义倾向而丧失其政治现代性的最大理由之一。而实际上,如上对于儒家政治观念的判断实在是囿于长期的传统与现代二元对立思维而难免失之于皮相之论,由此认为其判言是"对塔说相轮"实不为过。因为儒家的传统礼治思想实质上是可含摄以上现代性的政治理念,至少不存在与之相排斥的情形,只不过是以其独特的形式展示而已。

　　如前所言,当代儒家的政治关怀体现在国家建构层面上,确乎可挖掘与权利观念意识相应的传统资源,而在此之上进行创造性转化是可能的。这一儒家现代转型的理路,自然与康有为、蒋庆等

---

① 现代世界处于一个因工业文明的推展而使得权利意识不断得到张扬的时代。此一捍卫"权利"的观念已经突破世界诸种文明的地域界限,成为一个现代普适的政治理念。由此,按照李泽厚的"西体中用"的观点,在中国社会生存方式与政治文明的现代构建中,必须挖掘自身传统思想尤其是儒家思想中的相关观念资源,来回应现代"权利"政治理念的形塑诉求。

人的儒家宗教化路径以及牟宗三的儒家"良知坎陷"式的哲学转进路径是不同的,因为上述路径是建基于否认儒家具有可以直接对接现代政治理念的思想资源之上的。事实上,儒家政治与西方现代政治制度及实践并不是扞格不通的,而是可以展开内在理念对话的。首先,就"权利"观念而言,儒家经典中虽无明确之表述,且侧重伦理中的义务论述,但实际上已然涵摄对于个体"权利"享有的肯定。众所周知,基于儒家哲学观念中的"天地万物为一体之仁",蕴藏着一种"平等"的理念,体现在日常伦理中,必定诏示出"权利"与"义务"之间的"平等"意蕴。在这个意义上,中西伦理中的平等伦理表述形式上确乎存在着差异,但在不同伦理表述背后的实质内容上却彰显着不同族群国家的普同的伦理关怀。譬如,父慈子孝,兄友弟恭,君礼臣忠。这些二元结构的义务伦理表达,无不透视着权利意识的存在。"父慈"于"父"而言是"义务",而之于"子"则是伸张其"权利";"子孝"于"子"而言是"义务",而之于"父"则是伸张其"权利"。其他由此类推。基此可见,在中国传统伦理中,"权利"意识并非不存在,而是得到了一种隐微的表达。同时,"礼"中的"平等"精神于此亦得到了一种实质性捍卫。就现代政治意义之"自由"而言,包括"积极自由"与"消极自由"(柏林语)。而在儒家政治观念中,为"仁"道而乐于求索与弘毅的行为是在践行"积极自由",而如上所言,捍卫礼的规范之伦理要求便是彰显其"消极自由"的意涵。就后者的捍卫手段而言,中西所不同的是,西方诉诸于宪法与法律的审判,而中国传统伦理政治实践方式则是在"耻感"文化背景中,诉诸礼仪习俗的力量规制与内在道德良知的谴责。

如果上述所论之"权利""平等""自由"属于现代政治价值理念层面的话,那么"民主""宪政""法治"则属于现代政治制度架构设计层面①。后者是对于前者的彰显。不过,接下来的问题是,儒家政治能否在制度设计与实践上接引现代政治制度呢? 无可讳言,近百年来,儒家在这一具体问题上基本处于失语状态。迄今为止,其话语权仍然显得较为孱弱。因此,儒家政治的现代话语权能否取得突破性进展,取决于其能否与"民主""宪政""法治"等进行理性对话与相互接引。首先,儒家政治能够在多大程度上与民主政治相容、相济? 学界以往以民本思想为儒家政治的核心特质,进而认为名为民本而实为君本,而君主政治与民主政治是二元对立,因此,认为儒家政治无法直接通向民主政治。如牟宗三亦承认中国古代君主政治的专制性质,但其对于中国走向民主政治又抱有期待,因之,他在理论上创出通过"良知坎陷"而开出"民主政治"的思想进路。

"民本"观念与"民主"观念之间的差异无疑是被放大了。实际上,无论"民本"还是"民主",其宗旨皆为一致,即为保全人民的合理、合法利益。二者所不同的是实践该理念的制度形式。前者是通过君主政治体制下的贤能治理模式;后者则是通过立宪政治体制下的选票治理模式。不过,它们各自的历史际遇决定其在当

---

① 现代民主、宪政、法治等政治制度模式虽然发端于西方,但决不意味着是西方社会政治所独有,而是具有一定普适价值的。一个不可否认的事实是,世界的大多数地方包括中国,都为西方工业文明、商业文明所影响甚或覆盖。按照李泽厚的"西体中用"说法,现代中国社会的整个生产方式与生存方式皆为西方工业文明所浸染,当下这片被工业文明所浸染的土地成为了中国传统思想文化的生命力得以延续的不可忽视的载体。中国现代政治文明的构建决不能漠视西方的现代政治成就以自限。基此,将儒家传统政治理念与西方现代政治价值置于对话沟通的平台是必需的,否则便于陷入自说自话中,进而导致异化我们对于"文化自信"的理解。因为"开放包容"无疑是文化自信的重要特质。

代发展的机缘之盛衰。近代中国的君主政治体制因无法应对西方民主国家的军事政治挑战而被归因为"专制主义",进而急趋衰败。"君主专制"与"民主立宪"亦成为二元截然对立的政体图标。由此,中国传统政治体制的现代评价之低落在残酷的历史与现实中得以浮现,儒家的民本思想及其礼治观念因其与传统君主政治的合作史而难以洗脱"专制主义"的污名。这是儒家政治理念一直以来被人弃如敝履的最为重要的原因。因此,我们必须要在观念思想上对之加以彻底的理论廓清,否则,无法重建一套儒家的当代"国家"政治哲学①。

　　儒家政治能否与"法治""宪政"进行对话与融通,亦是人们长期聚讼纷纭的问题。首先,现代法治的特质在于两个方面:一是外在力量的规约与制衡;二是蕴含公民的权利诉求。相较而言,中国传统的法家之治来无疑具有强力的外在力量的约束、强制与制裁,但其对于君主等最高权位者却无制约之具。而且法家之法治出发点不是基于保障公民的权利而是借助刑罚手段的威慑力量来达致王权政治结构秩序稳固之目的。从这一意义上,法家之治确实与现代法治思维相抵牾。不过,儒家政治似无此弊。因为儒家提倡仁政礼治,而礼治既有外在规范之制裁,又有内在德性之仁政规约。此即孔子所言"道之以德,齐之以礼"的政治妙用。而且,又隐含如前所述的现代权利意识,因之,儒家政治不仅可以与现代法治对话,甚或颇多超迈西方法治之处;其次,就宪政精神的实质而言,不过是对于政治权力,尤其是最高政治权力的限制,把权力

①"儒家"与"专制主义"有着密切关联的观点,一直以来成为学界的主流认知,尽管自始存在反此一主流认知的看法(尤其是近年),但相对学界长期形成的积习与成见而言,其声音却仍旧显得有些微弱。对于儒家公共政治哲学的当代突破而言,恐怕这是一个切入点。

关在笼子里面。实际上,彰显这一精神实质的宪政模式可以是多元的。譬如,近年来,有学人所高调宣扬的"儒家宪政"论说即是主张将作为现代政体的根基——宪政与中国儒家传统治道模式结合,"儒家宪政"可以与欧美、日本等宪政模式多元并立呈现。因此,国内学界或政界关于拒斥"宪政"为西方国家资本主义意识形态的政治模型的声音,无疑是狭隘的[①]。其逻辑进路似与二十多年前以"市场经济"为资本主义标签的论调如出一辙。

实际上,儒家对于权力本身易流于任性的认知与警惕,来自它的道德严格主义。而这一道德严格主义又与其对人身体欲望的警惕有关。在儒家看来,政治尤为关乎德性。中国传统政治既是伦理政治,又是德性政治。因此,儒家对于权力的态度倾向是:以内在的德性来规训权力,以外在的礼仪来制约权力。而"宪政"精神自然在乎其中。综上可见,儒家政治与现代法治、宪政的对话不仅是必要的,而且是可能的。其中心问题在于,如何结合现代社会的变迁,进行创造性的发展,以重建儒家之"国家"政治哲学体系。

(二)儒家之"天下"政治体系的重塑。

一如前述,当代儒家政治所观照的维度有二:一方面是国家内部政治;另一方面是国家之间的政治,亦即是现在通常所说的"国际政治"。诚如赵汀阳所说:"国家政治是对内政治,核心问题是权力和利益,权利和义务的分配;国际政治则是对外政治,即与世界上其他国家之间的政治,核心问题是国家之间的利益博弈,合作、竞争、斗争乃至战争。虽然国际政治处理的是世界中的政治问题,却不是世界政治,因为国际政治不是为了世界利益,而是为了国家

[①] 在现代国家建构中,如果没有建立使权力得到规训与制约的有效机制,国家必将堕入吞噬公民社会与公民权利,进而丧失其公共合法性的专制主义深渊,终将宣告国家现代建构的失败。

利益;不是为了世界的和平与合作(尽管和平与合作是国际政治的流行口号),而是为了压倒对手而实现利益最大化。"①基于此,就政治人本主义而言,现代政治只有"国家"政治,并无"世界"政治。如前所言,在古代世界里,中国传统政治的特质蕴含着"世界"政治的思维,亦即是"天下"政治②。而其"国家"政治则是纳入"天下"政治体系中考量评估的。换言之,在"天下"与"国家"之间,没有内外之分,是一个和谐相融的整体。而跨入近代以后,以"国家"政治见长的西方列强用武力征伐来打破中国传统政治中的"天下"与"国家"之间无分畛域的整体状态。由此,基于民族国家之上的"国家"政治独步天下,而天下却无"天下"政治抑或"世界"政治。国家之间以丛林法则来互相博弈,世界政治秩序由此无以宁日。从这一意义上说,在人类社会里,现代国家政治文明虽然初具,但"天下"抑或"世界"政治文明则付诸阙如。西方国家打着政治普世主义的"民主、人权"旗号来侵夺非西方国家抑或后发达国家的各种发展资源。实际上,这是他们以现代"国家"政治特质来遮掩甚或替代"天下"政治的殊异性的表现。他们惯于以正义凛然的姿态,对敌对国家的外部进行强攻抑或从内部进行瓦解对手的力量,从而达到占有与侵吞敌国资源的利益最大化目的。这是近代狭隘型、抗拒型民族主义得以产生的重要背景。

　　中国以"天下主义"为核心特质的民族主义在近代亦因此而面临严峻挑战。中国传统"天下"政治体系的崩解预示着天下秩序意义上的无政府主义状态的出现。因此,接下来的关键问题是,

---

① 赵汀阳:《天下的当代性:世界秩序的实践与想象》,第 213 页。
② "中国"一词,形式上虽为国家之名,但名称却浸透着浓郁的文化意识,这一文化意识之核心特质便是"天下主义"。因之,中国传统政治既是"国家"政治,更是"天下"政治。

怎样化解近代以降由西方以民族国家为政治建构型态基准的做法所带来的世界政治秩序的衰败？这是现代人类社会政治文明构建的一大挑战。而实际上,我们能够通过唤醒关于中国古典历史的记忆,重建儒家"天下"政治体系的知识与文明来解决这一问题。这亦是中国重塑文化与文明自信、制度自信的极为重要的方面。否则,"如果中国的知识体系不能参与世界的知识体系的建构而因此产生新的世界普遍知识体系,不能成为知识生产大国,那么,即使有了巨大的经济规模,即使是个物质生产大国,还将仍然是个小国。……显然,当中国要思考整个世界的问题,要对世界负责任,就不能对世界无话可说,就必须能够给出关于世界的思想,中国的世界观就成了首当其冲的问题"①。藉此可见,中国新"天下"世界观的形塑将会对现代世界政治秩序的重构产生十分积极的影响与贡献,进而较好地规避现存国际政治秩序的弊病与缺漏给人类带来的痛苦。然而,最为关键的问题是,儒家的"天下"政治观念何以能真正做到重建世界政治秩序,进而形塑新型现代政治文明呢？笔者认为,可从如下三个方面去加以分析论证。

第一,从历史的角度来看,儒家的思想理念秉乎中华民族文明三千年传统之正脉。这可以从儒宗孔子的"郁郁乎文哉,吾从周"的文化气象中领略到。而周代文化又是基于对夏、商及以前的历史文化加以损益而成。自周代而后,"天下"政治观念及制度渐趋鼎定,历经八百年。秦汉而后,虽以郡县模式取代分封模式,但"天下"政治之微意尚存。古典的天下"朝贡"体系即为此观念在政治礼仪制度上的表征。近代中国的军事衰落导致古典政治体系的逐渐崩解,"天下"朝贡政治体系被迫为现代国际政治规则所取代。

---

① 赵汀阳:《天下体系:世界制度哲学导论》,第2页。

在这一以经济和军事的"协同力"来角逐生存空间的民族国家利益至上的时代,曾经"协和万邦"式的天下政治文明秩序被迅疾冲毁。随之而来的是,传统的天下政治文明之于现代世界秩序建构的合理性被遮蔽,而弱肉强食的民族国家政治游戏规则被奉为圭臬。直到21世纪,随着中国经济实力的增强与国际地位的日益举足轻重,重塑文化与文明的自信渐成一项重要的国家战略,而中国的知识界、思想界亦有摆脱长期以来步趋于西方理论的被动情势的自觉。正是在这一时势背景下,重塑"天下"政治文明的"新天下主义"被提出。近年来,此一思想之异动,可以赵汀阳、许纪霖二先生为代表。他们大体基于对现代民族国家建构的政治秩序之弊端的反思,相继对于未来世界政治秩序文明的走向展开批判式讨论,进而提出重塑新"天下"政治的重要命题。如赵汀阳主张,"我们需要创制一个新天下体系,一种属于世界所有人的世界秩序,从而超越现代以来的霸权逻辑。新天下体系并非人类普遍幸福的神话,而只是一个谋求人类普遍安全以及共享利益的制度,也绝不是统治世界的一种新体系,而是世界的'无外'监护体系,它试图监护世界以共在方式作为存在方式,放弃自现代以来的排他存在方式,从而避免人类命运的彻底失败"①。由此可见,其对于现代政治逻辑的深入反思。而许纪霖则提出重建"新天下主义",认为它"是对传统天下主义与民族国家的双重超克。一方面,超克传统天下主义的中心观,保持其普遍主义的属性;另一方面,吸取民族国家的主权平等原则,但克服其民族国家利益至上的狭隘立场,以普世主义平衡特殊主义"②。其批判锋芒主要指向基于民族国家之上的

① 赵汀阳:《天下的当代性:世界秩序的实践与想象》,第269—270页。
② 许纪霖:《家国天下:现代中国的个人、国家与世界认同》,第442页。

秩序整合的问题所在。两位先生对于解决现实国际政治所存在问题的方案，不约而同地从学理上诉诸于中国传统"天下"政治观念资源。当然，这一理论进路的展开无疑得益于当下历史发展的机缘。由此而观，儒家"天下"政治的当代重建是历史所赋予的无法推卸的责任。

第二，从近代以降的西方政治文明发展的趋向来看。一如前述，西方现代政治文明发展的基底在于民族国家。其于国家内部之政治确乎有着长足的发展与完善，而之于世界政治文明建构则付之阙如，始终跳脱不出进化论与丛林逻辑的窠臼。因之，国际政治秩序的动荡与人类社会安全感的缺失相伴随。这一情形在全球化进程日益加深的今天，显得尤为突出。这是当下人类社会政治所遭遇到的一大困境。而意欲纾解此一困境，凭藉西方现有的思想资源无法突破。尽管如康德基于对国家间的野蛮战争造成人类政治秩序的动荡与不安全问题的反思，提出过"世界公民"与"永久和平"论的观点，但他建构的和平世界必须建基于"公民宪政"与"国际法权"等政治观念与制度文化的同质化结构[1]，而这在诸种异质文明的实然性存在的现实世界中，究竟不过是一种可欲而不可落实的理想愿景而已。然而，儒家对于传统"天下"政治思维进行重塑与创造性发展，或可弥补西方政治理论之不足，进而有贡献于世界政治秩序的良性建构。因为它的思维是一种以"天下"思考为基点的共同体文化秩序安排为论述鹄的，而去除内外之分的政治编排。

第三，从中国"天下"政治观念对治西方现代国际政治之缺陷

---

[1] 参见〔德〕康德：《康德政治哲学文集》（李秋零译，中国人民大学出版社，2016年）其中之《关于一种世界公民观点的普遍历史的理念》《论永久和平》。

的角度看。一如前述,西方现代政治秩序的重心在于民族国家,其之胜场即为国家政治,其国家政治组织的原则即是个人理性与权利意识;而其国际政治秩序的安排虽曰平等,却也失之于丛林法则,不同的族群、民族与国家之间意欲保持和谐秩序便易沦为空谈。而中国"天下"政治理念当可建构起一道对治现代国际政治弊端的"防火墙"。正如赵汀阳先生所说:"对世界负责任,而不是仅仅对自己的国家负责任,这在理论上是一个中国哲学视界,在实践上则是全新的可能性,即以'天下'作为关于政治/经济利益的优先分析单位,从天下去理解世界,也就是要以世界作为思考单位去分析问题,超越西方的民族/国家思维方式,就是要以世界责任为己任,创造世界新理念和世界制度。世界理念和世界制度就是这个世界在历史上一直缺乏的价值观和秩序。"① 基于此,他对中国传统天下政治特质作出了如下两点归纳,即天下无外抑或世界内部化的"共在性"与"关系理性"②。这一理论探索虽然稍显粗略,但为反思西方现代国际政治秩序的构建问题提供了一个有益的思考③。当下及可见的未来的世界冲突实质上是亨廷顿所言之"文明的冲突",而非政治的冲突,尽管二者冲突的极端皆表现为军事战争。因为"政治的冲突"主要表现为国家内部秩序的安顿之上;而"文明的冲突"则集中凸显在不同国家之间,亦即是世界政治秩序的安顿问题。相比而言,后者更加威胁到现代人类社会政治

① 赵汀阳:《天下体系:世界制度哲学导论》,第3—4页。
② 参见赵汀阳:《天下的当代性:世界秩序的实践与想象》导论部分,第18—44页。
③ 值得一提的是,赵汀阳先生基于关系理性而建构的新"天下"政治理论虽然具有一定的自洽性,但在实践中来自于人的本能欲望的个人理性与关系理性之间亦容易出现一种紧张,而如何消弭这一紧张,确保关系理性的优在性是一个值得详加探讨的问题。

秩序的安全感。而作为具有开放、包容与普世特质的思想文明遗产——中国传统"天下"政治理念，是为纾解此一世界政治困局之重要方案。

　　综上言之，迄今，儒家在现代社会之重建可能性，学界几无异辞，然而，其重建之维度或在心性道德修养，或在社会政治秩序，却是论说纷纭。笔者认为，前者之现代意义自不待言，人类内在之心灵秩序的重建确乎必要，但社会政治秩序的现代重塑更是当下中国之紧迫任务，而且是儒家意欲实现其当代之理论突破的极为重要的关节点。近代以降，随着儒学之制度化体系的解体，其在大多数时间处于边缘化，其外王价值几乎沦落至无人问津之窘境，"游魂"一说亦由此而起。平心而论，在中国现当代思想史上，儒家政治思想之价值资源被世人所遮蔽抑或否弃的原因，主要在于时势使然。同时，不可否认的是，西方的政治认知与政治价值观在其中发挥了推波助澜的作用。而对于中国来说，当下情状在逐渐发生逆转，呈现出重新崛起之势。不过，随之而来的是，对于西方的现代政治思维及其效用维度，与中国儒家政治思想的现代转型问题，皆有重新认识与估价之必要。就后者来讲，"天下"与"国家"观念无疑是其进行历史性反思及当代理论发展可能性进路论述的较好向度。

第二节　"天下"国家化与"国家"天下化
——中国传统政治共同体的
最高公共性层级之衍变

　　"天下"和"国家"是关乎人类社会政治共同体言述的核心概念。在不同的历史时间维度中，人们对于这些概念的理解呈现出明显的殊异性。而恰恰是这种理解的殊异性映现出政治共同体观念发生衍变的情状。其所带来的文化资源抑或文化阻滞力，从一定程度上影响到政治共同体建构的当下形态。因之，对于"天下"和"国家"观念的历史脉络的重建，有助于深入评估其现代价值，并较好地回应民族主义对于全球化时代世界政治秩序的挑战问题。

学界对于中国传统"天下"与"国家"观念及实践，虽有所讨论，但从其作为政治共同体的本质属性的公共性角度，来梳理其观念衍变的历史脉络及其预判现代政治共同体形态建构的应然走向的研究成果，尚不多见。鉴于此，本节主要从公共性的视角出发，对作为中国传统政治共同体意义上的"天下"与"国家"的历史脉络进行梳理与重构，以呈现儒学公共精神得以展开的真实面相。此外，对未来人类世界政治文明秩序的重塑问题，亦作一简要的展望性论述。

一、"国家"天下化与"天下"国家化：中国传统政治共同体最高公共性层级的衍变

一如前述，学界对于"天下"观念的当代价值认知产生迷雾的肇因，主要是基于中国近代特殊处境，以"私天下"的质性来衡定传统"天下"观念的核心义理。由此，未待深入分析，便已在价值层面上将之排斥于现代政治理念建构之外。实际上，无论"天下"观念创制之周代，还是秦以后，这一观念皆不当以"私"来诠释。因为"家天下""私天下"与"专制天下"等概念在很大程度上是被历代学者运用于对现实政治境况进行批判的理论言说。而恰恰在"天下"观念前面加上所谓"家""私""专制"等字样的言说，进一步凸显了传统"天下"观念的原初指向——"公共性"。在中国传

统政治思想语境中,"公共性"的讨论自然指涉的是一种社会政治共同体。就共同体的属性而言,除了其组织本身的功能属性的分殊之外,还有层级之差异。譬如,天下—国家—社会—个人等。因此,我们可以从"公共性"的层级来认识"天下"观念的价值要义。

"天下"观念的原初意蕴主要包括两个方面:第一,就人类社会政治秩序所涵盖的地理范围而言,"天下"为最大者,譬如,"中国传统政治层级秩序由小而大依次为:家—国—天下"①。第二,既然"天下"在地理意义上属于最大者,那么其作为最大的政治秩序体必然追求某种普遍主义的质性因素。而这一质性因素即为"文化"或"文明"所表述。因之,"天下"观念又指涉了一种文化意向。换言之,"'天下'概念看似是比'国家'概念在空间意义上为更大的一种范围指向,但关键的问题还并不在此,而是在于'天下'本身蕴含着文化与文明的视野"②。而这一文化、文明意向与视野,表现在社会政治的公共性价值上,即是追求人类作为一个整体性存在的共同体的普遍性价值旨趣。

人们对于"天下"观念的理解角度,在很大程度上影响了其所赋予的价值评估结果。"天下"观念原本是古人基于既有地理空间不断扩展性的想象与华夏文明优位意识,而形成的一套文化观念体系,它是"一套基于以中原为中心、其他区域为次第边缘的地理空间想象之上的具有普世特质的'大一统'的政治文明体系。这一文明体系的形成不是完全由于权力实体所致的政治秩序,而是基于优位文化认同与地理区域布展的双重叠合之上的'价值体'

---

① 杨肇中:《"天下"与"国家"——论历史维度中儒家政治思想形塑的两个向度》,《政治思想史》,2018 年第 2 期。
② 杨肇中:《"天下"与"国家"——论历史维度中儒家政治思想形塑的两个向度》,《政治思想史》,2018 年第 2 期。

形塑的结果"①。这一套"天下"的观念体系,虽然不是严格意义上关乎人类世界政治秩序的制度观念,但对于古代中国及周边国家的政治秩序结构产生了深远的影响。

　　学界一般认为,自公元前 21 世纪的夏朝建立后,国家形态便出现了。据学人研究,在作为政治共同体的夏朝政治秩序结构中,"地方侯、伯由夏王的同姓和异姓构成。夏后氏的同姓'以国为氏',分布在王朝中心区以外地区。而接受夏朝封号的异姓贵族,成为夏朝的方国、侯伯。……夏朝的方国诸侯都接受中央王朝的封号,……受封的方国承认夏王的天下共主地位,并对中央王朝尽有一定的义务"②。而商、周大体沿循夏制,由此构成了三代的"天下"政治架构。这种政治共同体的架构,从一定意义上说,呈现出了"国家"天下化的形态。此外,反映这一"国家"天下化形态的政治文化机制,还有古代的朝贡政治体系。不过,这种政治体系是一种古代地缘政治国家之间的柔性的日常互动机制。正所谓"欲朝者不拒,不欲者不强"也③。

　　从历史的角度来看,古代中国"天下"的秩序结构形态却也逐渐发生了从"文化"到"政治"的转向,即是从国家"天下化"衍变为天下"国家化"。就前者而言,这一秩序结构得以形成的内在逻辑,即"天下"观念为人类社会现实政治的大一统秩序,提供了强大的文化内驱力与坚实的文明基石。因之,古代中国及周边国家之间所形塑的朝贡体系便获得了一种政治意识形态上的理论合法

---

① 杨毓团:《从"天下主义""民族国家"到"新天下主义"——中国民族主义特质流衍论略》,《政治思想史》,2016 年第 2 期。
② 白钢主编:《中国政治制度史》,天津人民出版社,2002 年,第 75—76 页。
③〔汉〕扬雄:《谏不许单于朝书》,〔清〕曾国藩编:《经史百家杂钞今注》卷一二《奏议之属二》,上海书店,2015 年,第 735 页。

性。由此可见,古代"朝贡体系"亦即是国家"天下化"的表征。

不过,就历史发展的整体趋向而言,从秦始皇所鼎定的郡县制治理模式的君主中央集权政治到近代民族国家政治的历史衍变,表征了"天下"国家化的过程。从某种意义上说,在"天下"国家化过程中,"国家"不仅是一种实体化的存在,而且是一种作为最高层级形态的存在。在这样的人类政治社会秩序中,"天下"无疑是虚化的存在。

秦以降,趋于一统、定于一尊的中国政治体制,将在"天下"意义中加以定义的"中国"逐渐走向"国家化"的形态。这种"国家化"的形态至宋代,随着中国传统民族主义意识的增强而日益显现。换言之,这一"国家化"形态在宋代民族意识蜂起之时,表现得异常明显。正如葛兆光所说,"在'普天之下,莫非王土,率土之滨,莫非王臣'的古代中国,'自我'和'他者'的差异并不很清楚。……但是,在北宋一切都变化了,民族和国家有了明确的边界,天下缩小成中国,而四夷却成了敌手。宋辽间的'南北朝'称呼,使得中国第一次有了对等外交的意识,漫无边界的天下幻影散去后,边界的划分,贡品的数量、贸易的等价、使节的礼仪等等,都开始告诉人们'它者'的存在"[1]。由此可见,"国家化"即是在"我者"和"他者"的边界意识确立之后,所呈现的"国家"利益本位至上的一种倾向。不过,其虽然不能与周代天下体制相提并论,但仍然有"天下"之微意遗存。从宋、辽、西夏和金等国的最高统治者自称"皇帝"的行为中,可以窥见"天下"国家化状态中所携带的"天下"性格。不过,这一"天下"性格在近代以后,却被导源自西

---

[1] 葛兆光:《宅兹中国:重建有关"中国"的历史论述》,中华书局,2011年,第49—51页。

方的民族国家政治范型所遮蔽。因为带有天下性格的"国家"与西方近代的民族国家之"国家",二者性格毕竟不同,冲突在所难免。而且,在近代世界政治秩序结构中,虚化之后的"天下",无法提供足以制衡各"国家"之间发生冲突之后的观念认同资源。因之,它导致了中国古代"天下"观念在近代的崩解,进而使得世界政治实践的逻辑为近代西方民族国家政治理念所主导。总体来看,在"天下"国家化的进程中,出现了两种国家化形态:一是以中央国、邦国、朝贡国家为主体的古代形态;一是以民族国家为主体的近代形态。前者仍旧具有"天下"性格,后者则导致"天下"倾覆与终结。

然而,不得不说,"天下"国家化的近代结构,形塑了一套在人类世界政治秩序结构中易致互不信任的"国强必霸"的民族政治逻辑。这一政治逻辑延续于今,并成为当下全球化进程中的国际关系秩序的主调。其弊端显而易见。职是之故,它成为崛起之后的中国提出构建新型国际关系与"人类命运共同体"理念最为重要的缘由所在。基于如上分析,中国所提出的"人类命运共同体"思想,在某种意义上,即是力图重返国家"天下化"的世界政治秩序结构,亦即是"新天下"秩序。

如果说"天下"观念原初是一套具有文明体系特质的理念的话,那么国家"天下化"的论述核心,即在于倡导一种从民族政治思维向文明政治思维的回归。"民族政治"思维主要是以各自民族国家的具体利益为至上信仰,在西方近代进化论中获得其理论的合法性。对于作为一个国家内部的公民来说,因应其民主治理机制与法治实践的结合,其自由、平等、人权等权利在一定程度上得以保障。而对于该国家之外的个人、民族、国家,其所奉行的是"弱肉强食""国强必霸"的丛林逻辑,而这是"天下"国家化之后的近代产物。亦即是说,中国传统的"天下乃天下人之天下"观念被衍化成国家至上主义。由此，"天下"观念被简单处理为仅具有地理空间意义的区域概念，而其原初所蕴含的作为人类整体性、共享性的文化与政治"公共性"意涵则消解殆尽。

综上所述，中国传统政治秩序观念里虽有致力于构建"天下"秩序的思想偏好，但在自秦而后两千余年的历程中，却因多民族之间的冲突与融合而呈现出"国家化"倾向，而"天下"品格亦随之逐渐被侵蚀，尤其是在近百年时间里，似乎更是失却了现实政治的支持理据。然而，它并未因此自行崩解，而是作为一种思想的潜流，依旧存留于中国文化传统里，并相与浮沉。

二、"天下"国家化的近代遭际：民族国家观念对于世界政治秩序的挑战

如前所述，"天下"国家化的近代形态，便是"天下"秩序崩解，而民族国家观念当阳称尊，蔚为主流。不过，值得注意的是，当下学人所关注的"天下"观念的主要问题意识即是，缘于西方近代民族国家理念的政治共同体的公共性预设所带来的人类社会互动整合的困境。进言之，建基于民族国家理念之上的公共性预设的最高层级是"国家"，捍卫此一"国家"作为人类最高层级的共同体存在的观念即"主权"。在近代以降的世界历史中，作为在一定地理范围之内的领土与人民组成的政治共同体——"国家"，享有"对内"与"对外"两种的"主权"："对内"拥有最高的统治权力，"对外"则享有独立自主而不受外来干涉的政治正当性。因之，在近代以降"主权"政治观念中，"公共"的最高层级在于其最大的政治共同体——民族国家。国家内外区隔明确，而国家政治共同体之间为捍卫其各自最高利益必然导致政治与军事冲突，甚或因近代"民族"与"国家"二者成为捆绑之势所带来的文明冲突。按照美国学

者本尼迪克特·安德森的说法,民族主义共同体的形成源自人们的历史想像,其边界即是公共性想像的边界。近代国家亦然。因之,人们对于"国家"的治理想像之边界即成为现代政治共同体的最高公共性层级。

在当下全球化进程日益加剧的情势下,"国家"作为最高层级的公共性边界想像的观念遭受了巨大的现实挑战,全球化趋势呼唤世界去"国家疆域化"。与此同时,国际政治格局亦随之发生了重大的变化。"当今的全球化已经不是建立在不发达国家对发达国家的过度依附之上,而是建立在多元化格局之上。从主体的角度来看,这种多元化格局并不仅仅局限于民族国家主体之间,而且也包括各种全球性公司,跨国公司以及各种国际组织等主体,后者在与前者的关系上保持着很大的张力,一体和多元并行不悖,社会主体之间的联系日益紧密,这种实践主体的多级化导致了全球发展的多极性,交往实践的宏观整合形成了全球化的新格局。"①这一国际形势与格局的重大演化致使人们对于近代以降"国家"作为人类政治共同体最高层级的观念产生怀疑。正如前述,现代"国家"观念是一套具有三百多年历史的以此疆彼界的地理政治与民族政治区隔为其核心性标识的思想文化意识形态。基此,构建了近代以降的世界政治文明秩序。而当这一以民族国家为最高层级的公共性实体建构基石的现代政治文明秩序与不可阻挡的全球化趋势相抵牾时,我们便不得不重新反思:现代民族国家理念所包孕的公共性层级的最高设准,在多大程度上具有政治正当性? 如果现代民族国家理论的政治正当性成为一个问题的话,那么,有没有其他

---

① 贾英健:《公共性视域——马克思哲学的当代阐释》,人民出版社,2009 年,第 10 页。

的政治思想资源能够取代之而担当未来的世界政治秩序重塑的时代使命？

　　实际上,对于近代西方民族国家政治理论的反思,并非始于当下的中国学界,而早在近代,就有学者基于儒家古典时代的"大同"理想社会的想像,提出取代近代民族国家理论的方案。譬如康有为的"大同"论,明确地以儒家今文经学中的"三世"进化论说,建构人类未来理想的社会政治文明秩序。他说:"吾既生乱世,目击苦道,而思有以救之,昧昧我思,其惟行大同太平之道哉！遍观世法,舍大同至道而欲救圣人之苦,求其大乐,殆无由也。大同之道,至平也,至公也,至仁也,治之至也,虽有善道,无以加此矣。"[①]康有为所处之时代,正是西方民族国家政治理念得以大肆张扬的所谓近代"帝国主义"时期,他的反思值得重视。因为"康有为对于儒家《礼记》经典中的'大同'论说的阐释,无疑是意在未来。该说在是时似乎显得有些迂阔怪诡,但置于当下来论,不得不说康氏对于西方社会政治现代性的反思是深刻的,而这种深刻性为现代儒学的重构提供了一个较好的方法论启示:跳出现代民族国家建构的视界,以新'天下主义'的普世性文明的推展来描绘人类未来政治社会理想图景"[②]。

　　以儒家"大同"论说为理论资源,反思与剖判现实世界政治的弊窦,以重塑新天下政治秩序的学术建构的思路,并非仅康有为一人而已。与其同时代之经学大师廖平亦孜孜措意于儒家大同学说的经学阐发。正如时人李光珠所言:"窃叹西风东渐,心醉者逐末

──────────

① 康有为:《大同书》,中华书局,2012年,第5—8页。
② 杨肇中:《"经学"型塑与"文明"自觉——从康有为经学观念看儒家的近代气质》,《福建论坛(人文社会科学版)》,2019年第1期。

忘本,先生独能窥孔教底蕴,由一经以通各经,由小统以至大统,颇能发明宣圣为万世立法之遗。"① 由此可见,廖平对于儒家大同理想的现代经学阐释意在于形塑人类未来的政治文明秩序。现代新儒家熊十力亦大体循此径路,所不同的是,熊氏否认孔子有小康之教与大同之教的类分。他从《礼运》篇的经典文献考据入手,证伪该篇已为儒家七十子及后学所篡改:"今之《礼运》篇,当是后仓、小戴师弟取《礼运》原本而削改之,因辑入《礼记》中,不复为单行本。……后仓、小戴改窜《礼运》当有所本。七十子之徒宗法三代之英,而不肯为无君之论者,如孟、荀二家之书尚在,可考见也。孟、荀虽并言革命,而只谓暴君可革,却不言君主制度可废,非真正革命论也。惟《礼运》言'天下为公,选贤与能',而深嫉夫当时之大人世及以为礼,此乃革命真义,孟、荀识短,犹不敢承受也。七十子后学之同乎孟、荀者当不少,孔子之道所以难行也。"② 基此,他认为,孔子外王学之真相在于:"同情天下劳苦小民,独持天下为公之大道,荡平阶级,实行民主,以臻天下一家,中国一人之盛。"③ 熊十力将儒宗孔子的外王之学的宗趣直接定位为基于"天下为公"理念的大同社会理想。由此可见,通过建基于中国传统天下观念之上的大同思想,来批判西方现代世界政治社会理念,重构人类理想的政治文明秩序的论说进路,确乎非始于今日之学界,近代有识之士已有卓见。

实际上,不仅中国近代学人致力于对西方民族国家政治理念在实践中所出现的问题进行反思与批判,西方学界亦有对此展开

---

① 舒大刚等主编:《廖平全集》第四册《尚书类》,上海古籍出版社,2015年,第581页。

② 熊十力:《原儒》,上海书店出版社,2009年,第100页。

③ 熊十力:《原儒》,第101页。

批判并建构相关论说者,譬如康德。众所周知,康德曾提出过"世界公民宪政状态"的社会政治构想。他认为,世界公民宪政状态的发生即是人类基于自然禀赋的理性的全部实现。进言之,人类的理性并不大可能在个体身上得以完全实现,而是在人类整体的意义上得到呈示。康德说:"在人(作为尘世间惟一有理性的造物)身上,那些旨在运用其理性的自然禀赋,只应在类中,但不是在个体中完全得到发展。"① 在他看来,既然在作为整体的人类的发展中呈现人的理性禀赋,那么,这一理性禀赋得以实现的时间阶段即是指向未来的。因为"理性自身并不是依照本能起作用,而是需要尝试、练习和传授,以便逐渐地从洞识的一个阶段前进到另一个阶段。……它就也许需要一个难以估量的世代序列,其每一个世代都把自己的启蒙传给别的世代,以便最终把它在我们的类中的胚芽推进到完全适合于它的意图的那个发展阶段"②。康德的如上言说与儒家旨趣类同者有二:第一,康氏所谓从整体类的角度来定义之理性呈现,与儒家从人的公共性本质特征建构性善论有着异曲同工之妙,他们都在强调人类作为公共性的存在的确然性。第二,基于上述论说,他们皆乐观地将人类社会美好的社会政治生活理想的实现指向相对遥远的未来。在康德而言是世界公民宪政联盟的到来;而对儒家来说,则是大同社会理想的实现。

当然,两者的具体思维进路的区别亦是比较明显的。康德主要是以人的自然权利的实现为内在驱动力来表征人的理性禀赋的存在。此外,他并未完全超越西方民族国家理念的设限,而是在畅

---

① 〔德〕康德:《关于一种世界公民观点的普遍历史的理念》,《康德政治哲学文集》,第148页。
② 〔德〕康德:《关于一种世界公民观点的普遍历史的理念》,《康德政治哲学文集》,第148页。

想一个改良版的国际政治秩序的公民宪政国家——大国际联盟。康德说："建立一种完善的公民宪政的问题，取决于一种合法的外部国际关系的问题，而且没有这种关系就不能得到解决。"①而这一呈现人类理性禀赋的外部国际关系的联盟的构建势必要经过一番政治军事的试错过程才能走向成功。在康德看来，"它通过战争，通过极度紧张而从不松懈的备战，通过最终每一个国家甚至在和平状态中也内在地必然感觉到的困境，推动人去做一些起初并不完善的尝试，但最终，在经过许多蹉跎、颠覆，甚至普遍内在地耗尽自己的力量之后，推动人去做即便没有如此之多的悲惨经验，理性也会告诉他们的事情，也就是说，走出野蛮人的无法状态，进入一个国际联盟；在这个联盟里，每个国家，哪怕是最小的国家，都能够不指望自己的权力或者自己的法律判决，来取得自己的安全和法权。……直到最后有一天，一方面在内部通过公民宪政的可能最佳安排，另一方面在外部通过共同的磋商和立法，建立起一种类似于一个公民共同体的状态"②。康德认为，国际政治的优良秩序应该通过仿效现代国家内部的公民宪政的法律制度安排，建构一个更大的公民共同体来加以保证。

值得注意的是，相继于18世纪的康德政治哲学论说而来的19世纪马克思的共产主义思想，致力于改造现代世界，对于现代西方建基于民族国家之上的资本主义政治秩序表达了尖锐且深刻的批判。虽然这一思想言说的特质在于弘扬无产阶级暴力革命精神，但有一点是与康德论说相一致的，那就是，力图冲破民族国家的局

①〔德〕康德：《关于一种世界公民观点的普遍历史的理念》，《康德政治哲学文集》，第152页。
②〔德〕康德：《关于一种世界公民观点的普遍历史的理念》，《康德政治哲学文集》，第153页。

圉,放眼于人类整体的公共性世界来建构新的世界政治秩序。诚如贾英健所说:"马克思哲学的伟大变革在于他为人类贡献了一种以公共性信念和理想为'主题性话语'的前所未有的新的哲学思维境界。"[1]

从某种意义上说,西方学者致力于解决现行国际政治秩序问题的思维路径亦是在寻求一种公共性层级的扩展版,从而与中国传统"天下"观念所昭示的公共性最高层级之诉求可谓同向而行。所不同的是各自论说的概念系统:一是诉诸人类自然的整体理性禀赋;一是体证于人的形上德性潜能。综上可知,由于近代以降世界被西方民族国家理念所主导的政治实践范型的笼罩,中外学人的现代问题意识不期然而趋于相似的致思进路。而在某种意义上,这一致思进路的特质在于:他们皆意识到民族国家作为现代世界社会政治的公共性最高层级的局圉性。

最后,值得注意的是,近代以降,学人何以能从"天下""大同"等中国传统政治观念中寻绎对治近代以降西方民族国家政治理念所带来的"礼崩乐坏"抑或夷夏秩序结构的紊乱情状的思想资源?我们从公共性的层级角度提出解释,主要有两点:一是以往学人漠视中国古典时代的"天下"观念所蕴含的"公共性"的最高层级特质,而将之与近代的西方民族国家与帝国主义观念相提并论,抑或是以后者的特质来指证前者所存在的非正当性。从一定意义上,这是对肇源于西方的政治实体公共性的最高层级的把握,在很大程度上出现了一种观念错置的现象;二是重新开掘"天下"观念在现代转型中之于未来人类世界政治秩序建构意义的关键所在,即是从公共性层级论说的角度,解释中国近代以降学人致力于"大

---

[1] 贾英健:《公共性视域——马克思哲学的当代阐释》,第8页。

同"思想研究之思潮得以兴起的缘由。

三、"国家"天下化的重塑：未来人类世界政治共同体秩序的构想

当下全球化的不可逆趋势,致使西方民族国家理念的合当性在公共性最高层级问题上日益遭到来自国内外学界的各种质疑。由此,对于人类政治共同体的公共性最高层级的扩展问题的思考,能够提供丰富思想资源的论说势必受到学人的关注。近年来,人们对于中国传统社会政治思想资源的开掘进路,亦迎来了新的发展契机①。一如前述,人们对于中国传统"天下"观念的价值评估异说纷纭。但是,当下人类社会政治秩序遭受全球化严重挑战的这一重大问题意识,使得我们在积极寻找与聚集应对挑战的思想资源时,无法绕开对于这一观念的讨论。

有论者主张重启"天下"资源,构建新式世界政治体系与秩序。之所以如此,是因为他们看到,"天下"理念在追求人类共同体的整体利益上,堪可充分彰显其在当下全球化进程中的现代性价值。正如赵汀阳所说:"全球化全方位卷入所有地方的所有事情,再无逍遥在外的存在。如果忽视这个新政治语境,就很难定位当代问题。这不仅是政治问题的变化,而且是世界在存在方式上的改变,预示着未来世界需要一种与之相应的存在秩序,一种实现世界内部化的秩序,我称之为天下体系。天下固然是中国古代的一个概念,却不是一个关于中国的特殊概念,它所指向的问题超越

---

① 百余年来,中国传统社会政治思想、制度及实践的真实历史在很大程度上被腐朽愚昧落后的"专制主义"标签所遮蔽。其作为可以通向现代社会的公共性价值被漠视抑或否弃,由此,不可能在现代社会中找到它们得以存在的价值理由。

了中国,是一个关于世界的普遍问题,天下指的是一个具有世界性的世界。……民族国家体系、帝国主义、争霸模式所定义的国际政治概念,正逐渐与全球化的事实失去对应性。……天下概念期望一个世界成为政治主体的世界体系,一个以整个世界为政治单位的共在秩序。从天下去理解世界,就是意味着以整个世界作为思考单位去分析问题,以便能够设想与全球化的现实相配的政治秩序。"① 由此可见,以民族国家为本位去思考世界的政治秩序,无法建构一个真正以世界为整体性的共在秩序,而只能是国际政治秩序,不是世界政治体系。

　　一百年前,梁漱溟先生在其名著《东西文化及其哲学》中,预言中国文化将迎来复兴的际遇。他基于对西方现代文明的反省,提出了人类文化的未来走向:"世界未来文化就是中国文化的复兴,有似希腊文化在近世的复兴那样。"② 具体言之,即是孔子礼乐文化精神的复兴。他说:"以后世界是要以礼乐换过法律的,全符合了孔子宗旨而已。……最微渺复杂难知的莫过于人的心理,没有澈见人性的学问不能措置到好处。礼乐的制作恐怕是天下第一难事。只有孔子在这上边用过一番心,是个先觉。世界上只有两个先觉:佛是走逆着去解脱本能路的先觉;孔子是走顺着调理本能路的先觉。以后局面不能不走以理智调理本能的路,已经是铁案如山,那就不得不请教这先觉的孔子。我虽不敢说以后就整盘的把孔子的礼乐搬出来用,却大体旨趣就是那个样子,你想避开也不成。"③ 而对于"郁郁乎文哉,吾从周"的孔子来说,以"仁"为内

① 赵汀阳:《天下的当代性:世界秩序的实践与想象》,第1—2页。
② 梁漱溟:《东西文化及其哲学》,商务印书馆,2017年,第220页。
③ 梁漱溟:《东西文化及其哲学》,第217页。

核的礼乐文化思想无疑涵摄着人类普遍主义的情怀。众所周知，孔子的教育理想即是重建君子人格的公共精神。因之，先秦儒者的最高理想目标便是以"仁"为己任，成就君子理想。而宋明儒者接续孔孟思想，以宇宙本体论来建构儒家的"仁"学，大力阐发"天地万物一体之仁"的思想。因此，就哲学而言，儒学即是仁学；就社会政治学而言，儒学即王道之学、天下之学。二者是儒学的一体二面。这些内容皆为儒家礼乐文化精神的核心组成部分。由此可见，在儒家"天下"政治学的视域中，其所建构的人类政治共同体，不是一个以血统族群为标准来进行公共性设准的秩序结构，而是基于"天地万物一体之仁"的具有普遍主义礼乐精神的世界政治文明体系。

此外，值得注意的是，孔子曾说："克己复礼，天下归仁。"诚哉斯言。"国家"与"个体"在面对"克己复礼"的道德伦理向度的自我要求是一致的。近代以降，每个民族国家在极力张大自身权利意识的同时，对于道德意义上的反躬自省几乎是掉以轻心的。在物竞天择、适者生存的进化论的鼓噪下，他们被蒙蔽了道德的双眼，致使近代以降的国际政治秩序充满着霸道气息与伪善性，民族国家之间的杀伐与战争频现。而基于"威斯特伐利亚合约"所形成的现代国际政治秩序的正义理论，由于缺乏作为人类整体性的最高层级的公共性基础而被历史实践证明其公共正义的缺失。在这一状态下，"天下"性格逐渐被"国家"性格所取代，以致于产生"天下"政治文明秩序的危机。因之，现代礼乐文化精神的重建，亦即预示着"天下"观念的重塑将迎来它的良好契机。按照梁漱溟先生的逻辑思路，一向关注内在的人性精神的中华礼乐文明的复兴便是对于人类现代社会趋于单向度发展的外在物质文明的一种矫正。现在看来，梁先生当年的洞见似乎烛照了今天全球化时代的国家政治与世界政治建构的应然维度——通过关注内在的普遍主义人性精神来重塑现代社会政治文明的公共性价值。而这一公共性价值倾向表现于政治共同体形态特征之上，便是"国家"天下化。在某种意义上，未来"国家"天下化的世界政治文明秩序应该是在向儒家所构想的王道政治理想的回归。当然，儒学从来就不是所谓简单的复古主义，而是主张在秉持王道天下的公共精神的基础上，实现创新性与超越性发展。

　　实际上，民族国家趋向于"天下化"状态的主要驱动力在于近代以降无可阻抑的资本扩张本性与经济全球化。其中，颇为吊诡的是，作为现代民族国家的政治本性，是疆域化抑或区域化的，具有十分明显的保守性；而与之相伴的，却是资本的本质具有强烈的扩张性。由此可见，二者之间存在着自身无法调解的内在紧张。这一紧张情状的集结与爆发便是国家之间的冲突与战争，20世纪的两次世界大战即为其显例。因之，从一定意义上，西方现代文明本身在世界政治社会秩序的久长安顿上，并不具有实现自我突破的资源与能量。而很早便宣称自己具有一元性的普世主义关怀的西方现代文明，在通向不断全球化的未来，将走向何处？它能实现自我拯救吗？如前所述，百年前的中国知识人就在思考这一问题，并作出了应改善人类现代文明的未来方向的大致预判，当下学人在很大程度上则是重启这一问题意识。如果说百年前学人对于西方现代文明的反思进路主要侧重于发掘东方文明，尤其是中华文明所具有的弥足珍贵的内在精神价值维度的话，那么当下学人对于现代文明走向的重塑的思考，则直接诉诸中国传统的社会政治秩序观念资源，譬如"天下"理念。而对解决当下世界发展问题的中国方案——"人类命运共同体"思想的阐扬与发皇，亦需要从重启"天下"资源入手，重塑人类社会政治秩序的最高公共性层级的合理性。惟其如此,它所倡导的互相尊重、合作共赢、构建共享性世界,才具备坚实的思想基础,才能获致深厚的传统思想活力之源,才能更好地诠释何谓"世界历史的中国时刻"的意义。

就开掘传统政治思想资源的角度选择而言,重构作为政治共同体的"天下"的公共性价值,不失为一个比较好的切入点。因为在公共性政治论述中,"共有""共享""共治"或"共建"等理念即为形塑"天下"政治秩序的基本性原则。这些基本性原则亦应成为"人类命运共同体"理念的核心旨趣。由此,"人类命运共同体"理念的意义即在于探索一条实现上述旨趣的现代世界政治秩序之路。当然,这一思维进路的存在,所昭示的合理性前提是,对于中国传统"天下"观念的价值认知必须摆脱如前所述的来自近代西方政治观念的诸种思想迷雾的笼罩。

在对"天下"观念予以正本清源,并进行最高层级的政治公共性重塑之后,将"人类命运共同体"理念建构置于"天下"观念之上的论说,才具有切实的理论自洽性。换言之,要重新呼唤中国"天下"观念的出场,开掘"国家"天下化的公共性资源,进一步夯实"人类命运共同体"理念认同的文明基础。与此同时,向世人明确如下态度:它绝不是中国仅仅为了解决自身的发展,甚或转嫁发展成本所刻意炮制出来的,其最终目的,是实现作为整体的人类社会的公共福祉。众所周知,"人类命运共同体"与"一带一路"倡议甫一提出,即引起了国内外广泛关注。其中,既有起而响应者,亦有质疑观望,甚或反对者。前者多为中国国际战略的利益伙伴,彼此之间具有一定的信任度的国家;而后者所指之国家,则基于"国强必霸"的发展逻辑,认为中国此举试图确立世界话语霸权,挑战以美国为一元主导的超级大国的现行国际政治秩序。更有甚者,则直接指认中国该说是在为进一步拓展国外市场,实行新殖民主义政策服务。

一如前述,现行国际关系秩序所昭示的公共性最高层级者为民族国家,而对于该层级之外的作为整体的人类社会政治共同体则问津者甚少。因之,目前看来,"人类命运共同体"理念虽然在理论上是可欲的,其对于重塑现代世界的国际关系秩序来说,亦具有重要的现实意义,但是,这一世界问题的中国方案如果要成为各国认同,并加以接受的政治实践规则,那么就必须对它予以公共性重塑。否则,在近代以降国际政治互动中零和博弈思维的影响下,"人类命运共同体"的理念,难免成为一种无法实现的美好愿景。

综上所述,在"人类命运共同体"理念的公共性维度上,意欲超越导源于近代西方民族国家的政治公共性观念,则应汲取中国传统"天下"观念中的有益资源进行国家"天下化"的现代公共性重塑。在某种意义上,这一新"天下"观念,或可成为未来"人类命运共同体"理念得以成功落地的有效思想资源。

第三节　从公共性看儒家伦理政治特质及其现代型变

本节主要从公共性的视角,论析儒家在中国传统政治社会中的观念结构,及其现代型变问题。基此,将主要围绕儒家普遍人性论与公共社会政治秩序的建构、治理者的"道德引领"与人性中的幽暗、人民权利的诉诸方式,以及"内圣外王"价值结构的现代优化等方面展开。

一、普遍人性论与公共社会政治秩序的建构

中国的文化传统从神魅巫术时代走向人文理性主义时代的一

个极为重要的标志即是其对于社会政治合法性来源的追溯从"神本"逐渐转到"人本",这种转变促使儒家政治形成了"内圣外王"的文化价值结构。进言之,"外王"理想价值可能实现的根据在于"内圣"的完成。"内圣"指涉人自身的道德修为。由于数千年所形塑的"天人合一"传统观念,人的道德修为的证成在"轴心时代"之前,成为宗教意义上的"天命"观念的人文性解释。而对于儒家来说,在天命逐渐隐退为仅具宗教性的人文主义价值之后,"天人合一"观念则直接由人的内在德性来证成①。儒家孜孜执着于德性的修为,实际上蕴含着在承继传统"天命"观念的基础上,对于安顿现实社会政治秩序的良苦用心。换言之,儒家将形塑公共社会政治秩序的重任托付于治理者个体心性修养的道德境界。因之,对于现实社会政治秩序的构建来说,儒家自有一套道德政治哲学。这一政治哲学的主要旨趣在于其所意欲建构的道德意义上的"内在超越"与人性论意义上的"普遍性"。而如上旨趣的实现,在宋明理学中达致巅峰状态,以致后世人几乎忘却其以外王价值为理想归宿,而径直以"心性儒学"来指称其学术品格。在这里需要申述的是,宋明儒家道德形上学的建构,不仅仅是要与佛老争高下,更为关键的是,要为理想的公共社会政治秩序寻求一种更合理且可靠的贤能政治方案。换言之,儒家将传统贤能政治的挺立之基构筑于学统与道统所追寻的人性论的普遍性与道德境界的超越性上。

就人性论的普遍性而言,儒家大体主张性善论,抑或是善性论。因为人的本性之善是恒定且普遍的,所以,致力于人的德性修养就具有极为重要的意义:人性中的普遍善性使得儒家具备了将

---

① "天人合一"观念所昭示的,即是宋明理学家所说的极具道德超越性的"与天地万物为一体"的境界。

其"内圣"之说纳入公共性论述的价值意义。而儒家所主张的"选贤与能"的精英政治在经验世界中所呈现出来的人性善论中的普遍性远远不够,还必须有超越性来作可靠的保证,因为道德意义上的超越性预示着人的善性的全然彰显。在儒家看来,只有人善性的全然彰显才能表征其达致"内圣"境界。否则,王道理想秩序的形成便缺乏根基。而没有"内圣"作为根基的政治,只能是霸道政治,抑或专制政治。由此,儒家"公天下"理念的失落和作为"私"的家天下局面的形成,导致了黄宗羲在《明夷待访录》中所严厉斥责的现象:"君"为天下之大害。一言以蔽之,一个社会政治公共性的丧失必定标志着其政治的颓败。这也是儒家如此重视士大夫"内圣"之功的极为重要的原因。

此外,儒家内在超越性的意识也为其彰显独特的批判精神,为其对于现实政治社会的批判提供了丰富的理论基石。诚如政治思想史家张灏先生所讲:"在政治理想的层面,'内圣外王'代表儒家特有的一种道德理想主义——圣王精神。这个精神的基本观念是:人类社会最重要的问题是政治的领导,而政治领导的准绳是道德精神。因为道德精神是可以充分体现在个人人格里,把政治领导交在这样一个'完人'手里,便是人类社会'治平'的关键。"而这一圣王德治精神的一种极为重要的特征,即"它是植基于儒家的超越意识。因为这份超越意识,'圣王'观念才能展现其独特的批判意识与抗议精神。"[1]

儒家"内圣"价值中的超越性所引致的批判意识与抗议精神主要在现实政治社会中的道统与政统之间的张力与冲突之上得以

---

[1] 张灏:《超越意识与幽暗意识——儒家内圣外王思想之再认与反省》,《张灏自选集》,上海教育出版社,2002年,第26页。

彰显。这一张力毋宁说是"公"与"私"之间的伦理张力。在治权意义上,亦即现实中的"家天下"与理想中的"公天下"之间的紧张。由此可见,儒家政治所捍卫的公共性论述的主要原动力来自于其道德的"内在超越性"。因之,儒家如果失却了"内圣"的传统维度,就意味着其政治世界秩序的紊乱甚或崩溃。然而,反过来说,儒家"内圣"价值的存在,就一定可以保证其外王理想的实现么?历史经验证明没有如此简单,甚至有些悲观抑或落寞。正如朱熹所云:"尧、舜、三王、周公、孔子所传之道,未尝一日得行于天地之间也。"[1] 套用现在的逻辑学表述为:"内圣"是"外王"的必要条件,而远非充分条件。但是儒家对于理想社会政治秩序的经世关切却又有着"虽不能至,然心向往之"的公共情怀。对于儒家"内圣"传统价值的尴尬问题,不少学者都在关注。譬如张灏先生曾对于儒家"超越意识"作过细致的分析。在他看来,"超越意识"虽然可以为儒家贡献批判精神,奠基儒家政治的公共性论述的合理性,但亦有明显的缺陷,导致其批判精神得不到彻底彰扬,而日显萎缩。因为"这种批判意识是肇源于先秦儒家的天人之际思想。重要的是,这天人之际思想从开始就有其双重性。一方面是天人合一的内化超越思想;另一方面是天人相应的思想。前者是儒家在枢轴时代的创新,而后者则是殷周宇宙神话的演化。二者在儒家思想发展的各个主要时期,虽有强弱比重之不同,而这双重性格却始终持续不变。这就是儒家超越意识的局限,也是批判意识不能畅发,权威二元化思想不能生根滋长的一个基本原因"[2]。

①〔宋〕朱熹:《晦庵先生朱文公文集·答陈同甫》,《朱子全书》(21),第1583页。
② 张灏:《超越意识与幽暗意识——儒家内圣外王思想之再认与反省》,《张灏自选集》,第36—37页。

换言之,由于来自不同时段所形成的传统中的"天人合一"与"天人相应"之间的观念纠缠,使得具有内在超越性的道德力量常常无法突破外在传统礼制的规限,致使儒家的批判意识实际上受到抑制。由此,儒家与时俱进地更新、维持其公共正义的观念力量亦变得较为孱弱,进而无法代表"道统"之正去与"政统"之不正相抗衡①。

诚然,在中国传统社会政治处境中,儒家"内圣"的超越意识并未带来彻底的批判精神,从而在很大程度上导致外王理想的落空。但这一超越意识与批判精神是儒家公共人格的显现,具有重要的经世价值。在现代处境中,儒家传统"天人合一"观念中所蕴含的超越意识与批判精神无疑应该得到继承与弘扬,因为其能够更好地铸就现代公民的独立人格与自由精神。对现实社会政治秩序的批判精神,是儒家葆有经世生命力的思想机制。此外,在现代社会里,这一儒家批判精神的落实决不仅仅在于社会政治精英阶层,而应该泛化彰显于每一个公民身上。在这个意义上,中国现代

---

① 张灏基于对"天人合一"与"天人相应"两个概念的分疏,得出儒家的批判意识被自身所蕴含的观念所削弱的观点值得进一步讨论。譬如,他认为:"清儒以礼代理的间接结果是天人相应的思想强化而天人合一的思想式微,造成批判意识萎弱。"(氏著《超越意识与幽暗意识——儒家内圣外王思想之再认与反省》,《张灏自选集》,第36页)由此可见,他将回归儒家经典文本中的礼制及其文本诠释活动看成是一个固守传统礼制典章,无法变通的僵化教条主义。而实际上并非如此。削弱儒家批判精神的主要是人性中的幽暗,而不是其他。再者,在儒家思想中,经过宋明理学的涤荡,昭示心性修养的道德境界追求的"天人合一"思想占据主导应无疑义,而"天人相应"观念虽然存在,但无法据为典要,由此,对于儒家超越意识与批判精神的伤害,不应估计过高。此外,即使是自汉代以降的"天下相应"思想本身,也暗含着诸多对于现实社会政治的批判因素。在这一意义上,部分受"五四"影响甚深的现代学人,未免过低估计了汉代儒学本身的批判性。

化观念的启蒙应该包括对于儒家批判精神的启蒙。

二、"赋权"的中国方式:治理者的"道德引领"与人性中的幽暗

政治权力应该是最具公共性的事物,因为关涉其控驭之下所有人的日常生活幸福感的获得,最需体现共有、共享、共治三大原则。但其具体运行方式却因各自所属族群抑或国家的政治文化传统的不同而表现出差异。譬如,中国"德性"思想的产生始于周代"天命"观念的"滑转",亦即是由纯然的宗教信仰滑向人文的理性主义。而"德性"观念原本用于论证现实政治社会秩序的合法性,亦即是合法性的道德确证。然而,经过春秋战国时期的"礼崩乐坏"之后,"德性"观念亦发生犹如前述的"天命"观念般的"滑转":成为对于现实政治权力运用的一种警惕方式,即对他者的基于德性的"赋权"方式,抑或道统对于政统的德性要求。换言之,告诫治理者:必须在心性道德修养境界之上发挥表率引领作用,才能赢得其政治权力的合法性,成为被赋权的前提条件。这也符合儒家所倡导的"内圣外王"之政治逻辑。一如前述,儒家在凡人皆有善性之普遍性的基础上,实践道德修养功夫,形成超越意识,进而形塑其批判精神。而儒家的这一良苦用心,皆在于其确乎发现了人性中的幽暗。在这一点上,儒家与西方政治学家都有所见。他们基于各自的历史文化传统,寻找消弭由此一"幽暗"所引致的政治腐败,亦即公共社会政治秩序的解体危机的方案。

就儒家而言,其基于中国的德性观念传统,构设了"内圣外王"道德与政治连续体的逻辑结构。它通过"内在超越"的实践功夫,力图在形塑社会政治秩序的源头上解决问题。在中国传统社会政治观念中,由于家国同构,忠孝一体,从个人、家族、社会、国家到天

下等诸层级链,可以共享同一道德信念。这一思维模式由《大学》开篇对于"修齐治平"的论述明显可见。儒家这套道德伦理政治游戏规则的主要思路如下:在从道德主体到政治主体的不断实践历程中,以超越意识为依托,培育以成就天下苍生的公共幸福为祈愿的责任感与使命感。亦即张载所说的"四句教":为天地立心,为生命立命,为往圣继绝学,为万世开太平。何其具有思想感召力!儒家所崇尚者,确乎相当于英国现代政治思想史家柏林所说的"积极自由"①,从而将人性中的幽暗扼杀于萌芽状态。从理论上来讲,这一诉诸伦理道德的"赋权"实践进路似乎可以一劳永逸地解决政治偏私问题,进而维护政治社会秩序的公共正义。由此看出,儒家的上述德治进路主要是基于政治治理主体自身来说的。这是中国传统贤能政治与精英治理的一般性逻辑。

除此而外,从治理群体分化的角度看,作为道统代言人的士大夫精英阶层与作为政统代表的皇权势力产生裂隙与冲突时,该如何保障政治社会的公共正义呢? 当然,这也是长期以来,儒家政治为世人所诟病的地方。众所周知,"道尊于势""从道不从君"等言说是孔孟以降的儒者所信奉的政治人生信条。然而,如何践履此一信条? 在现实政治中,除凭藉儒家道德超越意识所含蕴的批判精神之外,还有何良方呢?"天人感应"与"灾告"式的宗教性观念? 制度制衡? 还是来个冲动的以身殉职,誓与皇权一争高下? 现在看来,这对于儒家政治来讲,确实是一个较大的挑战。对此,黄宗羲在《明夷待访录》中有比较深刻的政治省思,试图以制度如

---

① 柏林说:"'自由'这个词的'积极'含义源于个体成为他自己的主人的愿望。我希望我的生活与决定取决于我自己,而不是取决于随便哪种外在的强制力。"(〔英〕以赛亚·柏林:《自由论》,胡传胜译,译林出版社,2011年,第200页)

学校议政、恢复宰相执政等措施来制衡君权。针对这一问题的讨论,又引出了另一个重要问题:共治正义如何可能?

揆诸中国古代思想史,在周公以前,官师尚未分治,道统与政统处于合一状态,自然无所谓"共治"可言。周公之后,道统与政统一分为二,却需合作方能共赢。因为在现实政治中,道统为政统提供政治权力的合法性,而后者为前者的政治理想价值的落实提供实践的空间。由此,双方合作共治便成了一种常态的政治传统。汉武帝独尊儒术,代表了儒家与皇权合作共治的开始。直至唐宋时期,共治的政治局面时有出现。宋代士大夫所谓"得君行道",便是对于传统"共治政治"的客观描述。但自明清而后,君权极度张大,作为与之共治天下的宰相制度被裁撤,取而代之的是作为皇帝办事机构存在的内阁制。共治政治制度亦由此遭到破坏。儒家士大夫的"得君行道"的共治理想被催破,是致使明代以降大肆出现"觉民行道"的政治进路的重要原因。至有清一代,由于官方禁止民间社团活动,即使"觉民行道"也难以畅通无碍。在这一意义上,儒家共治天下的传统经世理想宣告幻灭。儒家的共治天下的理想虽有着自三代以降的深厚政治文化传统,但在政治实践中,却又容易被破坏。而儒家共治政治格局的打破也就一定意味着社会政治公共性遭到挑战。因之,黄宗羲在《明夷待访录》中才发出"君为天下之大害"的政治呼喊。实际上,儒家共治的政治格局难以得到长期稳定的维持之主要原因在于,中国传统君臣伦理是呈纵向结构,而不是平行结构,犹如家族之中的孝悌原则。在家庭伦理中,父母无疑代表纵向伦理维度,而兄弟姐妹之间的横向伦理则为辅助伦理。而在官方意识形态中,家国同构,忠孝一体。因之,君父为国家天下之纵向伦理,臣民则处于此伦理结构之下位者。中国传统社会家庭堂屋中的"天地君亲师"之牌位可为其显证。而儒家基于

"内圣"所至的超越意识与批判精神,以及共治的政治传统,常常无法与之相抗,政治公共性解体危机由此产生,直至国破家亡,改朝换代。何以故?人性中的幽暗使然。正如英国思想史家阿克顿勋爵所讲:"权力导致腐败,绝对的权力导致绝对的腐败。"① 人性中的幽暗致使掌权者在权力运行中出现偏私性,由此腐败无法避免。政治权力的腐败意味着其公共性的丧失,合法性的崩解。君主专制政治公共性一旦完全丧失,便无法像现代政党政治一样,实行政党轮替来重新确立公共正义。在改朝换代、旧政治秩序被推倒重来之际,革命可谓"顺乎天,应乎人"。因此,至20世纪初年,未及儒学公共性的现代转型,清政权迅疾为革命党人所掀翻。

　　现在看来,儒家贤能政治中具有分权思维的"共治"传统确乎是保有政治社会秩序公共性的诚为有效的制度方向。惜乎其为明清以降的皇权专制所破坏,进而导致皇权政治自身的覆灭。与之相对的是现代民主政治,即票选民主制。不过近年来,学界对于票选民主制的异议也所在多有。基此,有学人提出改进民主实践的方式,如实行审议民主或协商民主等②。实际上,审议民主在某种意义上,即是一种共治政治。在这一点上,儒家的共治传统资源实在值得深入挖掘,决不应掉以轻心 ③。

---

① 〔英〕阿克顿:《自由与权力》,侯建等译,译林出版社,2014年,第294页。
② "作为一种复兴的民主范式,协商民主既肯定公民积极参与政治生活,又尊重国家与社会间的界限,力图通过完善民主程序、扩大参与范围、强调自由平等的对话来消除冲突、保证公共理性和普遍利益的实现,以修正传统民主模式的缺陷与不足。"(陈家刚选编:《协商民主》,上海三联书店,2004年,第10—11页)
③ 随着隋唐以后科举制的发展成熟,大量知识精英进入政府机构。由此,在唐宋时期实施了皇权与儒家士大夫共治天下的诸多制度,如宰相制度、三省六部制等。

　　除上所述儒家的德性"赋权"观念与"共治"观念传统之外,还有两个问题值得分疏。一是在儒家政治权力言述中,有无主权观念?传统皇权政治言说指谓的是一种主权,还是治权呢?二是儒家之德是公德,还是私德?未来将如何整合呢?

　　首先,上文所论析的古代中国的君臣"共治"传统观念,毫无疑义是就"治权"而言的。而中国传统政治文化中有无"主权"观念呢?学界一般认为,中国政治文化传统中没有"主权"观念。笔者认为,这一看法是以西方的现代民族国家意识中的"主权"观念为界定标准的。执持"天下主义"观念的传统中国确实不存在如此"主权"之说。不过,如果我们对于"主权"概念作一宽泛理解的话,那么中国古代无疑是有"主权"观念的。然而,"主权"归属于谁?皇帝?答曰不是,是属于"天"。皇帝号称天子,其所拥有的不过是"治权"而已。反过来说,如果皇权属于"主权"的话,那么儒家政治中关于"革命"的论说便不具有合法性,"共治"也就找不到理论根据,而黄宗羲对于君权专制的批判更是无的放矢。此外,正是因为儒家政治拥有独特的"主权"观念,其所建构的"内圣"价值才可能衍生出超越性意识与批判精神,进而直接指向"外王"的理想型构。由此可见,儒家政治中的"主权"观念不是现代民族国家所谓的狭隘的易引致民族纷争乃至战争的"主权"观念,而是基于文化超越性意识的"主权"观念。在这一意义上,对于重建儒家现代政治文化来说,重塑具有超越性意识的"主权"观念实在有其必要。

　　其次,提出儒家德性之公私之分问题的,较早当属梁启超。他在著名的《新民说》中明确谈及中国只有私德,而没有公德的观点。梁启超说:"吾中国道德之发达,不可谓不早。虽然,偏于私德,而公德殆阙如。"① 该说影响较大，且为大多学人所接受。基此分析，对于儒家可产生两方面的挑战：一，从现代的观点来看，儒家的私德发达，政治社会领域中的伦理亦是其私德的延伸。故此，不但会出现任人唯亲的裙带关系，而且难免有政治专制主义之虞，这是现代人对于儒家颇为诟病之处；二，现代社会政治建基于民族国家与权利法治之上，而儒家因无公德而无法在现代社会政治中发挥作用。照此论说，现代儒家只能退守私人领域。实际上，梁启超的"公德"论说有其特殊的问题意识。清末最后二十余年，中国民族危机到了再怎么说也不过分的地步，"保国""保种""保教"的口号频见于是时思想舆论界。在梁启超看来，中国必须建立起与传统意义的王朝国家所不同的"民族国家"，方能抵御诸列强的侵凌，挽救中华民族于危亡。而"民族国家"之根基在乎国民全体。正如他所说："国也者，积民而成，国之有民，犹身之有四肢五脏筋脉血轮也。未有四肢已断，五脏已瘵，筋脉已伤，血轮已涸，而身犹能存者。欲其国之安富尊荣，则新民之道不可不讲。"② 而意欲新民，则需挺立"公德"，即作为公共领域存在的国家实体的伦理规则。他认为，中国传统家庭伦理完备，而社会、国家伦理却有所欠缺，进而致使国家整体实力孱弱而不足以与列强相抗。

梁氏力图借鉴西方现代民族国家理论，批判中国传统政治之现代性不足。就西方现代主流政治观念——自由主义而言，个体与群体，抑或个人、社会与国家多元分立，公德与私德判然两分，乃其权利意识的张扬使然。而在中国传统政治观念中，虽无西方社会在公德与私德之间作截然界分的趋向，但并不意味着其没有公

---

① 梁启超：《新民说·论公德》，《饮冰室专集之四》，《饮冰室合集》（6），第12页。
② 梁启超：《新民说》叙论，《饮冰室专集之四》，《饮冰室合集》（6），第1页。

私观念。实际上，揆诸中国公私观念史，可以发现："'公''私'原本指谓的是世俗世界里人的社会角色、身份阶层以及公共政治秩序。在历史的变迁过程中，由于人本能欲望的贪婪性逐渐打破了'公''私'所代表的角色与秩序。这种现象就是孔子所谓的'礼崩乐坏'。而礼崩乐坏的情形与周初以降德性文化传统的缩结，使得'郁郁乎文哉，吾从周'的孔子提出了'仁'的概念。在春秋时代，由'公'所代表的礼的秩序遭到破坏，而破坏者则为代表个体的'私'者。'私'所具有的破坏性的动源何在？在孔子看来，失去'仁'心之私者摇撼了这种'公'或礼的政治秩序，导致了政治社会的动荡。此时的礼已经名存实亡，丧失了其本有的意义。因此，'仁'才是达致理想的礼乐世界的真正保障。而随着儒家'仁'观念作为根本道德与政治伦理思想得以确立后，公、私观念在质的意义上披上了道德的外衣，充当了道德伦理秩序的天平架。"①在中国传统政治观念中，公私自有分野，其起初指涉不同社会阶层以及活动场域之分际，似乎与西方观念相类似；但在先秦社会礼制崩坏时代，其与德性观念结合之后，则主要在人的伦理道德境界上展示其差殊。

此外，由于汉代而后家国同构、忠孝一体观念张大，公私之德实无区隔之必要。直待明清之际，"私"（家族社会、自治空间）的合理性重新突破道德名教的束缚，再次与"公"（国家、朝廷）之间形成非道德领域的区隔。清末民初，世情剧变，儒家作为一种意识形态逐渐隐退，忠孝之断裂，家国之分殊，在西方现代观念的冲击下，成为近代中国的客观历史事实。正如金观涛先生所说："清末

---

① 杨肇中：《儒家"仁"观念与现代公民社会型塑略论——基于中国传统"公""私"观念发展演变的视角》，《天府新论》，2013年第6期。

立宪改革形成的公共空间本质上是儒学式(黄宗羲式)的而不是哈贝马斯式的。在二十世纪最后十年,中国的公共意识发生了大变化,这就是忠与孝的断裂。当时,孝道仍是普遍推崇的价值,写进新式中小学修身教本;但在公共领域,很少再提到忠君。在公共领域引进的西方现代价值,正是寄居在忠孝断裂的结构(中西学二分的意识形态)之上的。"① 而在这一时段所出现的"儒学式公共空间"即是以"家族"而非"个体"作为"私"的单位标准的绅士公共空间。近代以降,中国知识人虽在很大程度上受到西方观念的影响,但社会的变迁却有着自身的内在演进理路,不全然以西方观念为转移。实际上,公德私德之区分在现代多元化社会中,确有其必要性。而在中国前现代社会中,这一区分并不是一种合理的存在。因此,我们不能在时代错置中去批判儒学传统的德性观念。

　　总的看来,中国传统政治文化主要是基于德性超越意识,在治理者自身抑或精英内部看其如何形塑与整合政治社会权力的公共性结构的产物;而在西方则主要基于公民个体权利意识,在公与私截然两分的基础上形成公共领域抑或公共空间,是从治理者之外看权力制衡结构的结果。

三、"人民权利"的实现进路:期待意识抑或参与意识

　　一如前述,中国传统德性政治观念与治理者道德的自我确认,成为民本思想实践的主要动源力。儒家在士大夫何以发挥精英道德的引领作用上颇费思量。譬如,其所构设的"内圣外王"即是儒者基于道德力量的自我实现的价值期许。当然,这种力量自然与

————————

① 金观涛、刘青峰:《试论儒学式公共空间》,《观念史研究——中国现代重要政治术语的形成》,香港中文大学当代中国文化研究中心,2008年,第81页。

其所尊奉的"性善论"的道德形上学有关。儒家虽然注意到人性中的幽暗,但道德乐观主义精神致使其认为心性修养工夫可发挥将此一幽暗扼杀于萌芽状态的作用,从而让仁心与仁政朗现于世间。在儒者看来,"克己复礼"无疑是值得期待的。基此传统伦理政治的进路,以儒家思想为归趣的官僚阶层因之被视为"父母官"。在诸多礼治论说中,我们看到的是儒家士大夫对于天下苍生的殷殷责任与义务,人民权利似乎有保障,而关于人民自身如何伸张其权利的论说却付诸阙如。职是之故,长期以来,儒家独特的民本政治思维使得人民权利的实现进路衍化为一种"期待意识"。进言之,在中国传统儒家社会里,人民的心里常常有一个明显的观念,即是期待"圣君贤相"的出现。人民只有在该期待彻底落空之后,才会揭竿而起,铤而走险,诉诸再造"圣君贤相"的政治社会秩序的革命行动。

然而,这一期待意识是否意味着传统中国政治观念本身排斥权利意识呢?实际上,在一个以礼治为中心的中国传统社会里,权利意识是以隐微的形态存在的。因为礼的精神特质在于其建构了一个在各主体之间"礼尚往来"的双向互动的关系机制。譬如,"父慈子孝""兄友弟恭""君礼臣忠"。在礼的规范意识中,二元结构的义务伦理,无不映现权利意识的存在①。中国传统礼治中作为权利意识的隐微表达机制,在步入近代以后,因受到西方权利观念的冲击,而被置换成一种显性表达②。

---

① 参见本章第一节的"儒家之现代'国家'建构的进路"。

② 近代中国人的权利观念衍生与强化不全然是西方影响所致,亦有着儒家传统观念的内部因子的自我发酵作用。或有学人会以伦理与法律之别来质疑如上分析,但笔者倾向认为,礼治中的双向平等互动观念实际上既指涉伦理观念,又包蕴现在所谓之法律观念。

　　此外,就现代权利意识而言,更多的是在"个体"抑或"私"的意义上加以讨论。而如上所述,中国传统政治观念中权利意识仅是隐微式的存在,这是否可以判定儒家政治文化观念特质是集体主义,而非个体主义呢? 实际上,它既非全然集体主义,又非单纯个体主义。正如余英时先生所说:"以原始的教义而言,儒家可以说是择中而处,即居于集体与个体的两极之间。从消极方面说,儒家既反对极端的集体主义,也排斥极端的个体主义。从积极方面说,儒家虽自孔子始即重视群体秩序,但并不抹杀人的个性。如孟子说:'物之不齐,物之情也。'……但由于它不断吸收其他学派的思想成份,以及受到不同时代的客观形势的激发,儒家立教的重点有时偏向于群体的秩序,有时偏向于自我的认识。"①正是因为儒家政治文化中"择中而处"的特性,使得近代西方崇尚个体主义的权利观念,在中国急需释放个体能量,重塑国家整合力量之际,能够为是时中国知识人所接纳。换言之,"中国文化传统以至儒家内部也有肯定个体的成分,这种成分至少曾减少了中国知识人对于西方个体本位的种种价值的抗拒力"②。

　　与中国传统社会形成鲜明对比的是,西方政治观念中的权利意识甚厚,这与其政治文化及基督教信仰传统有关。"原罪"文化意识以及人性恶的观念致使人民的权利意识得以大力张扬,对于国家与政府的信任远不及中国传统社会。其信奉的是契约精神,而无期待意识。其基于契约精神,必定有非常明晰的权利与义务划分的观念。因之,西方基于公共领域与私人领域二元对立意义上的公共领域与公共空间的论说也相对多元深入。西方宪政观念

① 余英时:《现代儒学论》,香港八方文化企业出版公司,1996年,第166页。
② 余英时:《现代儒学论》,第166页。

由此而出,其民主政治亦藉此而得以生成。

从现代社会发展来看,人民权利意识的张大是一种不可阻挡的趋向,对于儒学的现代创造性转化,无疑是有极为重要的启发意义的。中国传统社会中的民本精神固然可贵,但意欲落实于政治实践中,不仅要有儒家的超越性意识与为天下苍生谋福祉的责任伦理意识,而且要摒弃传统观念中的"期待"意识,发掘与弘扬人民的权利意识和参与意识。而权利意识是参与意识的前提条件。在现代民主社会的政治实践中,最为重要的一环即是参与意识。正如美国政治哲学家卡尔·科恩所说:"民主决定于参与——即受政策影响的社会成员参与决策。"① 这一参与意识类似于上文所说的"共治"意识。所不同的是,在现代民主政治理论中,"共治"的主体不再是犹如传统社会里,仅限于君臣之间,而是扩及至全体人民。在这一意义上,现代民主社会的公共正义更能得到维护。而这一公共正义,主要体现在"自由"与"平等"两大价值要项之中。当二者皆能得到实现之时,人民权利自然得以捍卫。

四、"内圣外王"价值结构的有效性及其现代优化

"内圣外王"的价值结构是统摄儒家的心灵秩序与社会政治秩序的双重结构的"存在之链"。诚如有论者所说:"儒家思想呈现的整个面貌实非单一的道德宗教,而是自我实现的道路与建构社会的原理之整合体。"② 具言之,"内圣"与"外王"二者不仅作为两个独立的价值领域存在,而且呈现递进关联。《大学》有云:"古之欲明明德于天下者,先治其国;欲治其国者,先齐其家;欲齐其家

---

① 〔美〕卡尔·科恩:《论民主》,聂崇信等译,商务印书馆,2007年,第12页。
② 陈弱水:《公共意识与中国文化》,新星出版社,2006年,第270—271页。

者,先修其身;欲修其身者,先正其心;欲正其心者,先诚其意;欲诚其意者,先致其知;致知在格物。物格而后知至,知至而后意诚,意诚而后心正,心正而后身修,身修而后家齐,家齐而后国治,国治而后天下平。自天子以至于庶人,壹是皆以修身为本。"① 这段话涵括了知识主体、道德主体与政治主体三者之间的关系,也体现了儒家关乎学统、道统与政统等三统并建之传统意涵。

对于儒家"内圣外王"的价值结构在传统社会中的有效性的讨论,历代不乏其人。朱熹曾言:"千五百年之间正坐如此,所以只是架漏牵补过了时日。其间虽或不无小康,而尧、舜、三王、周公、孔子所传之道,未尝一日得行于天地之间也。"② 在他看来,千百年来,儒家所追求的外王价值只是部分实现,并没有完全实现,其缘由是儒家"内圣"功夫不足,而对于内圣外王的价值结构本身并无质疑。其反思起点抑或问题意识无疑在于社会政治秩序的现状问题。在现实社会政治实践中,"内圣外王"的价值结构虽有其理论逻辑的自洽性,但容易遭受现实政治逻辑的巨大挑战。譬如,在传统政治观念中,由内圣而推至外王的逻辑导致在社会政治生活实践中,出现由外王来确证内圣的显现与成功的反推逻辑的合理性。而实际上,这让治权握有者在道统与政统的互相博弈中,占尽优势,进而出现道统为政统所吞没抑或击溃的现象③。由此,所谓"道尊于势""从道不从君"的论说则成为儒者意欲执守其政治哲学理想的一厢情愿。如果将儒家"内圣"为"外王"的必要条件,转变成为充要条件的直通式逻辑结构的话,那么,由于人性中的"幽暗"

①〔宋〕朱熹:《四书章句集注》,第3—4页。
②〔宋〕朱熹:《晦庵先生朱文公文集·答陈同甫》,《朱子全书》(21),第1583页。
③ 其原因在于"修齐"与"治平"之间构成必要条件的因果"顺推"的理论有效性与作为事实层面的"倒推"的实践危害性同时存在。

使然,其将带来泛道德主义的政治灾难:专制政治现象难免出现,且无法加以祛除。从这一意义上讲,在保留道德之于政治实践的必要空间的同时,又要进行所谓"德性"祛魅的工作。换言之,其涉乎儒家未来将"德性"作何安放的问题。事实上,儒家的本质特征在于其"经世致用"精神,而这却导致在历史上,人们对于儒家"内圣外王"的价值秩序的挑战与拷问从未间断。宋明如此,现当代亦如此。

　　就现代学人而言,对于"内圣外王"的儒家价值结构具有自觉的深度反思与重塑的当属牟宗三先生。他认为,儒家之"内圣外王"的价值结构即为中国文化生命之"纲维"。而此价值追寻的最高境界则为"与天地万物为一体"。基此,牟先生提出其学理展开之进路:"不惟极成此纲维,而且依据此纲维,开出中国文化发展之途径,以充实中国文化生命之内容。由此而三统之说立。一、道统之肯定,此即肯定道德宗教之价值,护住孔孟所开辟之人生宇宙之本源。二、学统之开出,此即转出'知性主体'以融纳希腊传统,开出学术之独立性。三、政统之继续,此即由认识政体之发展而肯定民主政治为必然。此皆为随时建立此纲维,而为此纲维之所函摄而融贯者。"[①] 不过,牟先生之所谓学统与儒家传统之学统"致知格物"有所差异,特指现代科学。其所主张,在儒家传统的"内圣外王"之总体架构的基础上,通过"良知坎陷"的曲通方式而达致"内圣开新外王"之目的。此论一出,深引学界关注。不过,由于牟论仅作了一些方向性、纲领性的论说,并未及详细论析,故招来一些儒学研究者与自由主义研究者的误解与批评。此且不论,但牟先生在认同儒家"内圣外王"的结构传统本身价值的基础上,

──────────

[①] 牟宗三:《道德的理想主义》序,《牟宗三先生全集》(9),第9页。

作了回应现代性的优化处理,亦即"开新外王"的思维进路是非常清晰的。正如他所说:"吾人须知若是真想要求事功,要求外王,唯有根据内圣之学往前进,才有可能。……中国以前所要求的事功,亦只在民主政治的形态下,才能够充分的实现,才能够充分的被正视。"[①]一如前述,"自由"与"平等"是现代民主政治所尊奉的核心价值所在。儒家外王的最高境界莫过于尧舜的大同社会理想。在大同社会理想中,自由与平等亦应是其题中应有之义。但在皇权政治社会中,儒家之治仅能达致小康,这是朱熹之叹。故此,牟宗三先生以民主政治的实现作为儒家新外王的理想目标自有其理据。尽管就现在世界之民主政治实况而言,自由与平等价值并未完全得以落实,其存在问题确乎不少。但民主政治的理想型态的感召力犹如儒家的大同理想一样,激励人们不断去追寻。

值得注意的是,近年李明辉先生接续了牟宗三的问题意识,明确提出了儒家"内圣外王"价值结构的现代优化方案。他认为:"当代新儒家的'儒家开出民主'说,旨在突破传统儒家'内圣外王'的思想格局。儒家的'内圣外王'思想落在中国传统君主专制的政治格局中,只能期待于'圣君贤相'的理想,而政治秩序之建立必须通过帝王与士大夫之内圣工夫来实现。但当代新儒家却很清楚地认识到:'圣君贤相'的格局无法充分体现儒家精神传统的内在要求。……新儒家仍然要保留'内圣外王'的架构,但却是以经过现代转化后的形态保留下来。在这个意义下,'内圣'不再是指统治者或政治精英的道德修养,而是指作为'新外王'(民主政治)的理据之道德原则,如康德的法政哲学所表现的型态。"[②]

---

① 牟宗三:《政道与治道》新版序,《牟宗三先生全集》(10),第16、17页。
② 李明辉:《儒学与现代意识》(增订版),台大出版中心,2016年,第307—308页。

由此可见,李明辉对于"内圣外王"的价值结构的现代优化即是分别对"内圣"与"外王"的各自内涵进行重新界定。然而,值得进一步讨论的是,儒家"内圣"论域中的道德概念原本无所谓公私之分,因为其源头来自"天人合一"的超越性意识。换言之,这一意义上的"道德"对于人这一主体来讲是一以贯之的、廓然大公的,何曾有个"私"字。如涉一"私"字,表示"内圣"理想尚未完成。个中原因大概在于,近代以降受梁启超论及公德与私德之分的影响。而此后这一"德"字已没有超越性的意味了,其大体相当于伦理行为规范而已。由此,我们在对儒家"内圣外王"的价值结构进行现代优化时,是否应该祛除其内在超越性呢?答案应该是否定的。至于"外王"问题,就现代中国而言,无疑是要走出帝制思维,确立民主政治思维的。因为民主政治迄今不仅是对于人的"自由"与"平等"价值关切相对较多的政治型态,而且其所产生的社会弊端也相对较少。正如金耀基先生所说:"从历史的和比较的观点看,民主的真正优点恐不在它能比其他政治方式更能实现人间的天堂;它的真正优点毋宁在于它更有能力防止出现人间的地狱。"① 而更为值得一提的是,对于世界社会政治秩序的现状而言,民主政治是进行时,而远非完成时。因之,儒学的传统政治资源或许有补于现代民主政治之处。譬如,近年有学人提出"公民儒学"说,其主张对处于现代民主政治中的社会,应该运用儒家之"不忍人之政"等思想资源,"从关怀弱势、减少苦难的政治承诺出发,本着自由平等、机会公平的民主理念,尊重其他的立论观点与价值传承,而参与公共事务"②。由此而观,儒学政治理念与现代民

---

① 金耀基:《中国政治与文化》(增订版),香港牛津大学出版社,2013年,第97页。

② 参见邓育仁:《公民儒学》,台大出版中心,2015年,第44—45页。

主政治理念可在互相交融中得以双赢。

此外,也有对于儒家"内圣外王"的价值结构的有效性及其现代功用产生明确质疑的学人。如陈弱水先生认为:"以个人道德修养为基础的政治领导,不是建立合理政治、社会生活的适切途径;对政治系统及其领导者的自足道德性之认定,是儒家政治思想的根本疑难。我们不仅可从观念分析中展示'内圣外王'观念的差缪,更可在经验中获得印证。"① 在否认它的正面有效性之外,还认为其反而带来诸多现实政治实践中的负面影响。如,"中国政治传统长期受到法家的侵渗,有非常浓厚的专制性格。但在'内圣外王'观念的影响下,它却披上了道德的外衣。结果,圣人没有当上帝王,帝王却尽成了圣人"②。陈弱水此言不能说没有一定之理。正如前述,从内圣到外王的顺推逻辑虽有其合理性,但却在现实政治中往往遭遇由外王至内圣的确证反推法的尴尬。不过,正因为儒家"内圣外王"价值结构本身所蕴含着的这种不完满性,使得儒家思想内部充斥着理论张力,故其必须具有开放性,才能获致时代的生命力。

综上所述,对于儒学传统伦理政治中的公共性观念及其现代型变所作论析的主要意旨在于:通过对中国政治文化传统中"公共性"观念的历史梳理,找寻具有共时性价值的政治思想资源。儒学公共性思想至少可提供如下三点有益的现代启示:一是儒学公共性思想具有超越性意识。在某种意义上,这一超越性意识是中国社会道德与政治秩序重建的极为重要的思想资源。众所周知,性

---

① 陈弱水:《"内圣外王"观念的原始纠结与儒家政治思想的根本疑难》,《公共意识与中国文化》,第300—301页。
② 陈弱水:《"内圣外王"观念的原始纠结与儒家政治思想的根本疑难》,《公共意识与中国文化》,第300—301页。

善论是儒家主流思想倾向,尽管儒者们在具体彰显性善的理论建构层面有不同见解。而此性之"善"在道德形上学层面的证成,必然使之具有因超越而普遍之特性。这一普遍性观念即凸显了其在社会政治秩序层面上所具有的公共性维度。而具有超越性的"主权"观念与具有普遍性的"共治"观念皆彰显了儒家鲜明的公共精神特质;二是儒学公共性思想凸显了中国传统社会政治精英的责任伦理意识。而这一责任伦理意识,在现代民主政治中,也是不可或缺的重要一脉。尤其是在当今的民主政治时代,人们在孜孜于张大自身权利意识的同时,容易忘却抑或遮蔽其公共关切,进而可能导致公共社会政治秩序的紊乱,陷入治理失序的危机。因之,我们应该继承与发扬儒家的公共责任意识;三是儒家礼治中的公共性思想有着隐微式存在的权利表达机制。从一定意义上说,这一儒家式的权利意识凸显的是儒家传统礼治社会中伦理角色之间的双向平等互动机制的存在。在权利与义务的现代言说中,儒家式的权利意识虽然不可与现代权利观念等同,但对于中国接引与弘扬现代公民的权利观念却是一大不可忽视的思想资源。

第四章　儒学公共精神的价值维度
及其现代转化

如本书第一章《导论》所言,以往学人对于公共精神或公共性的讨论,大多集中于现代思想的论域,认为"公共性的实质内涵仅仅只能在现代条件下才会凸显"①,而对于作为传统型态的儒学是否具有公共精神则论说纷纭。或基于"传统"与"现代"的二元对立思维,直接否认儒学公共性特质的存在,或以"公共"概念的形式与实质之分,来认定儒学传统思想仅具有形式上的"弱"的公共性。换言之,以"公共"来界分"传统"与"现代"畛域之所在。我们认为,这些观点虽具有其特定的问题意识与一定的言说价值,但在寻求传统思想的现代性转型抑或创造性转化时,过于强调传统与现代思想在公共性话题中的截然分野,从而可能在一定程度上产生阻断二者对话与融通管道的负面效应。实际上,公共性是人类社会政治共同体组织所具有的共通的核心要件抑或底线指标,其在古今中西的不同坐标系中的主要分际仅是呈现程度强弱之不同。因之,从公共精神或公共性的角度入手,可窥探传统向现代转型何以可能的内在理路。对于儒学公共精神的开掘,有利于儒学实现创造性转化与创新性发展。

① 任剑涛:《公共的政治哲学》,第 111 页。

经世致用是儒学的核心精神品性。因之，儒家关怀人类社会政治秩序的安顿与治国平天下理想的实现，令人印象深刻。揆诸两千余年的儒学思想史，可发现儒家对于人类社会政治公共精神价值的建构，确乎是不遗余力的，大体而言，体现在以下五个维度："平等""自由"①"民本""共治"与"天下"。基此，本章尝试从公共精神价值建构的角度，来分别论析儒家以上五个观念的生成与发展，及其完成现代转换何以可能的问题。

第一节　平等：儒家德性伦理的基线言说及其现代转化②

"平等"是人类现代性社会的基本价值之一。近代以降的中国无疑亦接受了这一观念。正如高瑞泉所说："近代以来中国社会所经历的深刻革命，某种意义上是'平等'价值的胜利。"③长期以来，

_____

① "平等""自由"这两个概念无疑是极具现代意义的理念。客观地说，受西方现代政治思想的影响，我们多从政治制度层面上，去理解作为现代民主精神价值的"平等"与"自由"。众所周知，现代新儒家也于此颇为措意，即考量如何从儒家的"平等""自由"精神中开出现代民主政治。但诚如郭齐勇先生所说："新儒家虽然肯定儒家思想中包含有自由、平等等民主的精神，不过他们极为清醒地意识到，儒家所强调的自由、平等基本上仍限制在道德的领域。"（郭齐勇：《现当代新儒学思潮研究》，人民出版社，2017年，第450页）换言之，儒家思想对于"平等""自由"观念虽多有论说，但却主要是建基于德性伦理价值之上。因此，儒家这些思想只有经过创造性转化之后，才能重新焕发其现代生命力。
② 本节所谓"基线言说"指的是，儒家主张"仁"是内在于每个个体的德性价值品质，因之，"人皆可为尧舜"。从个体道德的实现潜能意义上说，它具有基础性、平等性之伦理价值意蕴。
③ 高瑞泉：《平等观念史论略》，上海人民出版社，2018年，第5页。

学界一定程度上基于"传统"与"现代"的二元对立思维,将具有千年传统性格的儒学所蕴含的现代性质素予以断然否定。譬如,学人可能会在如上思维的主导下,认为儒家具有明显尊卑等级的伦理观念,"儒家根本否认社会是整齐平一的。认为人有智愚不肖之分,社会应该有分工,应该有贵贱上下的分野……一切享受(欲望的满足)与社会地位成正比例也是天经地义"[1]。故而认为其与现代社会的"平等"观念是冲突的。换言之,儒家不具有"平等"的观念。这一点可从以往专门论述儒家"平等"观念或思想的论著成果之少的情形中窥其一斑[2]。

不过,在前人的研究中,也有泛言中国传统社会存在"平等"思想的论说。譬如,钱穆认为:"古代的封建贵族,秦汉以后是没有了。由军队打仗出身的新贵族,自汉中叶以后也渐渐告退了……社会新兴的商贾富人以资产为贵族的,现在也由政府法令不断裁抑而失势。无论在政治法令上,以及经济权力上,全社会常逐渐走向平等的道路,这是中国人的传统理想。……中国人此种理想,不在只求经济生活之平等,而在由此有限度的平等经济生活之上,再来建造更高的文化人生。"[3] 此外,韦政通认为,中国先秦时期就有"平等"思想。"平等的思想,在先秦诸子时代几乎各家都有。《论语》里有'四海之内,皆兄弟也'是泛言人的平等。《礼记》则有'天下无生而贵者'是言天赋的平等。庄子则主张以道为准的平等,如'以道观之,物无贵贱''万物一齐,孰短孰长?'荀子则提倡

① 瞿同祖:《中国法律与中国社会》,中华书局,2003年,第292页。
② 在中国知网上,以"儒家"与"平等"两个词进行篇名类检索,发现近十余年内,才逐渐出现专门讨论儒家"平等"思想的论文,而且数量也比较少,仅三十余篇,而相关专著成果就更少了。
③ 钱穆:《中国文化史导论》,《钱穆先生全集》,第117页。

以礼义为准的平等:'虽王公士大夫之子孙,不能属于礼义,则归之庶人;虽庶人之子孙也,积文学,正身行,能属于礼义,则归之卿相士大夫.'"此外,"以墨子对平等的观念发挥最多,也就是他社会改造的重点"[1],等等.诸如此类论说亦有其根据.

儒家到底有没有"平等"的观念呢? 如果有,它是如何产生的,又是以何种形式来呈现的呢? 我们倾向认为,在儒家思想中,虽然没有现代个人主义意义上的"平等"观念,但却存在着基于德性认知上独具特色的"平等"观念.而这一"平等"观念恰恰是其所具有的公共精神价值的基线伦理表达.进言之,从儒学公共精神价值的角度来看,其"平等"意识的特质能够较好地得以呈现.

有学者基于对三代九鼎礼器的分析,认为自夏、商、周三代而后,象征王国政权的礼仪随着国家制度的发展与政治架构的复杂化,原初由垄断权力的王族独占逐渐向各国共同分享而转变,预示着礼仪的公共性不断得以扩展[2].实际上,从公共性的角度来看,在夏商周政权递嬗的过程中,三代文化之间呈现出明显的传承性,也象征着王国礼仪公共性的扩展.正如孔子所说:"殷因于夏礼,所损益,可知也;周因于殷礼,所损益,可知也."[3] 由此可见,王国礼仪文化之所以得以传承,是因为其本身具有很大程度上的公共性.而这一礼仪公共性的发展,在周代之后,得到更为明显的增强.究其原因,主要在于是时"德性"观念的兴起.

在"德性"观念的兴起之后,人们对于王国政权的合法性来源的拷问,不再是来自于"帝天"对于某一特定王族的青睐,而是取

---

① 韦政通:《中国思想史》,上海书店出版社,2003 年,第 84 页.
② 参见颜世安:《王国礼仪公共性的扩展——简论古代华夏族群的形成途径》,《江苏行政学院学报》,2006 年第 6 期.
③ 杨伯峻:《论语译注》,第 21 页.

决于政权握有者的自身德性的有无,正如《尚书》所云,"皇天无
亲,惟德是辅"①。这一政治观念的产生具有非常重要的意义,它是
三代政权逐渐呈现出公共性的明显表征,同时,也在一定程度上意
味着古代中国政治观念中原始的"平等"观念的形成。诚然,这一
"平等"观念是指谓族群之间在获受"天命"政治权力上的"平等",
与现代社会强调个体之间的"平等"权利观念不同。但无论如何,
它是古代中国逐渐走向个体政治平等的一个重要逻辑起点。此
后,基于这样的"平等"政治观念逻辑,作为最高统治者"皇帝"的
政治地位,也不是绝对不可以挑战的。一如前述,德性观念为平等
观念奠定基础的同时,也为古代中国的革命观念提供了合法性基
础。如"汤武革命,顺乎天应乎人",这一革命观念实际上蕴含着
"德性"与"平等"的双重逻辑。例如,陈胜起义时说:"王侯将相宁
有种乎?"又,项羽看到巍峨雄壮的秦始皇仪仗队经过身边时,也
曾不由得脱口而出:"彼可取而代之。"这些言说成为古代中国脍炙
人口的关于朝代革命的豪言壮语,同时,也是普通个体可以打破既
成的政治权力结构,进而获得最高政治权力的所谓"野心"呈露。
其所宣示的政治观念可解读为:周代以降的"德性"观念使得政权
的公共性大大扩展,而正是由于政权的公共性已然超越了具体的
个人、阶级与族群,使朝代发生递嬗的革命行动获得了充足的正当
性。由此,"天命"的改易与"革命"的正当性呈示,无不透显出古
代中国所特有的"平等"观念。同时也可以看出,古代中国的上述
"平等"观念是其政治权力所彰显的公共精神价值的基础性伦理抑
或底线伦理的昭示。

　　这一政治"平等"观念在儒家的道德伦理论述中得到进一步

① 李民、王健:《尚书译注》,上海古籍出版社,2012年,第262页。

强化，先秦以降儒家的性善论传统为古代中国的"德性"与"平等"观念提供了有力的理论证成，尤其是宋明理学为儒家"平等"观念奠定了宇宙本体论的思想依据。例如，孔子云："性相近，习相远。""仁者爱人。"孔子认为，人的内在心性是相同的，此相同之表现即是"仁"人之心。这种"仁心"的显现，是人在修身（德性修养）之后的结果。至孟子，他直接将此"仁心"解释为"人性"之善端，从而正式开启了儒家性善论传统，昭示着人类（个体）在人性上具有相同性，皆有向善的内在潜质，因而是平等的，即"人皆可为尧舜"①。诚如高瑞泉所说："儒家思想……是从儒家人性论出发的理想人格理论。"②

被宋儒视为孔门传授心法的《中庸》云："天命之谓性，率性之谓道，修道之谓教。"它将修身养性的深层根据追溯至具有超越性意义的"天命"，进而在"天人合一"的本体境界中追寻至善道德的圆满。由此，宋儒大力发掘《中庸》所具有的宇宙形上学的思想资源，将对于性善论思想的论证诉诸宇宙形上学的建构努力，在一个更为超越的层面上来找寻人性之至善境界的理论依据。从这一意义上看，儒家的"平等"观念主要落定于"德性"平等之上。

有学人基于现代政治权利平等理念的标准来批评儒家"平等"观念的缺失。实际上，儒家政治属于一种伦理政治范型，其德性伦理与政治伦理存在同一性。而且，在儒家看来，"内圣"是通往"外王"的必要基石，政治的根本问题是道德的问题。由此，如果说儒家在德性观念上有其"平等"价值的倾向性，那么其在政治观念上的"平等"价值则不应该被漠视，至少不应被认为是反"平

---

① 杨伯峻：《孟子译注》，第255页。
② 高瑞泉：《平等观念史论略》，第56页。

等"的。

接下来需要讨论的一个问题就是,儒家既然具有"德性"平等观念,何以在人民的政治权利上少有正面论述呢?事实上,儒家这一理论特质与其所秉持的精英政治哲学理念有着密切关联。儒家的政治哲学建构是从社会政治精英的角度出发的。当然,从社会政治精英的角度出发,绝不意味着仅仅是要为他们自身的利益来辩护,而是基于儒家"德性"思维中"反求诸己"的内省式的道德实践来实现其公共性政治的理想。"为仁由己","克己复礼,天下归仁",这是儒家为精英们所指示的行动方向与基本性伦理规范。而儒家"任人唯贤"的用人标准便是"德性"思维在其政治实践中的映现。一如前述,儒家"德性"思维承继了周代的政治观念,从而为在一定程度上捍卫中国传统的社会政治公共性提供了思想保障。总体来看,在"德性""平等"与"公共性"三种观念所呈现出的关系结构中,"德性"观念是逻辑起点,它彰显了"平等"与"公共性"两个价值维度。而"平等"价值能够为"公共性"价值的展现提供基础性的观念支撑。换言之,"平等"价值的存在,是"公共性"价值得以呈现的前提条件。从上述关系结构来讲,由"德性"观念首先推导出"平等"观念,"平等"观念进而推导出"公共性"观念。

然而,既然儒家可由"德性"观念带来"平等"价值与"公共性"价值,那么儒家为何又支持中国传统宗法社会中的尊卑、等级制度呢?这是否存在思想上的自相矛盾?

清末以降,中国知识人为呼吁革命而不断地猛烈抨击儒家的纲常名教。譬如,以"平等"思想来阐扬儒家"仁"观念的谭嗣同说:"仁之乱也,则于其名。……以名为教,则其教已为实之宾,而绝非实也。又况名者,由人创造,上以制其下,而不能不奉之,则数千年来,三纲五伦之惨祸烈毒,由是酷焉矣。君以名桎臣,官以名轭民,父以名压子,夫以名困妻,兄弟朋友各挟一名以相抗拒,而仁尚有少存焉者得乎?"① 在谭嗣同看来,中国传统社会的纲常名教充斥着不平等的情形,此为乱"仁"之象。因此,他主张必须冲决名教网罗,重建平等的人类社会。

对于儒家既主张平等又肯定等级秩序的思想所呈现出来的内在紧张,高瑞泉先生有着颇具启发的分析。他认为,儒家遵循"人的相同性"的人性论所建构的一套仁学理想与以维护纲常名教为中心的等级制度之间,确乎存在两种相异的运作逻辑,即抽象的可能性与现实的可能性。这两种逻辑进路分别由主张"人皆可为尧舜"的孟子和主张"维齐非齐"的荀子为代表②。前者所含摄的"平等"观念,是指每个人在德性修养的可能性层面上的平等;后者则侧重于社会治理功能的视角,强调等级制度所呈现在构建稳定社会秩序层面上的"非齐"效用。但近代以降,人们往往以后者来遮蔽前者的存在,进而认定儒家思想中不具有"平等"观念。事实上,"平等"观念存在古今之变。古典时代的儒家"平等"观念的构建主要是基于人的良知善性意义上的相同性;而现代"平等"观念则建基于作为个体存在的人的权利意识之上,进言之,它主要指涉的是一种政治的"平等"。现代"'平等'观念在中国社会的确立却迟至19世纪、20世纪之交,而且是以辛亥革命以后新的法律之制定为标志的。这是因为我们现在所讨论的'平等'是'民主的平等','平等'的不断发展或扩张,是在民主政治的架构之内发生的。在这个架构之内,民主、自由、平等不但共同成为现代社会的核心

① 蔡尚思、方行编:《谭嗣同全集》,中华书局,1981年,第299页。
② 参见高瑞泉:《平等观念史论略》,第51—53页。

价值,而且结成了一套相对固定的制度组合"①。由此可见,在西方现代社会思想占据优势地位时,中国传统社会思想如儒家的"平等"观念便自然会被忽视。

新加坡学者陈素芬教授也指出,对于中国传统儒家社会的等级体制在平等价值上的评估,应作理念层面与历史层面上的区分,并且,应从社会治理功能与动态发展的角度,看待儒家理念中等级差异性的制度设计。她说:"理想的儒家共同体不应该被等同于历史上的中国社会,它不是等级差异秩序而是区别对待或分异秩序(differentiated order)。理想的儒家共同体并不否认排序是社会所需要的分异的一部分,也就是区分尊卑或者区分好坏或者权力不平等。它否认的是这种排序的整体性,即如果一个人尊贵,她就在任何事情上或在任何时候都尊贵;也否认其固执性,即如果一个人出身于等级森严的社会秩序中的某个等级,她就必须一辈子受困于它,不能有任何变化。儒家共同体中分异秩序包含的平等与不平等都是相对的不是绝对的。"②也就是说,儒家所主张一定程度上的分异秩序,是出于社会治理的需要。而且,对于社会个体成员来说,其所拥有的社会角色、身份等级的标识,并不具有永久性或不分场合的固定性。因为这些落实在个体身上的等级分异现象,都会在社会阶层的不断流动中发生变迁,譬如科举制度给中国传统社会所带来的阶层身份的流动。这种变迁的出现则恰恰预示着儒家社会理想中的平等观念在某种程度上的落实。

因此,即使就中国传统的礼俗制度而言,也不能贸然否定儒家

---

① 高瑞泉:《平等观念史论略》,第289页。
② 〔新加坡〕陈素芬:《儒家民主——杜威式重建》,吴万泽译,中国人民大学出版社,2014年,第121页。

平等观念的存在,从而认为其具有所谓不平等的"阶级性"思想。儒家对于"平等"观念的建构自有其独特的方式。具体言之,具有如下两个特质:

其一是基于"天地万物一体之仁"的平等观念。一如前述,儒家对于平等观念的建构主要是基于人的相同性——成就道德境界的良善之性。此一"性"字是可以通"天"的,正如王阳明所说:"性是心之体,天是性之原。"[①] 人之"性"是达致"天人合一"道德境界的枢机之所在。因此,就工夫论层面而言,儒家主张涵养"心性"是个体道德境界超凡入圣的逻辑起点。而作为个体锤炼"心性"的理论根据即在于孔子所强调的具有普遍性意义的"仁"。这种普遍之"仁"便确立了人和宇宙万物之间的关系。孟子早已提出:"万物皆备于我,反身而诚。"在宋明理学家那里"仁"得到了宇宙本体论的形上学证成。程颢云:

> 医书言手足痿痹为不仁,此言最善名状。仁者,以天地万物为一体,莫非己也。认得为己,何所不至?若不有诸己,自不与己相干。如手足不仁,气已不贯,皆不属己。故"博施济众",乃圣之功用。仁至难言,故止曰"己欲立而立人,己欲达而达人,能近取譬,可谓仁之方也已"。欲令如是观仁,可以得仁之体。[②]

程颢以医书言病为喻,认为"不仁"就好比身体处于病症的状态,如手足痿痹。尽管身体的各个部分的具体功能不一,但对于人

---

① 〔明〕王守仁:《传习录》上,《王阳明全集》卷一《语录一》,第5页。
② 〔宋〕程颢、〔宋〕程颐:《二程集》(上),第15页。

生命的整全性来说,它们都是同等重要的。这种追求生命的整全性便是医术之"仁"的表征①。反过来说,求"仁"就是追求生命的整全一体性。在程子看来,儒家之"仁"的彰显在于:从人的身体到宇宙万物,皆是其整全一体性的呈露。儒家的这一思维进路,虽未言"平等",但"平等"观念却由此流淌而出。从某种意义上,儒家求"整全一体"的思维反映在社会政治哲学上即是其独特公共精神的展现。进言之,就是儒家关切作为社会政治共同体成员的个体生命之间的共在性。这是儒家仁爱得以展开的重要逻辑理路。

明代大儒王阳明继承并发展了程子的"仁说"。他认为:"自'格物致知'至'平天下',只是一个'明明德'。虽亲民,亦明德事也。明德是此心之德,即是仁。仁者以天地万物为一体,使有一物失所,便是吾仁有未尽处。"②王阳明从理学"八条目"所贯穿的一条共同逻辑出发,认为儒家治国平天下,不过是德性修养境界的成功显发。换句话说,在他看来,"内圣外王"实际上只是一件事情,即明德。而明德则是仁者当为之事。然而何以明德呢?那就是要具备"以天地万物为一体"的普遍性的大爱胸怀,否则,其德性修养便是不成功的。王阳明对于"仁者以天地万物为一体"的诠释即是从政治精英治理天下的角度,将儒家仁爱思想中的普遍性与平等公正之意蕴加以强调,如"使有一物失所,便是吾仁有未尽处"。由此可见,儒家的平等观念显然不具有现代意义上的呈示个体自身权利诉求与呼吁的思想祈向,而是建基于作为社会治理精英的儒者自身道德律令所要求的普遍性的平等公正性,因为这是源自

---

① 中医治病也是从整体观出发,对于病情加以诊断。某种意义上,也彰显了"仁者一体"之思维进路。
② 〔明〕王守仁:《传习录》上,《王阳明全集》卷一《语录一》,第25页。

儒家天人之道相为契合下的"民本"精神的召唤。

　　其二是寓权利于义务之中的双向对等,即关系主义结构中的"平等"观念。在儒家的礼治社会中,伦理观念及制度所建构的都是一种关系主义的网络结构。人们的日常生活便是在这一关系网络结构中获得存在的意义。而这一关系网络结构存在着一个非常独特的逻辑理路,那就是"双向性",即使是在纵向伦理结构中,也不例外。譬如,君礼臣忠,父慈子孝,等等。在儒家伦理结构中,每一个伦理角色都有明确的伦理义务,而且,由于这一伦理义务是在一对相应的伦理结构中加以陈述的,因此,它同时又具有双向性的伦理特质。拿君臣伦理来说,儒家主张,"君使臣以礼,臣事君以忠"①。这句话的意思是说,君应以礼来使唤臣下,臣下应以忠心与君上相处。反之,则会造成政治伦理角色的紊乱。如孟子云:"君之视臣如手足,则臣视君为腹心;君之视臣如犬马,则臣视君如国人;君之视臣如土芥,则臣视君如寇仇。"② 从表面上看,儒家关于君—臣伦理的规范都是对于特定的政治社会角色的义务规定,并无展现该特定的政治社会角色所应享有的权利言说。但关键是,儒家伦理的义务规范是在一种关系主义结构中加以言说的,也就意味着它存在一种"不言而言"的伦理意向,即在客观上蕴含着一种"权利"的隐微表达机制③。当君—臣伦理中的义务规范在日常

① 杨伯峻:《论语译注》,第30页。
② 杨伯峻:《孟子译注》,第171页。
③ 对于儒家是否有权利观念,学界尚存在争议。以往学界普遍认为,儒学与人权、权利观念是不相容的。但近年来,也有不少学人提出儒学可与权利兼容,如陈祖为先生认为,以孔孟思想为代表的儒家核心教义与人权观念是相容的,权利是作为儒学的"备用机制"(fallback apparatus)而存在的。参见陈祖为:《当代中国儒家人权观初探》,载梁涛主编:《美德与权利:跨文化视域下的儒学与人权》,中国社会科学出版社,2016年,第61—85页。

生活实践中得以彼此谨守时,无疑是可以享受作为"君"与"臣"的政治社会角色的伦理权利的。由此可见,儒家伦理思想呈现出了一种关系主义结构中的双向性特质,并在其中展现"平等"的观念意蕴。

平心而论,儒家的"平等"观念虽不是从伸张作为原子式的个体的权利观念出发,但其所构建的双向性特质的伦理的理想类型,对于现代社会"权利"观念的涵养不仅提供了深厚的传统思想资源,而且在很大程度上规避了西方社会因过于伸展权利而遮蔽作为共同体存在意义的公共关怀与公共责任意识的缺憾。这对于当代社会主义核心价值观的培育与践行来说,无疑是极为重要的。

第二节　自由:儒家德性伦理的精神境界及其现代转化

"自由"是人类现代社会的基本价值,也是公共精神的核心价值。作为传统社会价值范型存在的儒家思想,是否具有这一"自由"观念呢? 如果有,那么在现代社会处境中,它如何实现创造性的转化? 在回应上述问题之前,必须对于何谓"自由",作一个简要的分疏。

毋庸讳言,国内学界以往对于"自由"问题的关注多受西方现代社会政治思想的影响。西方学人视社会政治自由为人类生活的基本自由。譬如,以赛亚·柏林说:"社会和政治自由,是最古老的,而且初看起来是最清晰易懂的人类理想之一。就个体或群体而言,对自由的渴望首先是渴望不被其他个体或群体干涉。这是自由最明显的意义,对它的其他所有解释看上去往往都是矫作的或形而上的。"① 而对于这一社会政治自由的保障便是法律。因为"本来在西方,自由常常与法律绑在一起,指的多是政治上的自由,在他们看来,所谓的自由当然不外是人权的保障——以及由此得到的自由"②。诚然,"自由"问题的讨论面相是多维度的,涉及古今中西。但是,当下作为主流论述的"自由"问题,多侧重于"政治自由"③。而"政治自由"的言说又是源自现代西方社会,强调契约观念之下的个体与群体、公民与国家,以及社会与国家之间的权利界分意识。就"社会群体"或"国家"而言,其"自由"权力是受约束的,不能侵犯个体或社会的合法权利。正如约翰·密尔所说,"自由"问题就是"探讨社会所能合法施用于个人的权力的性质和限度",而"对于统治者所施用于群体的权力要划定一些他所应当受到的限制,而这个限制就是他们所谓自由"④。就"个体"而言,其"自由"亦当不能侵犯别人的合法权利。正如严复所阐释的:"夫人而自由……其字义训,本为最宽,自由者凡所欲为,理无不可,此如有人独居世外,其自由界域,岂有限制? 为善为恶,一切皆自本身起义,谁复禁之! 但自入群而后,我自由者人亦自由,使无限制约

① 〔英〕以赛亚·柏林:《浪漫主义时代的政治观念——它们的兴起及其对现代思想的影响》,王崇兴等译,新星出版社,2011年,第94页。
② 李弘祺:《〈中国的自由传统〉出版三十年叙感》,载〔美〕狄培理:《中国的自由传统》,李弘祺译,台湾联经出版公司,2017年,第5页。
③ "政治自由"意义上的"自由"一般来说,是源自其所指谓的"原始自由"。如哈耶克所说:"自由专指人与人之间的一种关系。自由历来指人们按照自己的决定和计划去行动的可能性,与此相反的一种状况是某人不得不屈从于他人的意志,在他人的专断的强制下被迫以特定方式去行动或放弃行动。"(〔英〕弗里德里希·奥古斯特·哈耶克:《自由宪章》,杨玉生等译,中国社会科学出版社,2012年,第30页)
④ 〔英〕约翰·密尔:《论自由》,许宝骙译,商务印书馆,1959年,第1、2页。

束,便入强权世界,而相冲突。故曰人得自由,而必以他人之自由为界,此则《大学》絜矩之道,君子所恃以平天下者矣。"①严复当年将密尔的《论自由》翻译为"群己权界论",无疑是深悉"自由"思想之要谛的。不过,就"自由"的分类来说,是比较多的。譬如,群体自由和个体自由,消极自由和积极自由②,形上自由和形下自由,德性自由和政治自由,等等。

　　对于中国有无"自由"思想,学界颇有争论。在"传统"与"现代"二元对立思维甚嚣尘上之时,人们对于作为东方传统社会重要范型的中国的政治专制主义印象根深蒂固。因此,一般认为,对于古代中国来说,"自由"思想无疑付诸阙如。然而,一如前述,关于"自由"的定义繁多。如果人们放弃以往头脑中的刻板印象,就会发现,古代中国实际上有着自己独特的"自由"价值观念。即使是生前一贯推崇西方自由主义思想的胡适,也不得不承认中国存在着"自由"的传统。在他看来,所谓"自由"就是"由自己""自己

---

① 〔英〕约翰·斯图亚特·穆勒:《论自由·译凡例》,严复译,北京时代华文书局,2014年,第25—26页。

② "消极自由"和"积极自由"的概念由英国哲学家以赛亚·柏林提出。他在《两种自由概念》中说道:"同幸福与善、自然与实在一样,自由是一个意义漏洞百出以至于没有任何解释能够站得住脚的词。我既不想讨论这个变化多端的词的历史,也不想讨论观念史家记录的有关这个词的两百多种定义。我只想考察这些含义中的两种,却是核心的两种:我敢说,在这两种含义的背后,有着丰富的人类历史,而且我敢说,仍将会有丰富的人类历史。Freedom或liberty的政治含义中的第一种,我将称作'消极自由',它回答这个问题:'主体(一个人或人的群体)被允许或必须被允许不受别人干涉地做他有能力做的事,成为他愿意成为的人的那个领域是什么?'第二种含义我将称作'积极自由',它回答这个问题:'什么东西或什么人,是决定某人做这个,成为这样而不是做那个,成为那样的那种控制或干涉的根源?'"(〔英〕以赛亚·柏林:《自由论》,第170页)

做主"的意思。由此,他认为,古代中国即有思想自由、批评自由,儒道两家皆为自由主义者①。

此外,美国著名思想史家狄培理探讨了宋明理学中的自由主义思想特质。他认为,儒家思想的中心主题是"为己之学",而作为成就理想自我的圣人人格则成为"为己之学"的最高修身目标。其以"自然""自任""自得"为新儒家个人主义的观念标识,将儒家道德境界意义上的圣人人格追求视为儒家"自由"传统的主要特质②。总之,无论是胡适基于对中国传统社会政治现象的描叙,还是狄培理对于儒家道德思想特质的剖析,都得出了中国古代具有其独特的"自由"思想传统的结论。他们对于古代中国的"自由"文化传统的论说,不无启发意义。

现代新儒家的主要代表人物徐复观认为:"'自由'乃人之所以区别其他动物的唯一标识。"③从这个意义上来说,"自由"成为人类社会所独有的且具有普遍性的类本质现象。也正如马克思所说:"自由的有意识的活动恰恰就是人的类特性。"④由此可见,追寻"自由"价值,是无论古今中西,人类所共有的特质。不过,不同民族、不同时段的人群在对于"自由"价值维度的建构偏好上表现不一:或偏于形上自由(道德精神),或偏于行下自由(社会政治);或偏于消极自由,或偏于积极自由,等等。

实际上,古代中国人对于"自由"问题的思考,一直绵延不断。

---

① 参见胡适:《中国文化里的自由传统》,北京大学出版社,2013年,第616—618页。
② 参见〔英〕狄培理:《中国的自由传统》,第79—118页。
③ 徐复观:《中国自由社会的创发》,《学术与政治之间》,九州出版社,2014年,第270页。
④〔德〕马克思:《1844年经济学哲学手稿》,《马克思恩格斯文集》(1),第162页。

就儒家而言,"自由"思想大体可分为两种类型:一是形上的道德精神层面的自由;一是形下的经验世界层面的自由即社会政治自由。而且,这两种"自由"类型之间存在着密切关联。进言之,这种关联体现在儒家"内圣外王"的逻辑结构之中。在儒学思想中,"内圣"与"外王"是不可分割的,但凡独言"内圣"抑或"外王"的论说,在儒学研究中都是不得要领的表现。众所周知,儒家的终极关切是安顿人间社会政治秩序,实现天下大同的王道政治理想。而"大同"社会理想的实现意味着一种理想公共社会秩序的圆满落实。在这一理想公共社会秩序中,人们可以充分享受社会生活的诸种自由。从这一意义上来说,儒学是一门关乎自由的学问,亦即是论者所谓之"自由儒学"①。那么儒家社会政治上的"自由"何以要与道德精神上的"自由"加以勾连呢?

首先,就"自由"二字之本义而言。所谓"自由"即是"由自",也就是胡适所说的"由自己""自己做主"的意思。然而,这个"由自己"中的"自己"一词,需要仔细分辨。从道德形上学的角度来看,"己"指谓肉体之"身",蕴含宋儒所谓之"人欲"的意思。如"克己复礼"之"己"便是此一肉体之"身"。朱熹认为,此"己"乃是身之私欲。而"克"字作"胜"解②。因此,这里的"克己"之"己"便是"修身"之"己",而不是作为一个道德理性之"己"的存在。故此,从这个意义来说,"己"之未克,即"身"之未修,身体被欲望甚或私欲牵着走,算不得是"自由"的状态。因此,在儒家看来,道德理性之"己"的呈现,才是"自由"境界的豁显。而这一道德理性之"己"是需要通过"尽心知性"的一系列修养的道德工夫来呈现

---

① 参见郭萍:《自由儒学的先声——张君劢儒学观研究》,齐鲁书社,2017年。
② 〔宋〕朱熹:《四书章句集注》,第131页。

的。故孟子说:"尽其心者,知其性也,知其性,则知天矣。存其心,养其性,所以事天也。"① 他主张"尽心知性"才能"知天","知天"方可达致"天人合一"的理想道德境界。这也是儒家劝导士人致力于修养心性之鹄的。当道德修养中的个体臻于"天人合一"之境后,便是处于"自由"的状态。这无疑属于道德形上自由、富于超越性的精神自由。现代新儒家张君劢便是主张以"精神自由"来砥砺与夯实民族文化的著名学者。他说:"吾人以为今后吾族文化之出路,有一总纲领曰:造成以精神自由为基础之民族文化。……精神之自由,有表现于政治者,有表现于道德者,有表现于学术者、有表现于艺术宗教者,各个人发挥其精神之自由,因而形成其政治道德法律艺术;在个人为自由之发展,在全体为民族文化之成绩。个人精神上之自由,各本其自觉自动之知能,以求在学术上政治上艺术上有所表现,而此精神自由之表现,在日积月累之中,以形成政治道德法律,以维持其民族之生存。故因个人自由之发展,而民族之生存得以巩固。"② 于此,张君劢强调个人精神自由发展对于整个民族文化的未来生存的重要性,但对于何谓精神自由,以及如何达致个人精神自由的问题尚未予以明确论说。不过,结合张君劢其他相关论著可知,此一"精神自由"亦是就超越性层面而言的。正如有论者所说,张君劢所主张的"精神自由"是就形上本体而言,并将中西本体性概念加以综合,如将"良心自由"与西方"意志自由"作为构成其"精神自由"的两个面向。作为张君劢的形上自由观的核心概念——"精神自由"实质地统摄了"意志自由"和"良心自由"③。由此可见,"形上自由""道德本体自由"构成了中国思

① 〔宋〕朱熹:《四书章句集注》,第349页。
② 张君劢:《儒学与民族复兴》,上海人民出版社,2020年,第93—94页。
③ 郭萍:《自由儒学的先声——张君劢自由观研究》,第272页。

想观念谱系中关于"自由"观念的第一义。

其次，对于道德修养的重视以及精神自由的追求，并不是儒家的终点。儒家的终极关怀在于如孔子所说的"修己安人"，也就是对于人类社会政治秩序安顿的关切。这是儒家"内圣外王"理想结构的逻辑使然。因此，徐复观将社会政治自由的获得，视为儒家追求精神自由的意义之所在。"仅仅在人自身的德与能上面获得了自由，若是在社会的地位上不能获得自由，则前者会完全落空而无真实的意义。因此，自由社会的成立，还要打破由历史所自然形成的阶级，使各个人能各以其自己的努力改变社会的阶级地位。"[1] 即此可见，徐复观的"自由"论说兼具"德性""知识"与"社会政治"诸维度。而作为"社会政治"层面上的"自由"则是个体通过自身的努力，进而实现社会身份与阶级地位的转变。换言之，自由社会的标志便是社会各阶层之间能够实现自由顺畅的流动，而这种对于"自由"的理解则又显露出"平等"思想的身影——机会平等。相较于西方的社会政治自由观念侧重于作为个体权利的主要形态——"自由"价值显现的过程来说，中国传统的社会政治自由观念似乎更多的是强调个体的"自由"价值实现的结果，也即以群体秩序中的价值层级认同的结果导向来衡定个体"自由"价值的在场与否[2]。

中西所指称的"自由"价值，皆关涉各自的公共社会政治秩序

---

[1] 徐复观：《中国自由社会的创发》，《学术与政治之间》，第270页。

[2] 现代西方社会的"自由"价值，多指涉柏林所谓的"消极自由"，意指国家政府是否越界侵犯了个体的权利，这种边界意识是私人领域与公共领域之间泾渭分明的表征，强调个体本位意识；而中国传统社会里的"自由"，是以个体进入公共领域之后的身份层级认同的跃升通道是否顺畅为指征，凸显其群体主义的价值偏好。

问题。但如何构建其公共社会政治秩序,则涉及各自公共精神的呈现方式。"自由"是人类公共精神的核心价值维度。而中西在社会政治自由的价值显现维度上的差异,源自他们对于"人性"的各自不同的理解。西方的人性恶观念或原罪意识深刻影响了其现代社会政治秩序的格局,国家与政府作为公共机构虽是必需的,但却难以全然赢得公民个体的道德信任,从而在"私人"与"公共"截然两分的框架之下,形塑其公共性。故其以严分群己之界限来鼎定公共社会政治秩序的格局。而传统中国社会的主流人性论是"性善"观念,并将其建基于"性天合一"或"天人合一"的观念之上。由这一天人观念所形塑的人间公共社会政治秩序,便在很大程度上消弭了如西方现代社会观念中所存在的个体与群体的内在紧张情形。恰恰相反,个体自我价值的实现,须诉诸群体秩序的认同。进言之,在现代西方社会里,作为原子式的个人主义与群体主义的社会认同无疑存在明显的疏离感,甚或以防范、抵触的意绪来建构公共社会政治秩序。而在中国传统社会里,个体的生存价值如"自由"价值是在一种关系主义结构如"礼"的规范中得以呈现的。这种关系主义结构不仅表现在人与人之间、个体与群体之间,而且表现在天与人之间。从某种意义上,天人关系是传统中国社会的礼制关系结构的核心部分。在儒学性善论中,建立了基于天人关系的思辨性极高的形上学理论,为人间社会政治秩序中的"自由"价值提供了兜底性保证:"天"成为人间秩序中的"自由"价值之源,以及"人"的道德行为的公共性典范。因此,人们在日常生活中实践"自由"价值时,便获得了深厚的文化正当性,从而具有神圣感。此外,在儒家看来,这一源于天命的"自由"价值的实践也具备了明显的公共性特质,进而让实践"自由"者获得一种"替天行道"的强烈使命感与责任感。这种"自由"价值的类型当属于柏林所说的"积极自由"。

中国传统的"自由"观念既含摄儒家的形上道德精神层面,又指向形下的社会政治层面。就前者言,其"自由"观念实质上即是关乎儒家德性伦理的公共精神。因为个体的"自由"价值必须在天人与人人关系的结构中得以实现。一言以蔽之,道德即自由。在某种意义上说,儒家所主张的"自由"价值与德性伦理精神价值是同构的;就后者而言,儒家的"形下自由"价值的实现,须以形上自由抑或具有超越性的德性伦理精神为其正当性的价值依凭。而在这一正当性的价值依凭之下,其所表现出来的形下自由,便是以安顿人间社会政治秩序为读书士人的理想使命,亦即"为生民立命"。因之,儒家的"自由"观念在很大程度上表现为对于公共社会政治事务的强烈关切,亦由此昭示了儒家思想传统中所具有的公共责任感。

在对儒家"自由"观念内容及特质进行简要论析之后,需进一步讨论的是它的现代价值转换问题。一如前述,儒家传统的"自由"价值属于一种道德伦理价值范型,其源头来自古典时代人们对于天人关系结构中"天"的道德示范的认知。而这种具有形上学意义的超越性的"天道"所指示的"自由"精神,在现代社会里,不仅可继续发挥其在个体道德建构上的强大支撑作用,而且能够在形塑人类现代社会政治共同体的公共精神上,提供本源式的合法性意义。"道德价值"与"公共精神"是现代社会的价值形塑所应具备的基础性要素。因此,作为儒家传统"公共精神"的主要维度——"自由"精神价值,无疑应该在现代社会里得到很好的继承与弘扬。但是,在继承与弘扬儒家"自由"精神的同时,也应汲取现代社会的"权利"思想资源。诚然,前者属于传统中国的精英政治论说,而后者则出于现代民主政治的基础性理念。但是,儒家精英的德性伦理观念并不内在地排斥现代"个体"权利意识。因为儒家思想中的自我意识虽然是在关系主义结构中得以展开,但其对于"个体"权利的伸张采取的是一种隐微的表达机制。以往学人认为,儒家主张"集体主义"或"群体主义",是对于"个体"的压制。实际上,这一观点并不符合儒家礼制精神。因为儒家虽然强调群体社会秩序,但决不是以压抑"个体"的正当诉求为前提,而是将个体的自由或正当诉求置于关系主义结构中,并以义务伦理的相应形式来架构其群体生活秩序,从而使个体与群体达到协调一致的目的①。以义务伦理为核心标识的礼制的精神实质,即是一种双向性的平等互动的伦理规范与伦理秩序②。按照现代西方对于社会政治"自由"的定义来看,自由即伦理之界限与秩序,那么儒家的礼制便是一套保障生活在"礼"的日常关系结构中的人的自由制度。因此,从这个意义上说,儒家的"自由"理念不仅仅是指谓其如前所述的"积极自由"的一面,也有一定程度上的"消极自由"面相。

　　总而言之,从充分开掘儒家传统中蕴含"自由"精神之微意来看,它与作为现代社会的核心观念——自由权利意识,彼此是可相融互补的。只有将二者加以创造性的对接,才能在社会主义核心价值观的不断形塑与涵养中,培育出既具有现代品格,又拥有传统根柢的适合新时代需要的公共社会政治文化精神。

① 人们印象中的儒家纲常伦理是一种压抑性伦理,"个体"的日常生活权利往往被这张伦理大网所掩蔽。毋庸讳言,在古代中国的日常生活实践中,或许会出现"个体"利益在宗法血缘伦理关系结构中被漠视的现象,从而增加自由被剥夺感。实际上,这一社会现象应被视为伦理异化或礼制的异化,而不应归因于儒家"礼"精神的不平等与不自由。
② 儒家建立礼乐等级制度,主要是出于建构治理秩序之所需,而不是凸显其社会的不平等性。

第三节　民本:儒家精英伦理的
公共责任意识及其现代转化

"民本"思想是儒家政治思想中的重要特质。关于这一点,学界存有异议者少,关键问题在于如何理解。对于"民本"思想的理解,关涉到它在现代社会处境中进行创造性转化的可能性空间。譬如,以往学人在论说"民本"时,认为它是古代中国皇权专制时代的政治思想特质,与现代"民主"政治有着本质的区别,二者之间存在着无法逾越的鸿沟。我们认为,这是一种基于"传统"与"现代"、"民主"与"专制"等二元对立思维框架之上的理论阐释。但是,如果将"民本"和"民主"放置于公共精神建构的视角下进行比较,我们对于中西相关政治思想特质的看法,或可得出不同以往的一些结论。

关于"民本"思想的言说,常见于先秦文献典籍之中。譬如:"民惟邦本,本固邦宁。""民之所欲,天必从之。""天听自我民听,天视自我民视。"① "民为贵,社稷次之,君为轻。"② "天之生民,非为君也;天之立君,以为民也。"③ 等等。从思想史的角度来看,如上有关"民本"的言说大体反映了自西周以降"以民为本"的政治观念。实际上,周代"民本"观念是其德性政治观念的重要组成部分。然而,周初统治者所提出的"德性"思想,何以能够含摄"民本"观念呢?

揭晓这个问题的答案,不得不从政权更迭给周代统治者所带

---

① 李民、王健:《尚书译注》,第72、153、157页。

② 杨伯峻:《孟子译注》,第304页。

③〔清〕王先谦:《荀子集解》,第595页。

来的忧患意识说起。众所周知,商人重"鬼神",而所祭祀之鬼神是带有家族色彩的神祇,政权受命于家族神。这与民间祖先信仰、祖先崇拜是一致的。但在商代政权被推翻后,何以解释家族神祇护佑的失灵现象呢? 因此,周初统治者意识到,"皇天无亲,惟德是辅"。政权的更迭抑或授命与家族神祇的护佑无关,而主要取决于执政者自身的素质,那就是"德性"。换言之,"德性"成为是否获得上天授命的主要依据。但上天自身无法言说,故"天听自我民听,天视自我民视"。由此,其以民心为心,民本思想因之得以产生。"民"即是天下民众之谓。人民是天下共同体的主人,故"天之立君,以为民"。所以从这个意义上,所谓"德性"实际上就是"公共性"。进言之,统治者是否具有"德性",那就看其政权所蕴含的公共性程度,其具体表现就是能否得民心,照拂人民的福祉。"郁郁乎文哉,吾从周。"儒家承继了周初以降的德性思想,而与德性思想密切关联的"民本"思想成为儒家社会政治思想的核心内容,亦彰显了其传统公共精神之特质。这一点可从孔孟思想中窥其一斑。

孔子云:"古之为政,爱人为大。"① 他提出以"仁"作为"礼"的内在精神规训,倡导"仁者爱人"。这里的"人"即是指人民、百姓。孔子思想的中心关切即是造就光明伟岸的君子人格。而君子人格是成就读书人的圣贤理想的德性基础。圣贤之志向便是孔子所说的"修己安人""修己以安百姓"。此处所谓"安人""安百姓",即是"以民为本"思想的呈示。但实践"以民为本"的前提便是"修己",只有"己修",才能使民有所安。由此可见,孔子"仁"道即是一以贯之的"内圣外王"之道。这也可被视为儒家德性思想与民

---

① 〔清〕朱彬:《礼记训纂》,第 741 页。

本思想的逻辑统一。

孟子进一步发挥孔子的仁学,明确提出了性善论思想。诚如程子所说,"孟子有大功于世,以其言性善也"①。孟子将人所具有的内在"仁"德加以深入的阐发,使得其不仅仅是表现为"仁者爱人",而且从本源性的角度出发,认为人身上所具有的"仁"德源自其起初更为细微的内在品质潜能:"仁""义""礼""智",这便是性之"善"端。其需要在道德修养上不断扩充,方可达致"仁"德的呈现效果——仁政。并且,孟子指出扩充"性"之善端的方法,即反求诸己,以及养浩然之气,等等。不过,孔孟修"德性"以开"仁政"思想的儒学进路,至中唐以后,方有接续。由此,出现了孟子升格运动。

韩愈认为,孔孟所传的是自尧舜禹文武周公以降的道统之学。"尧以是传之舜,舜以是传之禹,禹以是传之汤,汤以是传之文武周公,文武周公传之孔子,孔子传之孟轲,轲之死不得其传焉。"②而宋明理学承其说,在孟子所注重的内在心性进路上,进行道德形上学建构,其终极旨趣是指向儒家的王道政治,因为"宋代以降儒家道德形上学建构为其社会政治伦理规范提供一种正义伦理的思想资源基底"③。而在王道政治中,"仁"德流行于天下,民本思想便会得到很好的贯彻。综上言之,儒家的民本思想与其"德性"观念有着密切关联。

儒家民本思想属于中国传统的精英政治哲学,换言之,中国传统社会政治治理的主体是君主与士大夫群体,"以民为本"是其政

---

① 〔宋〕朱熹:《孟子序说》,《四书章句集注》,第 199 页。
② 〔宋〕朱熹:《孟子序说》,《四书章句集注》,第 198 页。
③ 杨肇中:《历史观照中的经世儒学》,人民出版社,2020 年,第 27 页。

治观念里的核心内容。他们的执政合法性虽源自于具有超越性的"天命",但在实践经验层面上,需以民心之所归向来表征"天命"的授予与否。此外,值得注意的是,周初自"德性"观念产生后,"天命"观念便出现了从家族"私性"逐渐向天下"公共性"的转型。这一点可从先秦文献关于"天下非一人之天下,乃天下人之天人"①的言说中窥其一斑。由此,中国传统政治观念中的"公德"得以呈现,以民为本的思想便成为其题中应有之义。对于治理者来说,能否获得"天命",赢得执政合法性,主要取决于其对于民本理念的认同程度与实践效用——得民心者得天下。基此,民心之所归向在很大程度上也映现了治理者公共精神的状态。

　　明末清初的黄宗羲所著《明夷待访录》对于中国传统君主政治实况进行过强烈的抨击,其主要原因在于君主政治严重侵蚀了是时政治社会的公共性基石。黄宗羲说:"古者以天下为主,君为客,凡君之所毕世而经营者,为天下也。今也以君为主,天下为客,凡天下之无地而得安宁者,为君也。是以其未得之也,屠毒天下之肝脑,离散天下之子女,以博我一人之产业,曾不惨然,曰'我固为子孙创业也'。其既得之也,敲剥天下之骨髓,离散天下之子女,以奉我一人之淫乐,视为当然,曰'此我产业之花息也'。然则为天下之大害者,君而已矣。"②体现出他"以民为主"或"以民为本"的思想,是对先秦儒家民本政治思想的继承与发展。在黄宗羲看来,君主政治因在很大程度上蚀去了"天下为公"的公共性品格,而沦为以"天下"为私家产业的专制政治,成为反民本思想的政治范型。在他的政治思想中,"天下为公"是民本思想的核心要义。

①许维遹:《吕氏春秋集释》,中华书局,2009年,第25页。
②〔明〕黄宗羲:《明夷待访录》,《黄宗羲全集》第一册,第2页。

清末时期，黄宗羲等人的政治思想"复活"（梁启超语），在某种意义上，得益于他所主张的"天下为公"的民本思想对于西方现代民主思想的有效接引。诚然，这一中西思想得以有效接引的缘由，不在于"民本"与"民主"之间的制度性契合，而在于二者各自所宣示的公共精神在一定程度上的趋同性，进而引致近代中国知识人的强烈精神共鸣。这种精神共鸣使得他们拥有了一种把握时代前进方向的文化自信力。因此，与其说这是西方现代民主思想所给予他们的，不如说是儒家民本思想传统的生命力在近代的展现。

以往学人多将"民本"与"民主"作为分别对应于"传统"与"现代"的政治特质，并在西方进化论思维中加以评骘。由此，得出比较草率的结论，便是"民主"高于"民本"。实际上，对于"民主"价值予以高扬，乃是现代社会政治的观念。在古希腊亚里斯多德那里，作为政体形式的"民主制"并不被看好。在经过法国大革命之后的托克维尔看来，"民主制"的国家如美国，也存在许多的社会问题，例如，不平等与多数人的暴政。当然，笔者在此无意批评民主，而是试图陈述从公共性的价值角度看，"民本"并不低于"民主"。"民本"思想是指，在中国古代君主政治社会里，通过天命、道德信仰来防范皇权因专制而私天下的可能性，从而彰显儒学公共精神的重要政治观念。而"民主"思想则指谓，在人类现代社会里，人民通过选举产生，代表自身利益的治理主体，进而致使社会政治公共性得以彰显的重要观念。由此可见，无论是"民本"，还是"民主"，皆是保障社会政治公共性，从而凸显社会公平正义性，促进社会秩序稳定和谐的政治手段（包括观念与制度）。

此外，从各自建构的观念传统来看，"民本"政治是一种基于性善论传统的道德建构型的政治范式，而"民主"政治是一种基于个体权利观念传统的权力制衡式的政治范式。二者并非相互抵牾，而是可以相资为用的。儒家思想虽有过与君主政治合作的历史形态，但它本身所具有的共时性与普适性价值特质，也可以在当下及未来发生观念与制度的效用，重建具有"民本"精神的儒家式民主。胡适也主张儒家的某些观点可以用来作为中国建立民主的基础。由此可见，"儒家或许接受君主制政治结构为当然，但君主制不一定是儒家的必要组成部分"①。总之，不能以二者所处的具体历史时代的先后，来进行价值排序抑或价值褒贬。惟其如此，我们方能理性地从传统"民本"观念中汲取适应于现时代需要的思想资源。

从现代社会处境来看，儒家"民本"观念所提供的共时性价值启示，大体有以下几点：

第一，儒家"民本"观念中具有首要价值的，即是"公天下"的政治理念。它对于构建现代社会的公共精神，彰显平等与自由的社会价值大有裨益。这一儒家传统公共精神的集中表述体现于《礼记·礼运篇》对于"大同"理想社会的构型之中。毫无疑问，儒家的"大同"精神是其传统"民本"观念在人类理想社会政治秩序上的理论表达。从某种意义上讲，儒家"民本"精神抑或"大同"精神对于接引现代西方的社会主义思想，尤其是马克思、恩格斯的科学社会主义来到中国，起到了至为重要的作用。它对于当下涵养社会主义核心价值观中的公共精神，以及"人类命运共同体"理念仍然具有重要的启发意义。

第二，儒家"民本"观念中所体现出来的"仁爱"精神。儒家对于"以民为本"何以可能的答案，便是孔子所主张的，儒者以"忠恕"之道，实践"仁爱"的精神。这种精神不仅仅体现了社会精英

①〔新加坡〕陈素芳：《儒家民主——杜威式重建》，第 159 页。

"以人为本"的意识,展现了对于人民百姓的关爱①,而且表现为一般意义上人与人之间的"友爱"。这也是社会主义核心价值观中所应注重的伦理规范。

第三,儒家"民本"观念中所体现出来的君子人格与责任担当意识。自孔子以降倡导"君子"人格的目的,就是要提升社会精英的道德精神境界,以领袖群伦,建立理想的礼乐社会秩序,也就是要培养知识人的责任与担当意识。对于作为执政党的中国共产党来讲,这种责任与担当意识无疑是不可或缺的。因为"中国共产党的初心和使命,就是为中国人民谋幸福,为中华民族谋复兴。中国共产党没有自己特殊的利益,在任何时候都把人民利益放在第一位。中国共产党的百年征程,就是中国共产党不屈不挠地为中国人民的幸福、为中华民族的复兴进行艰苦卓绝斗争的过程"②。基此可见,儒家民本观念对于当代中国共产党治国理政颇具借鉴意义。此外,它对于现代公民的责任伦理意识的培育也具有启发意义。总之,儒家民本观念对于涵养当代社会主义核心价值观的公共精神来说,是一份弥足珍贵的思想资源。

第四节 共治:儒家治理伦理及其 与现代协商民主的融通

作为彰显儒家传统公共精神价值的"共治"观念,似乎并未被

---

① 值得进一步申说的是,儒家"民本"思想之终极目的是为了实现人民的利益,建立和谐的礼乐社会秩序,而绝非以往学界陈见所谓仅为统治者巩固其统治服务。否则,儒学便沦为丧失理想主义与崇高的公共正义信仰的为稻粱谋之学。

② 姜义华:《中国共产党与中华优秀传统文化》,《红旗文稿》,2021年第12期。

以往学界予以足够的关注。诚然,这首先与人们对于中国传统政治的整体性认知有一定关系。在人们的观念中,传统中国政治是皇权专制政治,而儒家思想是一套专门为皇权专制政治服务的思想意识形态。进言之,儒家思想是匍匐在皇权脚下的。它既然先行失去了人格平等的尊严,遑论"共治天下"? 然而,实际情形是,在儒家思想中,确实存在着弥足珍贵的"共治天下"观念,而且有着深厚的思想理论渊源。

如前所言,我们从先秦汉代的文献中可窥儒家公共观念之一斑。诚然,儒家这种公共意识从观念转化为制度实践需要较长的时间,但决不意味着儒家完全依附于皇权,没有自身独立性。实际上,儒家与政治势力的合作意识,从先秦时代就已经开其端绪。按照章学诚的说法,所谓圣人之治就是德、位合一的表现,但自礼崩乐坏的春秋时代始,出现了官师分治,也就是政统(官)与道统(师)的分离①。然而,治理天下却又需要二者的合作,因为这是实行王道政治的现实需要。否则,只有政统(军事)势力的存在,没有道统(礼乐教化)力量参与其中,便落于霸道政治,而非"王道"政治。由此,也就无法建立持久稳定的和谐政治秩序。儒家政治的特质是王道公共性政治,而王道公共性是儒学公共精神的核心价值属性。故此,"共治天下"是儒学公共精神得以呈现的理想政治观念。

王霸之辨一直是儒家政治思想史上的重要命题。《尚书·洪范》云:"无偏无党,王道荡荡;无党无偏,王道平平。"② 由此可见,王道政治特质,即是由于治理主体的公正无私、治理秩序井然得以

① 参见章学诚:《文史通义新编新注》(下),仓修良编注,商务印书馆,2017年,第516页。
② 李民、王健:《尚书译注》,第174页。

呈现,突出一个"公"字的作用。而孔子对于王道政治与霸道政治之间的分际也作过对比性的描述:"道之以政,齐之以刑,民免而无耻;道之以德,齐之以礼,有耻且格。"[1]前者为霸道之征象,后者为王道之特质。孔子推崇后者,崇尚德礼之治。而德礼之治的一个中心思想便是一个"仁"字,也可以推衍出一个"公"字,因为有内在的"仁"作为基础,德、礼的公共规范与秩序才不会沦为空谈。由此,"公"性才能得以显现。从这一意义上来讲,王道政治具有明显的公共性特质。而这便是儒家政治观念中出现"共治天下"的一个重要的理论基础。

再者,孟子明确以义利之辨来论说王霸之辨。试看孟子与梁惠王的一段对话:

> 王曰:"叟! 不远千里而来,亦将有以利吾国乎?"孟子对曰:"王! 何必曰利? 亦有仁义而已矣。王曰:'何以利吾国?'大夫曰:'何以利吾家?'士庶人曰:'何以利吾身?'上下交征利而国危矣。万乘之国,弑其君者,必千乘之家;千乘之国,弑其君者,必百乘之家;万取千焉,千取百焉,不为不多矣。苟为后义而先利,不夺不餍,未有仁而遗其亲者也,未有义而后其君者也。王亦曰仁义而已矣,何必曰利?"[2]

孟子批评梁惠王以"利"为先的治国方式。因为这样会导致"上下交征利",从而危害到国家的社会政治秩序。当然,孟子所说的"利"指涉的是"私利",即是"不仁"的象征;而"仁义"即是

---

[1] 杨伯峻:《论语译注》,第 11—12 页。
[2] 杨伯峻:《孟子译注》,第 1—2 页。

"公利",讲求"仁义"即是遵守公共的社会礼乐规范,由此,利在其中。实际上,各自的私利也就从一定程度上得到保证。所以,孟子说"亦曰仁义而已矣,何必曰利"。从这一意义来看,孟子指出梁惠王"逐利"的霸道政治思想的危害,而高扬"仁义"的王道政治的合理性。而追求"仁政"的王道政治的关键在于治理主体的"德性",即"以德服人"。他说:"以力服人者,非心服也,力不赡也;以德服人者,中心悦而诚服也。"[1] 此一"心悦而诚服"便是得民心之意。得民心者得天下。"得天下有道:得其民,斯得天下矣;得其民有道:得其心,斯得民矣。得其心有道:所欲,与之聚之,所恶,勿施尔也。"[2] 而要做到顺乎民之"所欲""所恶",则要求治理精英必须具备推己及人的"仁义"之心,亦即是"德性"。这便是儒家王道政治的实践逻辑。反过来说,如果治理精英不具备"仁义"之心,其后果便是"不仁而在高位,是播其恶于众"[3]。

对于儒家来说,无论是王霸之辨,还是义利之辨,都是在礼崩乐坏的春秋以降,治理精英群体之"位"与"德"分离、政统与道统未合于一的情形下,所产生的理论问题。这也一直是儒家政治学所关切的重要命题。不过,如上述政统与道统的分离情形,也为后来儒家"共治"天下观念的产生提供了现实条件。在儒家的政治观念里,尤其是孔孟一系的政治观念里,政治社会秩序的建构与保障,必须是作为治理主体的"位"与"德"的同时在场,缺一不可。比如,有位无德,便沦为霸道政治,民受其害;有德无位,则落于书生空谈,无济于经世。因此,作为以儒家道统自命的儒者,便展开

---

① 杨伯峻:《孟子译注》,第 67 页。
② 杨伯峻:《孟子译注》,第 156 页。
③ 杨伯峻:《孟子译注》,第 148 页。

了与现实政治力量进行合作的历史。这段历史即是儒家的"得君行道"史。而儒者"道尊于势"的观念便是双方在合作过程中产生并加以强化的。由此可见,先秦的政治思想可视为儒家"共治天下"观念的价值源头。但其观念形态的表现主要是:以"仁"为己任。正如余英时所说:"先秦的'士',主要是以'仁'(亦即'道')为'己任'。易言之,他们是价值世界的承担者,而'天下'则不在他们的肩上。"[1]

"道尊于势"观念发展至巅峰的时期应在宋代。其原因有二:一是随着科举考试制度的不断成熟,宋代出现一大批受儒家思想熏炙的士大夫。他们作为一个知识群体,形成了拥有强烈道统意识的强人群体力量;二是宋代理学的形成,致使儒家政治理论的道德形上学意味浓厚。它在一定程度上,为儒者"以天下为己任"的政治主体意识的产生,寻找到一套更为坚实的人文思想依凭。北宋宰相文彦博说,皇帝应"与士大夫治天下"。在余英时看来,"'以天下为己任'可以视为宋代'士'的一种集体意识,并不是极少数理想特别高远的士大夫所独有。……'以天下为己任'是一把钥匙,可以打开通向宋代士大夫内心世界之门。"[2]这表征着宋代士大夫们内心已然形成了"共治天下"的政治观念。诚然,士大夫们的"共治天下"观念,并非一直能够得到皇权的认同与支持,二者之间时常存在权力博弈现象。士大夫们所依凭的是道统信念,以及道德教化之权,而皇帝依靠的是最高世俗政治权力。

众所周知,明清两代,皇权加剧,士大夫权力大为削弱,无法与宋代相提并论。实际上,这是皇权所代表的政统力量与儒家的道

① 余英时:《朱熹的历史世界:宋代士大夫政治文化的研究》,第210页。
② 余英时:《朱熹的历史世界:宋代士大夫政治文化的研究》,第218、219页。

统力量之间所发生的权力博弈的结果,表明儒家"共治"天下观念受到了严重的挑战。尤其是清代,皇权势力逐渐将"道统"与"政统"二者收归于一,原初代表道统教化力量的士大夫沦为皇权治理天下的工具,失去了政治主体的地位。这一明清政治所发生的变化情形,正如孟森所说:"(明代)求为正人者多……论劾蒙祸,濒死而不悔者,在当时实极盛,即被祸至死,时论以为荣。不似后来清代士大夫,以帝王之是非为是非,帝以为罪人,无人敢道其非罪。"①由此看来,士大夫"共治天下"的观念在明代尚可见其行迹,至清代则隐而不彰。譬如,黄宗羲在《明夷待访录》中对于君臣伦理政治的抨击,便预示着儒家"共治天下"观念受到现实政治的挑战。他说:"有人焉,视于无形,听于无声,以事其君,可谓之臣乎?曰:否!杀其身以事君,可谓之臣乎?曰:否!……杀其身者,无私之极则也,而犹不足以当之,则臣道如何而后可?缘夫天下之大,非一人之所能治,而分治之以群工。故我之出而仕也,为天下,非为君也;为万民,非为一姓也。吾以天下万民起见,非其道,即君以形声强我,未之敢从也。……而以君之一身一姓起见,君有无形无声之嗜欲,吾从而视之听之,此宦官宫妾之心也。"②在黄宗羲看来,为臣之道,首先要有独立人格。为臣做官的原则是为"天下万民",而非为"君主"一人一姓。从这一意义上来说,君与臣之间的关系,理应是"共治天下"的平等关系,否则君臣伦理便被"异化",臣子犹如宦官宫女般丧失其独立人格。总之,黄宗羲从臣道伦理的角度重申了儒者所应具备的公共精神品质,以及"共治天下"观念的正当性。

---

① 孟森:《明史讲义》,中华书局,2006年,第200页。
② 〔明〕黄宗羲:《明夷待访录》,《黄宗羲全集》第一册,第3—4页。

时至清代,"共治天下"观念因现实处境的改变而不得不被隐匿起来。清末,作为道统体系的教化信仰存在的儒学被边缘化之后,清朝皇室所代表的政统势力也日益衰败。千余年的德性政治走下神坛。这在儒家看来,便是意味着"以德服人"的王道政治的没落,而"以力服人"的霸道政治取而代之。

如前所言,儒家"共治天下"观念虽是缘于政统与道统之间的分离而衍生出来的,从另一角度看,它在一定程度上也表征了儒家王道政治思想中的公共精神品格。随着中国传统政治选举制度的发展完善,如从举孝廉、九品中正到科举制度的演变,这一公共精神品格得以不断彰显。正如钱穆所认为的,中国传统政府即是"士人政府",而士大夫皆由民间选拔而来。因此,在他看来,中国传统政治呈现出了共治的特征,亦即是"民众信托政权"。"盖中国帝王本以民众信托而居高位,故曰:'天生民而立之君。'又曰:'作之君,作之师。'君师合一,为君者宜为贤圣杰出之人才,而天下之大非可独治,故物色群贤而相与共治。"[1]这与中国传统的民本思想有着密切的关联[2]。进言之,儒家"共治天下"观念之鹄的,便是在"民有""民享"的意义上来捍卫人民的正当利益[3]。这是儒家民本思想的主要特质。在富于"人民性"这一点上,儒家民本思想与新时代中国特色社会主义思想中"以人民为中心"的发展理念无疑

---

[1] 钱穆:《政学私言》,《钱穆先生全集》,第 123 页。

[2] 对于中国传统政治性质的问题,学界向来存在争论。主流倾向认为中国传统政治是民本政治,但具有专制性。而钱穆所主张的传统政治民主论,则受到许多学人的批评。比如,新儒家张君劢的《中国专制君主政治之评议》(弘文馆出版社,1986 年)一书,便系统地回应与驳正钱穆的传统政治非专制论。此外,马克思主义者也提出过批评。不过,钱氏所论中国传统的"共治"观念不乏启发意义。

[3] 在儒家传统政治观念中,崇尚君子之治,没有现代意义上的"民治"观念。

是深相契合的。人民性既是儒家的天命呈现之所在,也是中国共产党人的初心使命之表征。同时,它也是社会主义核心价值观至为重要的特质,以及现代公共精神品格得以彰显的重要维度。

此外,就"治理"技艺层面而言,"共治"观念对于现代民主建设的推进有一定的启示意义,如,在选举民主之外,还存在着另一种民主治理制度——"协商民主"。它寻求建立一种更为公平正义的公共治理秩序,防止"赢者通吃"的不平等政治情形的发生。而儒家传统的"共治"观念能够为当代人类政治社会建立这样一种"协商民主"制度提供丰富的理念支撑。从这个意义上看,以儒家政治思想为代表的中华优秀传统文化资源,无疑能够为当代人类社会政治治理包括国家治理与全球治理,提供有效的治理资源。

第五节　天下:儒家普遍性政治秩序的追求及其现代视界

建构儒学公共精神的主要价值维度,除了平等、自由、民本、共治之外,还有一个颇具特色的价值维度,那就是"天下"。在这里,"天下"不仅指涉地理空间意义上的范域,更是一种具有文明价值体系意义上的普世大同的社会政治秩序。正如前文所述,儒家族群观念不是一种基于血缘、地域的理论建构,其核心言说在于华夷之辨。所谓华夷之辨,凸显的是一种关乎文明价值体系的判准。古代中国,虽以"华"来指称华夏汉族,但其族群观念本身就是一种文化意识,不以血缘、地域为限,因此才有"夷狄中国则中国之"的文化观念。实际上,它反映的是一种具有普遍性特质的文明价值秩序的形态。而"天下"观念则蕴含了人们对于这一普遍性政治秩序的追求意向。

具体言之,作为彰显儒学公共精神的价值维度的"天下"观念,具有如下两重涵义:

第一,指谓公共性而言,如"天下为公"理念。这里所谓的"公"也有两层意思:一,公共性状态在"普天之下"的显现。"天下乃天下人之天下。"在这一公共性得以呈现的"天下"状态中,人们的道德精神境界是非常高的,如"货恶其弃于地也,不必藏于己;力恶其不出于身也,不必为己"①。而在这种道德境界下的社会共同体里,人与群体的关系是自由和谐的;二,强调的是读书士人的公共责任伦理意识,如"以天下为己任"。"以天下为己任"的担当者,必须有一个前提条件,那就是成为一个仁人,"以仁为己任"。只有成为仁人,才能爱人,安人。故可以回到孔子的命题——"修己以安人"之上。此所谓"安人",即"安天下之人"的意思,至宋代逐渐衍为儒者所谓"以天下为己任"的公共责任伦理意识。

第二,指谓文明价值秩序的有效呈现是普遍性的,并无民族、族群以及国家之区隔。此即《易经》所谓之"天下文明"。基此,儒家主张"天下大同"为其最高理想社会政治秩序的文明形态。平心而论,儒家天下大同的社会理想,促使了中国历史上的多次民族融合现象的发生。在这种民族融合过程中,虽然存在着基于族群利益之上的军事暴力的冲突与整合的情状,但不可否认的是,华夏民族的独特族群文化观念对于时人的政治行为与秩序的选择产生强大的影响力。这也是学界长期以来所形成的关于中国历史上出现"征服者被征服"现象的认知的文化理由②。

---

① 〔清〕朱彬:《礼记训纂》,第 332 页。
② 相关详述参见冯天瑜、何晓明、周积明:《中华文化史》,上海人民出版社,2005 年,第 571—579 页。

　　19世纪中叶以前,儒家"天下"观念主导着中国乃至东亚的社会政治秩序。此后,这一观念则因遭受西方民族国家的挑战而逐渐崩解,作为大同文明秩序观念的"天下"被西方自由民主政治价值所掩盖。这一自由民主政治价值观念虽然在一定程度上呈示了它对于民族国家共同体的社会政治秩序建构与整合的有效性,但就世界政治秩序的构建而言,却显得有些力不从心。20世纪上半叶爆发两次世界大战的史实即证明了这一点。

　　因此,在当下全球化进程不断加深的情势下,如何重塑世界社会政治秩序,是重大且紧迫的现实问题。近年来,学人重启"天下"观念研究,对于儒家传统的"天下"观念资源进行开掘与阐发,以期为重建具有普适性的世界政治秩序而提供理论依据。从某种意义上看,儒家"天下"观获得了一个重塑时代生命力的历史机遇。正如赵汀阳先生所说:"天下概念期望一个世界成为政治主体的世界体系,一个以整个世界为政治单位的共在秩序。从天下去理解世界,就是意味着以整个世界作为思考单位去分析问题,以便能够设想与全球化的现实相配的政治秩序。"① 而"天下无外"便成为这一天下政治秩序的建构原则。进言之,就是基于"天下为公"的公共责任伦理意识,去构建普适性的社会政治文明秩序。而儒家传统的"天下"观念宝藏恰恰是当下世界政治之所需的弥足珍贵的思想资源。中国近年来所倡导的"人类命运共同体"理念,即是对于当前国际社会政治秩序问题的一个比较好的理论回应。从某种意义上,该理念是对于儒家传统"天下"观念的现代继承与时代性诠释。而反过来说,这也是儒家传统"天下"观念,基于现时代的问题意识,进行自我重塑,实现现代转换的新契机。

_____

① 赵汀阳:《天下的当代性:世界政治的实践与想象》,第2页。

综上所述,"平等""自由""民本""共治"以及"天下"等观念构成了儒家传统公共精神价值的五个维度。基此,本节对于它们的历史发展脉络及理论特质作了简要的分疏。可以说,这五个维度对于接引西方现代思想,契入现代社会生活,提供了基础性的思想支撑。它们是儒家实现现代转型的重要的内在驱动力。而这些思想学术资源也为构建新时代社会主义核心价值观,提供了丰富的理论滋养。

第五章　儒学公共精神现代展开的新际遇

——新时代中国特色社会主义的价值秩序转型与普遍性形塑

习近平总书记强调指出："培育和弘扬社会主义核心价值观必须立足中华优秀传统文化，牢固的核心价值观都有其固有的根本。抛弃传统，丢掉根本，就等于割断了自己的精神命脉。"[①]

由此可见，新时代中国共产党人极力表彰以儒学为代表的中华优秀传统文化的现代价值。从另一角度看，儒学本身的现代转型与展开亦由此获致了新的际遇，主要体现在中国特色社会主义核心价值观亟需秩序转型与普遍性形塑的新时代要求之上。

社会主义核心价值观是中国特色社会主义价值体系中的价值凝练与核心内容。它在结构形塑与精神涵养过程中，必定会呈现出自身所具有的思想特质。在中国特色社会主义进入新时代后，社会主义核心价值观的内容亦会因应时代变迁与认知发展而有所调整与完善，从而表征出它鲜明的时代性特征。一般认为，社会主义核心价值观具有一般（普遍性）与具体（特殊性）的双重特质，亦有学者将之概括为"广义"与"狭义"两种："社会主义核心价值

[①] 习近平：《习近平谈治国理政》，外文出版社，2014年，第163—164页。

观有广义和狭义之分,广义上的社会主义核心价值观泛指所有社会主义国家所普遍认同的核心价值观;狭义上的社会主义核心价值观特指中国特色社会主义核心价值观,即中国共产党领导中国人民在社会主义革命、建设和改革中逐渐形成和确立的核心价值观。"① 实际上,它们所表征的意蕴是一致的,而且特殊性与普遍性并非交替出现,而是在时代变迁的过程中各自以或显或隐的不同姿态,共同呈现于社会主义核心价值的观念结构中。从这一意义上看,它们之间是一种共在的关系。

鉴于此,本章主要围绕新时代中国特色社会主义价值秩序的三重转型,来论析社会主义核心价值观形塑的具体(特殊性)观念面相,亦即在中国共产党领导人民深化改革开放的进程中,所呈示的诸种价值观念形态。如将马克思主义基本原理同中华优秀传统文化相结合所形成的中国式现代文化价值;以凸显社会主义本质要求与体现社会主义制度优越性的共同富裕和公平正义为当前工作重心的新时代政治价值;在中国特色社会主义的发展过程中,将特殊性与普遍性进行辩证统一的发展方法论的新价值视界等。同时,也着力论析社会主义核心价值观形塑的一般(普遍性)观念面相,如"以人民为中心""全人类共同价值"等。这些皆是儒学公共精神得以展开的新时代际遇。此外,本章也简要从时代性、民族性、普遍性与实践性等方面阐述儒学公共精神在现代的展开中与社会主义核心价值观呈现时代聚合的内在可能性。

---

① 王学俭:《社会主义价值论纲》,人民出版社,2016 年,第 206 页。

第一节　新时代中国特色社会主义价值秩序转型的三重维度

中国特色社会主义已进入新时代，这是中国共产党基于当前发展阶段、社会主要矛盾、奋斗目标，以及国际地位等方面的局势变化，对社会主义建设事业的历史方位所作出的明确标示。其关于"新时代"研判之意义在于：我们只有在新的历史方位、新的时代坐标上，才能科学认识和全面把握中国特色社会主义未来的发展航向[①]。近来，学界从以上宏观层面去研究当前中国特色社会主义之"新时代"特征的论说不少，但从价值秩序转型的角度去认知中国特色社会主义时代之"新"的学术论证尚不多见。笔者认为，这一价值秩序的转型是在中国共产党的正确领导下，不断推进中国特色社会主义事业发展的心源动力。德国价值伦理学奠基人马克斯·舍勒认为，"价值秩序"是一种客观的且具有普遍性的类意识存在[②]。这一类意识的存在即是社会意识形态，对于社会制度认同的塑造起到十分重要的作用。由此可见，中国特色社会主义价值秩序之新时代转型与重构，对于与时俱进地发展与完善中国特色社会主义意识形态具有重要的现实意义。此外，对于新时代中国特色社会主义价值秩序转型的学理阐释，也是进一步开掘中国特色社会主义所蕴含的丰富理论内容的重要维度。

鉴于此，本节主要基于思想史的视角，围绕新时代中国特色社会主义的文化价值秩序、社会政治价值秩序以及发展方法论的价

[①] 参见中共中央宣传部编：《习近平新时代中国特色社会主义思想学习纲要》，学习出版社、人民出版社，2019年，第12—15页。

[②] 参见〔德〕马克斯·舍勒：《舍勒选集》，刘小枫译，上海三联书店，1999年，第501—502页。

值视界等问题展开论析。

一、重新衡定中国现代性的文化价值秩序

哈贝马斯曾在 20 世纪 80 年代断言："现代性是一项尚未完成的设计。"[①] 现在看来,哈贝马斯的话仍未过时,因为"现代"是一个不断向未来敞开的言说新的时代的概念。从某种意义上说,它只有进行时,并无完成时。中国的现代性建构亦无例外。虽然中国的现代化之路在一定程度上属于后发外生型,但是在建构过程中,却有着较为独特的历史逻辑。由此,中国的现代性形塑不得不在历史逻辑与价值逻辑中寻找一种动态性的平衡。

近代以降,随着西方文化的强势袭入,中国人在处理文化建构问题时,不得不在古今中西的十字架坐标中衡定自身的文化价值,进而作出相应的取舍决断。而在衡定文化价值的过程中,又必须内嵌一个价值逻辑结构。譬如,"传统"与"现代"的二元对立思维,即是处理文化问题的一种价值逻辑结构。实际上,在中国本土性的语境中,仅有"古今""新旧"的概念[②],并无"传统"与"现代"的概念,因为后者源自于西方语境,而在西学东渐的近代大潮中,将之舶至中国。概言之,在"传统"与"现代"的这组概念中,蕴含着一种浓烈的普遍主义意味的西方进化论思维模式,亦即是不分种族、民族与国家,人类价值在时间维度中是不断趋于进步的,"今胜于昔"成为人们日常生活中毋庸置疑的常识性表达。正如哈贝

---

① 〔德〕于尔根·哈贝马斯:《现代性的哲学话语·作者前言》,曹卫东译,译林出版社,2011 年,第 1 页。

② 在中国的古代文献典籍中,常有古今、新旧之说。但在它们之间,并无明显的非此即彼、泾渭分明的优劣之分。在这一思维习惯之下,复古思潮倒是频见于中国古代思想史。

马斯对于科瑟勒克关于"现代"的时间意识的解读："当社会现代化将古代欧洲的农民——手工业者的生活世界所具有的经验空间彻底打破,使之活动起来,并将其贬低为左右期待的指令,现代所特有的未来取向也就呈现了出来。这些世代传承的传统经验被一种进步经验所取代。"① 是时欧洲社会对于现代性特质的理解即是建基于进步观念之上。

在现代进步观念里,现代世界只有与过去的传统世界进行决裂,才能确证未来的可靠性。此外,西方社会所呈现的是现代价值,而东方社会尚未完全从传统中超拔出来,传统成为它们迈向现代生活的沉重负担。而基于普遍主义的价值立场,现代化只能是一元而非多元的。这一发端于美国学界的经典现代化理论自20世纪50年代以降,甚嚣尘上。而至六七十年代以后,随着东亚"四小龙"经济的崛起,该理论逐渐受到质疑。进言之,现代性的定义由原先西方一元主导,变成东西方各自模塑的多元性状态。由此,多元现代性成为学界日渐关注的思想文化现象。然而,虽几经变迁,但人们头脑中原先所具有的"传统"与"现代"二元思维架构却延续下来。不过,原初二元对立的思维模式在不断得到纠偏,并渐次形成现代性认知共识:构建现代性的思想资源不仅可来自于西方社会,亦可源自于东方社会自己的深厚传统。实际上,西方现代性亦是导源于其自身的传统。从这一意义上讲,不同民族国家的现代性建构皆是基于自身传统的变化发展与时代延伸,从而构成现代性的多元叙事图景。不得不说,发端于西方社会的后现代思潮在一定程度上为多元现代性的理论建构提供了有效的思想资源。其在西方社会发生现代性危机的背景下,反驳与否弃了曾经貌似无可质疑

---

① 〔德〕于尔根·哈贝马斯:《现代性的哲学话语·作者前言》,第15页。

的西方主流社会理论的话语霸权,为非西方国家,尤其是正在崛起的中国建构本土性话语体系提供了颇为有利的理论奥援。

值得注意的是,当下我们致力于构建中国特色的哲学社会科学的话语体系与理论范式的契机,除了近数十年来国际经济社会、政治局势,以及学界理论话语范式的变动之外,还跟我们国家自身的迅速发展有着紧密的关联。众所周知,改革开放四十年来,中国经济的高速发展堪称世界经济发展史上的奇迹:2010年迄今,中国国内生产总值一直稳居世界第二。从某种程度上讲,中国经济的崛起,确乎再次引致学人对它进行一种思想文化维度的解释兴趣[1]。中国的崛起似乎进一步印证了如上所言的自亚洲"四小龙"崛起以降所激起的多元现代性理论的合理性与有效性。而这一理论的合理性与有效性的增强,恰恰为中国共产党通过改革开放来重塑国家政权的合法性与正当性,提供了强有力的思想支撑。因为一个国家的经济发展与强大在很大程度上可以证明其生命活力,由此将其制度优越性在理论与实践之间达致一个相对满意的契合度,从而有力地彰显了马克思主义重在实践性的特质:不仅能够解释世界,而且更能改造世界。由此可见,近年来,中国哲学社会科学界建构本土话语体系的强烈冲动主要来自中国国家发展的内在诉求。

众所周知,对于国家的现代化评估,主要取决于该国的综合国力状况,亦即综合竞争力。而中国的改革开放,虽然在经济领域创造了令世人瞩目的发展奇迹,以高增速赢得自身崛起的机遇,但是以现代化自期的中国在社会文化与价值信仰等领域仍存在较大的提升空间,需要在不断进行全面深化改革的征程中,逐渐达致国家

----

[1] 自马克斯·韦伯《新教伦理与资本主义精神》问世以来,学界确立了一种以文化思想与精神信仰来作为解释某种经济社会发展方式何以可能的内在动力的极具影响力的理论诠释典范。

全面现代化的战略目标。作为硬实力迅速趋向强大的中国,当下尚需与之配备的软实力的提升,协同共进,才能规避国家发展中短板效应的产生①。有鉴于此,进入新时代的中国特色社会主义,将文化发展战略提升至前所未有的高度,"四个自信"理念的提出即是国家在文化层面上呈现自觉性的重要表征。它彰显了中国共产党能够从理论、道路、制度与文化等四个维度去建构中国特色社会主义的自信力,这是切实提升国家软实力的前提条件。

如果说作为执政党的中国共产党自十八大以后,找到了其提升国家软实力的重要良方——重塑"四个自信",那么,接下来的问题是,如何在学理上对之加以证成。这是一个关乎其理论自洽性得以成立的重要关节点,因为其涉及人们观念中价值结构的重塑与价值逻辑的重整。中共十九大报告强调指出:"文化是一个国家、一个民族的灵魂。文化兴国运兴,文化强民族强。没有高度的文化自信,没有文化的繁荣兴盛,就没有中华民族的伟大复兴。"②在"四个自信"的理论中,"文化自信是一个国家、一个民族发展中更为基本、更深沉、更持久的力量"③。而对于"文化自信"的强调,

---

① "软实力"概念是一个形象比喻的说法,用来评估一个国家整体的公共社会政治秩序、观念文化信仰、精神文明素养与风貌,关乎国家的认同感与凝聚力。作为软实力核心组成部分的认同感与凝聚力会进一步对于国家硬实力的增长以及国家安全产生重要的影响。将"软实力"看成是一个伪问题,并认为国家硬实力提升了,其软实力也自然会增强的观点是不成立的。

② 习近平:《决胜全面建成小康社会夺取新时代中国特色社会主义伟大胜利——在中国共产党第十九次全国代表大会上的报告》(2017年10月18日),《中国共产党第十九次全国代表大会文件汇编》,人民出版社,2017年,第40—41页。

③ 习近平:《决胜全面建成小康社会夺取新时代中国特色社会主义伟大胜利——在中国共产党第十九次全国代表大会上的报告》(2017年10月18日),《中国共产党第十九次全国代表大会文件汇编》,第23页。

无疑彰显出其文化的自觉性意识。换言之,文化自觉性意识是中国构建"文化自信"的前提条件与基本内涵。然而,这也萌生对如下问题展开探讨的必要性:在当下的国内国际社会情境中,如何深入反思中国近代文化的结构与内容。

近年来,中国的"文化自信"问题得以提上议事日程,主要是因应于中国近代以降的特殊历史处境。长期以来,近代中国"落后挨打"的情绪与形象使得国人原本具有的"天朝上国"的文化优越感为文化自卑感与落魄感所取代,近代国人"反帝反封建"的强烈欲求便是这种情形下聚积而成的革命动力。在中国的近代革命意绪下,"文化自卑"感作为文化心理结构中之显流,成为国人强烈求变与重塑现代国家的内在动力。而此时"文化自信"则成为文化心理结构中一股压抑久长的潜流。随着社会主义实践在苏俄"十月革命"之后的成功落地,来自西方的马克思主义秉持的普遍主义、国际主义精神,为处于"文化自卑"情境中的中国带来了克服"文化自卑"感的良方——社会主义救中国。这一点可以我们从 20 世纪 20 年代以后,"社会主义"成为全球思想学术界极为风靡的理论思潮的情形中看出。不可否认,"二战"以后,尤其是社会主义中国出现后,"社会主义"确乎成为足以与西方"自由主义"世界分庭抗礼的社会政治意识形态,预示着社会主义运动发展到了一个高峰状态。但是,如所周知的原因,在 20 世纪八九十年代,随着第三波民主化浪潮的到来,苏联解体,东欧剧变,原先作为一个强大的阵营存在的社会主义国家群逐渐崩解,标志着社会主义运动遭受了严重的挫折。而在这个过程中,中国逐渐走上了"摸着石头过河"的改革开放之路,进一步探索建设富于中国特色的社会主义道路。

在此期间,中国的主流文化心态是低调而开放的。不过,值得进一步追问的是,其文化心态何以呈现为"低调"意向?中国虽然基于马克思主义的普遍主义意识形态,逐渐在一定程度上摆脱了近代以降的文化自卑感,但亦因社会主义在整个世界政治运动中的挫折,导致其在文化态度上保持着一种谨慎感。上世纪80年代初以降,中国共产党明确使用"中国特色的社会主义"等概念,作为马克思主义中国化的重要象征符号。从这一意义上,中国强调更多的是社会主义的特殊性维度,甚少提及社会主义的普遍性维度。而这种偏于特殊性维度的意向即是其"低调"文化心态的表征。究其文化进路而言,即是从很大程度上克制马克思主义原初所具有的国际主义精神的普遍冲动,进而关切社会主义在民族国家中的具体实现形式,亦即是重塑中国共产党曾于抗战期间所提出的"马克思主义中国化"命题的新的时代精神。90年代以降,中国学界出现传统文化热,致力于发掘自身传统文化的现代性价值,进而使文化保守主义获得了与马克思主义等主流思潮进行同台对话的历史机遇。

然而,如上"低调"行为并未表现出"封闭"的态势,而是以"开放"之姿来与国际社会展开互动合作,以力求融入世界。邓小平曾基于"和平与发展"仍是国际政治环境的主流态势的研判,力主"不争论"的务实态度,放下"资社敌对"的传统意识形态包袱,集中精力发展社会经济。近四十年来的中国正是因为沿循这一低调而开放的文化思维,创造了世界经济发展史上的奇迹。由此,学界关于"中国模式""中国道路"的提法应运而出。这些概念的提出,既是对于中国发展路径的归纳、提炼与肯定,亦是中国逐渐展现其文化自信的一种重要表征。

中国在低调而开放的文化心态下启动改革,但其发展亦无可避免地面对如潮般涌来的西方文化的冲击。在这一文化互动的过程中,无论是马克思主义原教旨主义,还是全盘西化主义,抑或传统保守主义,皆在文化的"传统"与"现代"的二元架构中,思索定位各自的文化航向。而文化航向的定位无疑又是一个中西异质文化间相互博弈的过程。在这一过程中,人们的认知模式也发生了如下变化:首先,就总体而言,其认知思维发生了从"传统"与"现代"的二元对立到"传统"与"现代"相融相生的转换;其次,对于现代性内涵进行界定与诠释的视野,发生了从由西方世界的现代性来诠释整个人类现代性的独占性言说到由西方与非西方世界共同参与现代性诠释的多元性言说的转换。这些认知层面上的转变,为马克思主义中国化以及中国特色社会主义思想建构的理论自洽性提供了有利的学术支撑。

基于上述可知,马克思主义中国化的时代命题以及中国特色社会主义的实践目标的路径无疑是现代化,而追索并建构中国现代性即是其题中应有之义。然而,何以建构中国的现代性?那就是在对于"传统"与"现代"的二元架构的新型认知基础上,充分发掘中华优秀传统文化思想资源,实现创造性转化与创新性发展。对此,党的十九大报告已宣示了中国现代性的当下建构立场与路径:"发展中国特色社会主义文化,就是以马克思主义为指导,坚守中华文化立场,立足当代中国现实,结合当今时代条件,发展面向现代化、面向世界、面向未来的,民族的科学的大众的社会主义文化。"[1] 如果说"文化自信"是中国发展的当下诉求,那么"文化自觉"便是以上诉求得以满足的必要性条件。这一必要性条件的具备,即意味着中国文化发展理性的显现,突出表现为对于中国自身文化传统价值的自觉意识的萌发。而作为对中国文化传统价值

---

[1] 习近平:《决胜全面建成小康社会夺取新时代中国特色社会主义伟大胜利——在中国共产党第十九次全国代表大会上的报告》(2017年10月18日),《中国共产党第十九次全国代表大会文件汇编》,第41页。

的自觉意识的核心性内容,便是笔者所主张的"启蒙"之第二种方式——"传统的启蒙"①。如果我们没有实现"传统的启蒙",那么由近代以降传统文化的断裂所带来的文化发展中的鸿沟便无法弥平。由此,在未来中国社会发展中,文化建构的巨大紧张感与疏离感便会如影随形般地存在,作为中国国家的软实力构建便失去了坚实的塔基,从而会影响到中国特色社会主义事业的"两个一百年"奋斗目标的实现,中华民族的伟大复兴将无所托付。由此可见,对于"传统的启蒙"的重要性的正确认知是彰显"文化自觉"意识的关键节点。同时,它也为"文化自信"的确立提供了极为重要的先决条件。从这个意义上看,"传统的启蒙"概念应该成为中国特色社会主义的"文化自信"理论的核心性言说。而从中国近现代思想史的角度来看,它是人们在"传统"与"现代"之间关系的价值认知百年历程中的重要理论成果。

　　总而言之,"传统"与"现代"构成了人类现代性社会文化价值秩序的两个核心性维度。而在古今中西的时空坐标中,对于"传统"与"现代"所构成的文化价值秩序及其当下转型的认知,是塑造新时代中国特色社会主义文化价值观的题中应有之义。

----

① 学界所惯称的"启蒙"概念来自西方,主要指称欧洲18世纪以降的"启蒙"运动中,对于人的理性、自由、民主等现代政治观念的启蒙,其中包括自我启蒙与启蒙他者。笔者认为,对于当下中国来说,"启蒙"应具有双重向度。除上述启蒙方式之外,还存在另一种方式的启蒙,亦即是对于传统认知的启蒙——"传统的启蒙"。具言之,"传统的启蒙"指涉的是,近代以降,受西方思想理论界的影响,仅接受西方启蒙所宣示的现代性价值,从而遮蔽甚或否弃中国自身传统中所蕴含的现代性价值维度,进而造成中国传统的文化断裂。从这一意义上讲,我们对于中国传统的认知是蒙昧的、断裂的,因之,需要启"传统"之蒙。由此,当下中国的"文化自觉"才有坚实的观念根基,"文化自信"的挺立才可值得期待。

二、重塑"平等"与"自由"关系认知中的社会政治价值秩序

众所周知,社会主义思想运动之所以具有强大的吸引力与感召力,主要在于其价值理想——平等。一如前述,现代社会主义思想的诞生是因应于工业革命之后资本主义生产方式极大地导致了是时欧洲社会政治秩序结构中不平等现象加剧的情形,其在欧洲社会生产、日常生活层面的表现即是社会贫富差距极化,进而致使资产阶级与无产阶级之间产生激烈的社会对抗。正如马克思所说:"我们的时代,资产阶级时代,却有一个特点:它使阶级独立简单化了,整个社会日益分裂为两大敌对的陈营,分裂为两大相互直接对立的阶级:资产阶级和无产阶级。"[①]在某种意义上,社会平等即为是时最崇高的公共正义。当这一社会价值被彻底颠覆之后,社会共同体内部秩序便会产生强烈的动荡。因此,重构平等价值的思想言说便具有巨大的理论吸引力,进而对于社会革命产生强大的思想动员力,如法国大革命所宣扬之"自由""平等""博爱"理念等。

对于人类社会之于"平等"理想的追寻的特质,著名政治思想家乔万尼·萨托利有着如下一段颇具洞见的言说:"平等首先突出表现为一种抗议性理想。实际上是和自由同样杰出的抗议性理想。平等体现并刺激着人对宿命和命运,对偶然的差异、具体的特权和不公正的权力的反抗。我们还会看到,平等也是我们所有理想中最不知足的一个理想。其他种种努力都有可能达到一个饱和点,但是追求平等的历程几乎没有终点。"[②]就中国古代历史的新陈

---

① 〔德〕马克思、〔德〕恩格斯:《共产党宣言》,《马克思恩格斯文集》(2),第32页。

② 〔美〕乔万尼·萨托利:《民主新论》,冯克利等译,上海人民出版社,2009年,第370—371页。

代谢而言,历次农民起义、更迭朝代无一不是以实现"平等"理想为社会鼎革的直接动力。而在现代资本主义的世界里,"平等"亦因其极为稀缺而成为人们对现实社会进行剧烈抗争的有力武器,进而将之作为社会主义理想的核心价值追求之一。作为现代社会主义思潮主流派别的马克思主义,无疑也以追求"平等"价值为思想鹄的。

　　20世纪初以降,马克思主义的革命实践在苏联、中国等国家相继取得成功。从理论上来说,马克思主义者作为解构旧社会结构与建构新社会秩序者,虽面临着从革命者到执政者的身份转变,但其所秉持的实现社会平等公正的原初社会政治理想应是一以贯之的。然而,任何一种美好政治思想在人类社会文明秩序建构的进程中,都难免地在理论与实践之间出现张力。对于"平等"理想的社会实践而言,其路径尤为复杂难寻。正如萨托利所说:"论述平等问题的作者们在发布陈情书抨击不平等的罪恶时,都是辩才滔滔,令人倾倒的。但是他们在处理如何实现平等的理想这一问题时,其论据却日渐空洞和缺乏说服力。作为表示抗议的理想,平等是有感召力的,也是容易理解的;作为提出建议的理想,以及作为一种建设性理想,我认为没有什么能像平等那样错综复杂了。"①此言确然。"平等"的价值理想对于解构旧社会秩序的革命力量来说,既有巨大感召力,也相对简单;但它对于建构并维持一种新的社会秩序的政治理想,因其复杂性而充满着实践张力。

　　社会主义思想理论非常丰富,但社会主义平等理想的落实,却没有可资套用的固定模式,需要不断地在具体社会实践中探索——摸着石头过河。关于这一点,马克思、恩格斯在1872年《共

①〔美〕乔万尼·萨托利:《民主新论》,第371页。

产党宣言》德文版序言中早已有明示："这些原理的实际运用,正如《宣言》中所说的,随时随地都要以当时的历史条件为转移。"①因之,对于中国共产党来说,在马克思主义思想的几十年中国化进程中,"平等"不仅在革命时期是一个获致社会动员能量的至为重要的命题,在政权建设时期更是一个极富挑战性的实践向度。社会主义运动,在某种意义上,是与人们对于"平等"以及如何实现"平等"理想的认知紧密相连的。中国的社会主义运动曾一定程度上纠结于"姓资"与"姓社"的论争、"走资"与"走社"的博弈,这亦凸显了中国在实践"平等"价值理想过程中的复杂性。改革开放以来,中国共产党对于社会主义本质问题做出如下界定:解放生产力、发展生产力,消灭剥削、消除两极分化,最终达到共同富裕。这是它在社会主义实践中不断探索出来的,通过"先富"逐渐达致"共富",以实现"平等"社会理想的务实路径。在某种意义上,它是对在以往政府全然控制下的形式结构相同性意义上的"平等"认知的一种纠谬。因为在高度计划经济社会体制下的"平等",是以牺牲"自由"为其代价的,而社会"自由"向度的缺失终将意味着其达致"平等"价值理想状态的可行性社会根基的失却,与马克思所憧憬的"自由人联合体"的理想社会发展路向相背驰。因此,新时代中国特色社会主义核心价值观之社会价值层面中的"自由"与"平等""公正"等理念之间应是和谐共生的。

从公共性角度来看,社会主义理想比资本主义具有更大的吸引力与感召力的原因,在于其对于公共性的彰显力度,亦即对"平等"价值理想的执着追求之上。换言之,从理论上讲,越充分体现"平等"质性的社会政治体制,就越能够使其体制"公共性"的维

①《马克思恩格斯文集》(2),第5页。

度得到更大程度的彰显,正当性或正义性也就越强。古人云:"治天下也,必先公,公则天下平矣。"①治者之"公"即是"公正",也就是社会政治公共性的彰显,而社会政治的公共正义所蕴含的基本价值即是"平等"。惟其如此,天下方能安宁和谐。

但一如前述,"平等"的社会理想在实践中,是一个非常复杂的问题。萨托利认为,对于"平等"的界定主要基于两种认知:第一,相同性;第二,公正。二者虽然有着密切关联,但也存在差殊。如前者强调一种物质性或经济平等意义上的相同性,而后者则侧重强调一种伦理原则——正义。在实践"平等"价值过程中,第一种"平等"的界定往往会导致"平等"与"自由"的价值对立。对于"平等"的追求往往导致"自由"伦理的缺失。"从结构上说,平等的概念至今仍然具有两面性。只要看一看平等如何与自由发生关系就完全可以证明这一点,因为平等既可以成为自由的最佳补充,也可以成为它最凶恶的敌人。平等与自由的关系是一种爱恨交加的关系,这取决于我们所要求的是与差异相适应的平等,还是在每一项差异中找出不平等来的平等。平等越是等于相同,被如此理解的平等就越能煽动起对多样化、自主精神、杰出人物、归根结底也就是对自由的厌恶。"②由此可见,在社会主义实践中,以漠视"自由"来追求"平等",恰能得之"平等"理想之相同性一面,而或许会因之丧失维护"平等"理想之"公正"内蕴。换言之,我们过于注重"平等"的相同性结果,而对于平等的其他维度如平等的起点、机会以及平等化环境等,便可造成不公正的平等状态。从这一意义上看,中国特色社会主义的理论建构之主要旨趣,即在于力图

---

① 许维遹:《吕氏春秋集释》,第 24 页。
② 〔美〕乔万尼·萨托利:《民主新论》,第 371 页。

从片面追求相同性之平等到追求公正之平等的转变,亦即我们耳熟能详的"公平与效率兼顾"。只有如此,才能真正夯实社会主义公共性之基础。

如所周知,在改革开放四十余年的中国特色社会主义途程中,我们逐步校正了对于社会主义本质的原初认知,更多地关切社会公正意义上的"平等"价值理想。有目共睹的是,伴随着公正的平等成就取得的同时,人民享有"自由"度也随之增加,并将"自由"与"平等"作为社会主义核心价值观的重要内容,它们亦因之构成了"公正"的社会伦理题中应有之义。而即使在社会主义实践过程中,出现了诸如一定程度的贫富分化、发展不均衡等社会矛盾,但在基于社会主义的"公平正义"伦理原则下,通过不断地深化社会政治制度改革,朝着国家治理体系与治理能力现代化目标迈进,中国特色社会主义的公共性维度将得到更为大力的彰显,而其制度优越性亦会随之而得以充分显现。正如习近平总书记对于新时代共享发展理念所作的阐述:"让广大人民群众共享改革发展成果,是社会主义本质要求,是社会主义制度优越性的集中体现。"①从一定意义上讲,共享改革开放成果,不仅是中国特色社会主义的社会政治公共性得以彰显的体现,同时,也是人民的"平等"与"自由"价值得以落实的客观表征。

总之,"平等"和"自由"成为现代人类社会政治价值秩序中的核心要义。而在新时代中国特色社会主义中,达致"平等"价值和"自由"价值的和谐双重呈现,则是其社会政治价值秩序转型的主要目标。

---

① 习近平:《习近平谈治国理政》第二卷,外文出版社,2017年,第200页。

三、重塑基于世界与中国的空间场域认知的发展方法论价值视界 ①

就人类社会政治秩序而言,对之进行特殊性抑或普遍性的思考,一般是在不同的族群、民族国家乃至文明之间发生碰撞与冲突之后。而在彼此努力寻找共识与融合时,普遍主义意绪无疑会占据优势。然而,当明显异质的双方在互动过程中,一方试图抵拒另一方的政治文化同化时,其特殊性的意绪又表现得异常强烈。而特殊性的政治秩序认同问题,往往会在不同的空间地域上凸显出来,因为不同空间地域所孕育的政治文化传统必然各异。从这一意义上说,在东西方文明交汇时,对于特殊性与普遍性之争的讨论,是颇为重要且无法回避的问题。实际上,从不同文明比较的视角看,无论是基督教文明,还是儒教文明,其文化的品性都是带有普遍性特质的。

然而,如何从世界近现代思想史的角度,发现并理解新时代中国特色社会主义的文化特质呢? 它属于特殊性的,还是普遍性的,抑或特殊性与普遍性兼容的呢? 前文已分析,在某种情况下,对于特殊性的强调,实际上是对于普遍性抑或伪普遍性的拒斥②。诚然,这一特殊性的倾向有其合理性与正当性,但是在全球化进程不断加剧的当代处境中,倘若秉持特殊性的偏好成为一种习惯抑或固执心理,是否会对于未来世界社会政治秩序的和谐构建造成巨大的挑战呢? 这是当前国际社会所可能面临的颇具探讨价值的政治

---

① 本节所谓之"发展方法论价值视界",即是从中西社会发展思想史的角度,提出在全球化时代,人类社会发展的三种方法论价值视界:特殊性的、普遍性的、特殊性与普遍性辩证统一的。

② 此处所谓"伪普遍主义"指的是,某些西方国家打着追求普世价值的旗帜来损害、掠夺与侵占别的民族国家利益的国际政治手腕。

哲学问题。

　　从历史的角度来看,以儒家文明为主导的传统中国,是崇尚特殊性的,还是普遍性的呢? 如前所述,"天下"是中国传统的政治文明秩序观念,虽然其"能指"今之所谓中国及周边国家,但其"所指"则是普天之下,即地理空间意义上最为辽阔的地域。就其"所指"来看,"天下"观念所蕴含的意义特质是普遍性的,而其"能指"则体现的是特殊性。也正因为如此,近年来,不少学者强烈批评"天下主义"言说。在他们看来,古人所谓之"天下",并非指涉现代之"世界"范围,而是就今天之"中国"而言。因此,他们认为,重塑中国传统之"天下主义",是拾传统中华帝国之余唾的行为,是重建中国作为中华帝国的当代形态。不过,在笔者看来,这一观点的谬误即在于将"天下"概念的"能指"与"所指"的涵义混淆了,以特殊性的理由来否弃该概念所蕴含的普遍性面相。

　　中国"天下"文明的视野具有明显的普遍性色彩,因此,"天下"概念才能在人类对于空间地域的不断扩展中得到丰富的理论重构。同样,儒家学说的普遍性特质亦甚为明显。其核心性概念如"礼"与"仁",无一不是在"天下"范围中呈示其普遍有效性。儒家政治文明的论说视野通贯于整个人类。在儒家看来,"人"的概念是作为一种类的存在规定而获得其论说资格的。儒家的"天人"观念便是在这个基础上展开讨论,无血统与肤色之异,亦无民族与国家之别。而这一儒家特质的呈现又与其本体论言说思维有密切关联。如宋明理学中所常见的"天地万物为一体之仁""民胞物与"等等。儒家对于"礼"的论说中,也有特殊性的强调,存在具体情境或特殊角色的明确指涉。由于"礼"代表着一种社会政治秩序,其秩序的构建须在"求异"中得以成立。而"异"即意味着特殊性、差异性。因此,"礼"作为社会角色与等级秩序的论说,彰显了其特殊性面相,但必须予以注意的是,它更多的是在具体方法论意义上来谈特殊主义对于"礼治"文明的作用。而就"礼"作为建构人类社会政治文明的整体有效性来说,则无可否认地有着追求普遍性的论说面相。职是之故,儒家的政治观念才能具有由地域性的知识走向世界性的知识——从中国走向东亚、走向世界的理论自洽性。从这个意义上说,礼治是传统中国社会的主流治理模式。中国传统社会的治理目标带有明显的普遍性特质。

　　不过,诚如费孝通先生所说:"礼治的可能必须以传统可以有效的应付生活问题为前提。"① 当传统中国社会的礼治秩序遭遇了西方近代社会文化的冲击,由于它在经济、军事、政治等方面无法从容应对西方列强的来袭,而导致其现实有效性逐渐被消解。因之,礼治秩序的正当性与合法性被解构了,而其原初所彰显的"礼治天下"的普遍主义性格便因受到摧毁性的打击而被隐匿起来。不仅如此,在从"天下"到"万国"的历史剧变时代,"礼治"中作为在中华大地上存在了数千年之久的特殊性的传统面相,也为西方带有普遍性色彩的现代性所碾压,渐次退出历史舞台。

　　由此看来,中西文化在近代的碰撞与对垒,实际上不是特殊主义与普遍主义之争,而是特殊主义与特殊主义之争,抑或普遍主义与普遍主义之争。具言之,人类各族群的文化皆具有两面性:一方面,它们都是在某一特定空间场域中生发、成长的,故而具有特殊性的现实特质;另一方面,它们由于其所发挥功能的运行机制的需要,势必使其不仅在文化内部寻求成员认同,而且在文化与文化之间抑或文明与文明之间,需要谋求更大的共同体认同,故而具有追求普遍主义冲动的理想性特质。从这一意义上说,某种人类共同

---

① 费孝通:《乡土中国》,北京大学出版社,1988年,第52页。

体所彰显的文化或文明的特质中,特殊性与普遍性往往表征于其发展过程中的不同时段,抑或同一时段中的不同文化向度。譬如,西方基督教文明,从发生学角度看,无疑具有特殊性面相,但在它的自我文化认同中,却带有普遍性取向,而该取向成为其向全世界不断传播与扩散的内在驱动力。这与自18世纪工业革命以来,近代西方社会资本与经济全球化的不断向外扩张趋势颇为一致,进而互相引为同调。但当它于明末传播入中华大地时,因其本身所具有的特殊主义质性而遭遇强大的抵抗力。由此而观,文化或文明的生发与成长的历程,是特殊主义与普遍主义之间互相博弈的过程。任何宣称某种文化或文明秉持单一的特殊主义抑或普遍主义的言说,皆不足为信。

从现代社会主义发展思想史来看,社会主义思想自欧洲工业革命以后,对由于资本主义生产方式所带来的社会极不平等现象进行了强烈的批判。而其国际主义精神特质,亦随同现代资本主义势力跨越国界的扩张性而得以彰显。在某种意义上,以"工人无祖国"为号召的无产阶级国际主义精神展现在空间场域认知上,便是一种普遍主义。马克思主义作为社会主义思想阵营中的主要派别,无疑亦具有这一普遍主义的特质。马克思曾说:"哲学家们只是用不同的方式解释世界,而问题在于改变世界。"① 因之,在马克思的思想旨趣的强烈实践导向指引下,社会主义思想中的普遍主义特质得以向其生发地以外的空间场域大力彰显。譬如,20世纪初期,马列主义在苏联实践中取得成功,进而对于世界包括备受西方列强侵凌的中国,产生了极大的影响力。正如毛泽东所

---

① 〔德〕卡尔·马克思:《关于费尔巴哈的提纲》,中共中央编译局编译:《马克思恩格斯全集》第3卷,中共中央编译局出版社,1960年,第6页。

说："十月革命一声炮响,给我们送来了马克思列宁主义。"① 社会主义给人类社会实践的成功以思想的明确指引,而社会实践亦给社会主义思想的展开以普遍性的坚定信心。马克思主义对于人类社会演进历史规律的"五个阶段"论的描叙,便是一种基于普遍性的进步论言说。它并不受现代民族国家之此疆彼界的空间场域认知思维的局囿。而西方自由主义言说的立论基点亦无例外。它们在言说人类社会政治文明秩序问题上,皆共享一种普遍主义的认知模式。所不同的是,它们对于何者为现代普遍性价值下的唯一真理性的问题有着迥异的立场,并为此展开了长期的激烈争论与博弈。

在迈出中世纪后的西方社会里,自由主义与社会主义思想作为最具影响力与代表性的现代性思想身份的出场,皆与资本主义的独特存在方式——永无止境地向外扩张性,对于人类现代生活处境的影响有着密不可分的关联。撰诸世界近现代发展史,上述思想的影响早已超出了限囿于特定疆界范围的民族国家观念的西方,而致力于将其对于人类历史指引的有效性扩及非西方世界。从这种意义上说,非普遍主义特质的思想流派是难以具有令人信服的理论建构力与思想感召力的。

综上言之,无论是中国传统中的儒家社会政治思想,还是来自西方的社会主义思想,抑或自由主义思想,它们虽然生发并成长于各自不同的空间场域,但无一不是以人类整体生活秩序的思考为其归趣的。明乎此,我们需要继续讨论的是,"中国特色社会主义",从字面上理解,无疑蕴含着明显的特殊性品格,然而,这即是"中国特色社会主义"所具有的唯一性文化特质吗?它是应该拒斥

---

① 毛泽东:《论人民民主专政》,《毛泽东选集》第四卷,第 1471 页。

普遍性的特质,抑或是主张特殊性与普遍性的辩证统一呢?

一如前述,社会主义思想具有普遍性特质,是就其价值目标而言:人类不分阶层、族群、国家,应该一律实现平等。但是,当它需要作为人类社会政治秩序的制度性安排设计,在具体的空间场域中落实时,则涉及对于旧社会秩序的解构与新社会秩序的建构,这是属于发展方法论的问题。在此层面上,任何致力于改造世界的思想学说,必定因应具体的空间场域的殊异性,而展现其特殊性的面相。譬如,马克思主义作为一种用来实现人类社会生活的平等价值理想的思想学说,在苏联与中国实践的具体路径是不同的,尽管它们的价值目标一致。这也是中国共产党早期提出"马克思主义中国化"思想的内在理由,亦是近代中国革命致力于解构旧的社会政治秩序,并取得革命成功的非常重要的方法论逻辑。1949年之后,我们面临着如何实践社会主义理想,亦即寻求社会主义建设的可行性进路的问题。譬如,通过"三大改造",最后完成从新民主主义向社会主义的过渡等方式,即是现代中国实践社会主义思想之特殊性面相的历史性显现。改革开放以后,中国坚持以市场经济发展与共产党的领导协同共进,构建富于中国特色的社会主义之路。经过四十余年的改革实践,中国得以重新崛起,成为世界第二大经济体。这预示着社会主义运动之中国方案的成功,再次彰显社会主义所具有的特殊性面相的合理性。基于社会主义思想实践中的特殊性发展维度,习近平总书记在新时代提出了中国特色社会主义道路自信、理论自信、制度自信和文化自信的"四个自信"理论。

然而,随着全球化进程的不断加深,基于现代民族国家理念及制度安排而奠定的世界社会政治秩序问题日益增多,各国之间的冲突不断加剧,对于建构一个共享性的和谐的国际政治秩序产生了巨大的挑战。近年来中国随着经济的崛起,参与国际事务的不断深入,顺势提出了"人类命运共同体"的理念,为全球治理提供中国方案,贡献中国智慧。这一理念必将愈来愈多地成为国际社会的价值共识。

作为特殊性面相的社会主义实践的当代中国,给世界印象颇为深刻,但它何以能够践行"人类命运共同体"理念呢? 笔者认为,这归因于新时代所赋予中国特色社会主义理论的崇高使命——建构人类命运共同体哲学。新时代中国特色社会主义理论的建构,不仅要坚持彰显中国自身优势的道路、理论、制度与文化自信的特殊性建构,还应该致力于不区分民族和国家的,共谋人类整体性福祉的命运共同体的"普遍性"理论维度的建构。进言之,人类命运共同体理念的诞生,即是当代社会主义思想中的"普遍性"理论维度建构的开启。

值得注意的是,对于"普遍性"(普遍主义)与"特殊性"(特殊主义)的强调也不能过于极端化。正如论者所指出的,"极端化的普遍主义与极端化的特殊主义用于说明文化及其全球化问题时,势必将各种分歧引导到深层的基本信念层次,以至成为不可调和的两极对立"[1]。由此而观,如果"人类命运共同体"思想是新时代中国特色社会主义理论的重要维度的话,那么新时代中国特色社会主义理论则应该兼有"特殊性"与"普遍性"的双重维度,而且二者是一种辩证统一的关系。这也是新时代中国特色社会主义理论所应具有的"理论自信"的彰显。一言以蔽之,新时代的社会主义思想运动在中国,应该体现为一个不失于自身特色的理论自信下

---

[1] 李德顺:《价值论:一种主体性的研究》,中国人民大学出版社,2020年,第322页。

的开放包容性的思想体系。

总之,不同的价值视界,决定了其社会共同体特质塑造的不同方向。而笔者倾向认为,特殊性与普遍性的辩证统一应是新时代中国特色社会主义发展方法论的价值选择方向。

综上所述,新时代中国特色社会主义价值秩序的转型与重构,应落实在其文化价值秩序、社会政治价值秩序,以及发展方法论价值视界等三重思想进路之上。其彰显了马克思主义的与时俱进的精神品质,凸显了理性发展思维,为继续推进马克思主义中国化、时代化、大众化,发展21世纪马克思主义奠定基石。同时,也为未来中华民族伟大复兴的中国梦的实现提供重要的思想支撑。

第二节　社会主义核心价值观
普遍性维度的新时代形塑

作为中国特色社会主义主要价值维度的社会主义核心价值观,是我国主流意识形态的核心内容。它是马克思主义中国化的新型理论成果。这一理论的意旨在于强调:走符合中国国情的社会主义发展道路。实际上,这主要是就中国内部的发展路径与制度模式的探索而言,并未直接涉及国际政治互动秩序问题。但在当下经济全球化进一步加深,民族主义浪潮再次崛兴的情势下,传统国际政治秩序遭受挑战,国际外交观念逻辑需要重构。而中国作为全球化进程最为重要的参与者之一,亦必须有效回应国际局势的挑战。故此,近年来中国在理论上一直倡导"人类命运共同体"理念;在实践中,大力推动"一带一路"国际战略,构建"共商""共建""共享"的"人类命运共同体"。正如习近平总书记在庆祝建党一百周年大会上所强调指出的:"推动构建人类命运共同体,推动共建'一带一路'高质量发展,以中国的新发展为世界提供新机遇。中国共产党将继续同一切爱好和平的国家和人民一道,弘扬和平、发展、公平、正义、民主、自由的全人类共同价值。"① 从这一意义上说,"人类命运共同体"理念是对于"全人类共同价值"的建构,是新时代中国特色社会主义理论体系的重要组成部分。

众所周知,马克思主义为中国特色社会主义理论建构与实践行动的指导思想。而"马克思主义"思想原初所秉持的即是一种国际主义或世界主义精神。从这一层面上看,它无疑蕴含着一种普遍性的特质。但历史证明,马克思主义思想实践效用的发生,必须有其"在地化"的特质。换言之,马克思主义的生命力是在本土化过程中呈示的。由此,以"马克思主义中国化"为时代命题的社会运动便获致了无可辩驳的历史合理性。它的科学内涵即是将马克思主义普遍真理同中国的具体实际加以结合。由此可见,中国特色社会主义作为马克思主义中国化的产物,亦必然具有"普遍性"与"特殊性"的双重维度,二者是辩证统一的关系。

它们的存在不仅呈示了马克思主义辩证法本身的理论自洽性,亦彰显了其致力于"改造世界"的现实效用性。习近平总书记曾强调,我们"既向内看、深入研究关系国计民生的重大课题,又向外看、积极探索关系人类前途命运的重大问题"②。"向内看"即侧重强调社会主义实践的特殊性面相;而"向外看"更多的是强调社会主义实践的普遍性面相。近年来,在中国特色社会主义思想体

① 习近平:《在庆祝中国共产党成立100周年大会上的讲话》(2021年7月1日),第16页。
② 习近平:《在哲学社会科学工作座谈会上的讲话》(2016年5月17日),人民出版社,2016年,第16页。

系的不断形塑过程中,"特殊性"维度得以大力彰扬,而"普遍性"维度的自觉意识却尚未受到足够的重视,给这一论说本身的形塑空间带来了一些不可忽视的理论阻碍。如前所述,"人类命运共同体"思想成为中国特色社会主义理论体系中的重要组成部分。由此,它亦赋予了新时代中国特色社会主义之新内涵。然而,其何以能够在中国特色社会主义思想体系中,找到得以自洽的理论位置呢?事实上,仅凭"特殊性"维度的思想形塑,或许难以给予其合理的整全性的理论定位。这就必须开掘中国特色社会主义理论本身在"普遍性"维度上进行形塑的学术空间,亦即对于社会主义核心价值观的"普遍性"维度进行结构形塑与精神气质涵养。有鉴于此,本节主要基于"人类命运共同体"建构的视角,重新审视社会主义核心价值观所应形塑与涵养的普遍性维度及其所具有的追寻"全人类共同价值"的世界性意义。

一、彰显全人类共同价值的"人类命运共同体"理念之思想史溯论

在构建"人类命运共同体"理念,进而重新审视中国特色社会主义价值观的"普遍性"维度时,我们有必要对现代社会主义思想发展史作一粗略的回溯。通过这一宏观性的历史回溯,我们可以窥见到开放性的文化心态对于具有普遍质性的现代社会政治思想建构视野的打开是十分有益的。

在人类现代社会急速变迁的情势下,任何社会政治思想的探寻与理论的构建都会被打上明显的地域经验色彩,并昭示着其所拥有理性的有限性。换言之,人类历史的实践已然不鲜见地发出了对人们关于企图把握绝对真理的雄心壮志的警示。这并不代表它是一种悲观、消极的论调,反而是凸显了我们所应抱持的一种

谦卑、开放与包容的积极文化心态①。在当下全球化进程不断加深的独特历史境遇中，这种文化心态显得尤为重要。它为当下真正构建"人类命运共同体"的普遍性视角提供有利条件。而涉乎社会主义的理想建构，则应当具有突破西方长期以来因民族国家的建构所致的政治狭隘性的普遍性视角。

摅诸世界现代社会发展的历史，"社会主义"一词，是人类社会从传统走向现代以及现代社会转型过程中所出现的重要政治概念。从一定意义上，它代表着人类对于"平等""自由""民主""权利"等现代政治价值的美好追求。其与西方现代主流政治意识形态——自由主义构成人类现代政治思想史上的"双峰对峙"之势。实际上，二者是人类自走出中世纪以来，对于社会政治现代性构建的两种主要方案。但是，在理论的建构与实践的过程中，它们却因应于近代以降西方的进化论思维与敌对意识而互相隔阂与攻伐。其最为显著的表征即是"二战"结束之后资本主义与社会主义两大阵营长时期处于冷战对立态势。20世纪90年代，美国政

---

① 早在20世纪中期，西方学者就对于试图从历史演进的历程中总结可以控驭人类未来发展的法则的所谓绝对真理式的"历史主义"观念进行了批判。如英国的卡尔·波普尔说道："人们普遍相信，对待政治学真正科学的或哲学的态度，和对一般意义上的社会生活更深刻的理解，必定建立在对历史的沉思和阐释的基础之上。……据说社会科学家和哲学家都必须从一个更高层面上眺望这些事情。在他们看来，个体的人是一个工具，是人类总体发展过程中一个微不足道的工具而已。他还发现，历史舞台上真正重要的演员要么是伟大的国家或伟大的领袖，要么就可能是伟大的阶级或伟大的观念。无论如何，他想试图理解历史舞台上演的这幕戏剧的意义；他想试图理解历史发展的法则。如果他在这方面获得了成功，他当然就能预测未来的发展了。……历史主义中心学说，即历史受控于明确的历史或演化法则，这些法则将使我们能够对人的命运进行预言。"（〔英〕卡尔·波普尔：《开放社会及其敌人》第一卷，陆衡等译，中国社会科学出版社，1999年，第25—26页）

治学者福山提出了影响力极大的"历史终结"论。在他看来,以资本主义的"自由民主"为标示的政治制度是为实践所证明的人类社会政治的最高理想状态。实际上,他这一论说无疑亦是上述政治意识形态敌对思维、斗争意识的延续,属于"后冷战时代"的典型思维①,在一定程度上显得草率而肤浅。时至21世纪,福山不得不逐渐修正其早先关于"历史终结"说的自负判断。

不过,值得注意的是,西方自由主义内部的思想论辩与理论建构却是多元的。在某种意义上,其理论重构的触角已然伸出了自身政治意识形态传统所本有的范围,而向社会主义的理论领域开放,甚至在一定程度上开始正视社会主义思想资源的理论合当性。譬如,20世纪70年代罗尔斯的《正义论》所倡之"公平的正义"说,从政治哲学、政治伦理的角度,在原初状态中,确立达致"平等"价值目标的原则。当然,罗尔斯这一论著的出现,亦是契合于时代精神需要的。因为实际上,"20世纪70年代初期,正好也是西方社会开始检讨冷战局面,批判既有学术格局与社会文化体制的高潮。闸门一旦打开,老旧意识形态的僵持逐渐松动,各种社会议题逐渐暴露,弱势群体开始发出声音,西方社会——尤其是美国——一反先前弥漫的同质化与自满姿态,进入了一个以质疑、对抗、解放为主调的多元时代"②。更有论者宣称,现在世界上已经没有马克思原初所批判的资本主义了,因为它们皆变成了社会主义市场经

① 本节所谓"后冷战时代",主要就20世纪90年代以降,政治意识形态观念的变迁对于国际政治关系格局的影响而言。毫无讳言,这一影响于今仍在,尽管其力度已然无法与冷战时代相提并论。
② 钱永祥:《为政治寻找理性:威尔·金里卡〈当代政治哲学推荐序〉》,转引自〔加〕威尔·金里卡:《当代政治哲学》,刘莘译,上海译文出版社,2011年,第3页。

济①。这一论说虽看似有点夸张，但却指示了一点，即在日益全球化的时代变迁中，所谓资本主义与社会主义的敌对状态在一定程度上得以缓解，进而在开放中彼此互习互鉴。实际上，马克思在晚年时期，通过对股份制的研究，亦预见到资本主义向社会主义方向进行自我纠错的可能性：股份制"是在资本主义体系本身的基础上对资本主义的私人产业的扬弃，它越是扩大，越是侵入新的生产部门，它就越会消灭私人产业"②。

接下来，让我们简要体察一下中国七十余年来的社会主义理论探索及其实践演变的历程。改革开放之前的中国社会主义理论及实践，莫不遵循马克思主义传统的阶级斗争逻辑，在社会发展的单线一元进化论中，占领道德制高点，并据此慨然宣称：资本主义必将灭亡，社会主义必将取而代之。现在看来，以往教条主义的马克思主义者在彰显其理论甚或制度自信的同时，也无可讳言地存在着一些可值商榷之处。譬如，对于"自由""平等""民主"概念的理解，对于个人与群体利益，公民与国家利益之间分际的认知，以及社会主义理想在历史实践中何以落实问题，等等，都值得我们深入反思。而在中国改革开放之后，社会主义的理论与制度实践才逐渐从原初的阵营"敌意"思维中一步步走出来，国门得以开放。由此，建设中国特色社会主义的步伐才算真正开启③。不过，此

---

① 此一论点由清华大学秦晖教授提出，参见秦晖：《人类社会正面临重要关口》，《共识网·思想评论》转载于《凤凰评论》2015年6月24日。

② 〔德〕马克思、〔德〕恩格斯：《信用在资本主义生产中的作用》，《马克思恩格斯全集》第25卷，第496页。

③ 1984年6月30日，邓小平在会见第二次中日民间人士会议日方委员会代表团时的谈话中说："现在的世界是开放的世界。中国在西方国家产业革命以后变得落后了，一个重要原因就是闭关自守，建国以后，人家封锁我们，在某种程度上我们也还是闭关自守，这给我们带来了一些困难。（转下页）

一开放,决非仅仅限于经济技术、贸易规则层面上,更为重要的是在政治观念领域,甚至是全方位的开放。1990年前后,国际政治风云变幻,苏联解体、东欧剧变等事件的频发,促使刚改革开放十来年的中国,将改革的重心工作主要聚焦于经济领域。其一定程度上虽然与中国在20世纪80年代所提出的国家改革亟需在经济、政治领域的双重推动中阔步前进的原初预判有些距离,但也显示了中国在历史变动中不断调适发展战略的政策灵活性①。众所周知,近十年来中国的经济奇迹突显,成为全球第二大经济体,其成就为世界所瞩目。与此同时,中国共产党将社会主义核心价值观的塑造作为其意识形态工作的中心任务。因为在某种意义上,后者为前者提供理论的合法性证成,并彰显了中国社会主义制度实践中独特的价值理性。

"中国特色社会主义"概念的提出,主要表明如下两个理论态度:第一,告别中国共产党执政之后近三十年因敌对思维的"意识形态"至上抑或唯意识形态论而呈现的封闭状态,并另辟路径,以重建现代化国家为目标;第二,虽以开放性的姿态,与西方发达的资本主义国家展开各方面的互动对话,但并不意味着全盘照搬其政治模式,而是必须坚持中国社会主义的独特发展方向。前者主要指谓中国执政党下定决心,摒弃以往"极左"的思维,以及政治

(接上页)三十几年的经验教训告诉我们,关起门来搞建设是不行的,发展不起来。……如果说构想,这就是我们的构想。我们还要积累新经验,还会遇到新问题,然后提出新办法。总的来说,这条道路叫做建设有中国特色的社会主义的道路。"(邓小平:《邓小平文选》第三卷,人民出版社,1993年,第64—65页)而毛泽东时代的中国社会主义实践主要被视为对于如何走中国自己的社会主义道路的一种初步探索。

① 具体论说参见邓小平:《关于政治体制改革问题(1986年9—11月)》,《邓小平文选》第三卷,第176—180页。

意识形态中的截然对立意识,以开放的心胸融入世界发展的主潮;而后者情况则远为复杂。因为其既要摒弃马克思主义中教条主义的社会主义实践进路,又要在与资本主义国家对话过程中,保持其自性,坚守中国特色社会主义方向。但问题在于,基于这一方向的具体社会政治模式为何,仍是一个在不断加以探索的问题,此即是邓小平所说的"摸着石头过河"的状态。

在这一探索过程中,基于中国特定国情经验所总结出来的发展理论模式,必定带有其特殊性面相。但是,一如前言,"马克思主义中国化"概念蕴含着特殊性与普遍性的双重维度。而这一理论架构中的具体内容虽然会因应不同时空而发展变化,但是其本身所具有的形式逻辑始终是有效的。换言之,马克思主义中国化的发展虽然会因应现实情势的变化而呈示出与时俱进的具体内容,但是其主要观照面则无外乎"国内"(以寻求合符自身国情的特殊性发展道路为主)与"国际"(以搭建共商共建共享的普遍性价值共识为基)的双面向。因此,我们在坚持"四个自信"的中国特色发展道路的同时,亦要在全球化进程不断加速的当下,放眼世界,开放包容,致力于契合"人类命运共同体"理念的普遍性维度的构建。总之,作为中国特色社会主义理论体系中的主要价值维度的社会主义核心价值观,不仅要彰显其特殊性的面相,也应形塑其普遍性的品格,以顺时变。

二、社会主义核心价值观形塑与涵养中的认知辨析

如所周知,中国共产党十七大、十八大相继提出,并明确表述"社会主义核心价值体系""社会主义核心价值观"等概念及其内涵。何以如此? 除了秉持中国共产党一贯重视意识形态的政治传统之外,主要是因应改革开放以来如下情形的变迁:(1)国内思想

文化领域趋于价值多元化,社会主义价值观念在一定程度上被模糊、冲淡,因之必须重塑一种代表中国特色社会主义的主流价值体系与价值观念;(2)随着中国经济社会的发展,人们的价值观逐渐趋于扭曲,物欲化现象严重,精神信仰失落。这对于中国国家的软实力产生了巨大的挑战,故此,应该重构当下中国社会主义核心价值观来矫正之。

作为执政党的中国共产党致力于上述的努力是有必要的,但在形塑与涵养新时代社会主义核心价值观的同时,应该规避抑或清理人们以往一些认知或观念上的误区。

首先,应保持开放性的心态,而不能受以往极左思潮的影响,致使"社会主义"成为独立封闭的政治价值体系而自我设限。实际上,如前所言,这一点已为中国改革开放的成功经验所证实。因为只有开放性观念,才能超越当下中国社会主义的自我境况与西方的现代主流政治,进而才有实现引领人类现代政治文明目标的可能性。

其次,对于"中国特色社会主义"与"社会主义核心价值观"等概念的狭隘化理解应该予以纠正。20世纪90年代提出的"中国特色社会主义"概念,其意旨有二:一是面对中国改革开放十年的国内思想多元变动,以及东欧剧变的复杂情形,该概念的提出,旨在向世人宣示未来的中国决心探索出一条有别于苏联高度集中计划经济的僵化发展模式的道路;二是预示着中国的政治制度与道路决不照搬西方发达国家的发展模式。以上两点在2012年胡锦涛所作的十八大报告关于"既不走封闭僵化的老路,也不走改旗易帜的邪路"的表述中,体现得非常明显[1]。但这并不意味着"特殊

① 胡锦涛:《坚定不移沿着中国特色社会主义道路前进,为全面建成小康社会而奋斗——在中国共产党第十八次全国代表大会上的报告》(2012年11月8日),人民出版社,2012年,第12页。

性"是中国特色社会主义的唯一价值向度。在当前全球化进程中,没有国家可完全跳脱这一时代处境,关起门来求发展。因之,国际交流与合作仍旧是未来世界政治秩序中的常态行为。而不同民族国家、文明之间交流互鉴则需要一定的普遍性价值共识作为彼此信任与认同的文化基底。由此可见,"普遍性"也应成为中国特色社会主义的重要价值向度。事实上,"中国特色社会主义"中的"特殊性"与普遍性是辩证统一的,不应片面地强调中国社会发展的"特殊性",而应将其"特殊性"与"普遍性"加以平衡。"中国特色"强调其特殊性面相,而"社会主义"理想所着眼的是,作为整体性的人类社会的公平正义目标的实现。由此看出,其自始就是一种包含"普遍性"的表达,与"特殊性"是可以互相融通的。譬如,新时代中国特色社会主义理论中的"人类命运共同体"思想即有彰显其普遍性的性格的一面。

同样,我们对于"社会主义核心价值观"概念的理解亦有需注意之处。近年来,中国共产党提出这一概念主要是基于如下考量:在多元思想价值大潮中确立一种主流的社会政治价值秩序,以凝聚进一步深化改革开放的各种力量。但是,必须予以注意的是,"社会主义核心价值观"的形塑与构建,决不意味着要消解现代社会政治中的多元价值形态的存在,而是要在"主流"与"非主流"价值观念之间形成一种良性的互动对话,这是任何葆有所谓主流价值观念的生命力的关键所在。因为只有存在适当流动的价值观念之水,才能确保蕴生出有益于人民的良好社会政治生活秩序之清泉。因此,只有具备"开放性"品格的社会主义核心价值观的形塑,才是新时代中国社会主义政治文明得以良性构建的源头活水。

自十八大以来,中国共产党提出了"实现中华民族的伟大复兴的中国梦"的远期奋斗目标①,以及"人类命运共同体"的理念。这些目标无疑需置于"社会主义核心价值观"的理论视域中加以理解。在这一理论视域中,"普遍性"与"特殊性"是同样重要的。如上所言,倘若我们对于"中国特色社会主义"与"社会主义核心价值观"等概念没有比较准确的理解,具体来说,没有放下冷战时代遗留下来的对峙思维的话,仅仅执守所谓"特殊性"而自限,那么上述理想目标的实现或许就难以期待。因为未来世界的全球化发展趋势是无可阻遏的。在这一国际间交往互动异常频繁的时代,任何民族国家自身的发展与其他民族国家的认同而非排拒的意态是紧密相关的。因此,在这一意义上,致力于社会主义核心价值观的"普遍性"形塑与涵养的理论思维确乎必不可少。

三、从儒学近代演变看社会主义核心价值观的普遍性维度

一如前述,对于新时代社会主义价值观的建构来说,"普遍性"的理论思维具有十分重要的现实意义,构成了当代"人类命运共同体"形塑的思想基础。而儒学中的"天下"观念则含摄这一普遍性思维。儒学虽然原初是作为一种地域性的知识系统,抑或是建基于特定的宗法社会的伦理结构,但其本体论向度所指向的是"天地万物为一体之仁"的具有超越性的普遍淑世关怀。

在儒学的视域中,人类是作为一种整体性而存在的,其价值本质具有同一性特征,如"天下为公""仁者爱人"理念即为其显例。故而,它必然具有"普遍性"思维特质②。从某种意义上讲,恰恰是

---

① 具体内容参见中共中央文献研究室编:《习近平关于实现中华民族伟大复兴的中国梦论述摘编》,中央文献出版社,2013年。

② "天地万物为一体之仁"的说法,常见于宋明理学,主要指谓将人与宇宙万物视为一有机整体性的,可以推扩"仁爱"于万物的普遍性境界。(转下页)

这一"普遍性"思维特质,促使儒家思想从地域性知识走入世界性视野,进而衍成绵延数千年之久的中华文明的核心组成部分。诚然,儒家思想的普遍性特质,由孔子而后之"仁"思想得以开显;但是儒家也讲究一个"义"字,以关怀现实,切于世用。如孟子将"仁义"并提即为其显例。"义"者,宜也。换言之,社会道德与政治伦理规范必须因应具体历史时空而发生效用,在某种意义上,即彰显其关照"特殊性"之一面。总之,儒学思想的特殊性与普遍性是呈辩证统一形态而存在的[①]。而近代儒学思想发展的历史遭际也证明了这一点。作为传统中国主流意识形态的儒学思想因近代西方政治、经济、军事以及宗教文化诸方面的强势突入而无法全面迅速应对,导致其思想质性的普遍性效用与"天下"观念的崩解,进而作为"特殊性"的思想存在也难以为继,故此近代以降其只能沦为一种边缘性的学说。而在社会影响的意义上,它不得不成为一支待时而动的思想伏流。

具体言之,儒家思想这一跌落于思想信仰与制度实践神坛的困境尤以1905年科举制度废除之后为明显。失去了政治制度的依托,意味着制度化儒家的解体,成为所谓"游魂"。而即便是"游魂"之儒家在"五四"运动时期亦遭到猛烈的抨击。这一状况直到20世纪90年代,伴随着文化热、国学热的情形出现,才得以逐渐扭转。特别是在党的十八大之后,习近平总书记先后视察曲阜、出

(接上页)此外,儒学建构所具有的普遍性特质和思维,与其自身所秉持的王道公共性的政治理想有着密切关联。

① 需进一步说明的是,本文所谓儒学的"特殊性"维度,即是就其所产生的具体时空场域而言,儒学诞生于两千多年前的华夏宗法社会,具有历时性特质;而"普遍性"维度则指谓其具有超越具体民族、国家及历史文化的,涵容人类作为一个整体性存在的理想与祈愿面相,因此具有共时性与共域性特征。

席孔子诞辰 2565 周年纪念会,并在讲话中强调指出,"中华优秀传统文化的丰富哲学思想、人文精神、教化思想、道德理念等,可以为人们认识和改造世界提供有益启迪,可以为治国理政提供有益启示"①。这体现出中国共产党对于传统文化,尤其是对于儒学的态度发生了前所未有的重大转变。

值得追问的是,儒家思想何以能够与社会主义思想进行理性对话与融通?首先,关键在于人们对于传统与现代的认知观念发生了改变。时至 20 世纪 80 年代,中国学界一直弥漫着"传统"与"现代"二元对立的思维习惯。由此,作为传统文化形态存在的儒家思想与作为新锐现代性的社会主义自然是格格不入的。但是,随着东亚经济的迅速发展,以及西方对于所谓经典现代化理论的修正,上述论断便成为值得质疑的问题,继而随着中国自身的经济实力进一步崛起,如上认知在很大程度上被证伪了②。基此,它为儒学与社会主义的互动对话提供了良性的历史机遇。如"儒家社会主义"概念的出现,便是学人们致力于二者理性对话之后的一种理论言说。其次,主要在于二者本身在思想特质与旨趣上有着不少的趋同性抑或共识。如对于超越具体民族国家之上的人类整体性关怀的措意,对于"公"之理念的推崇,等等。从这一意义上讲,它们在普遍性维度上的重视与追求,成为彼此相互认同与亲和的基础,也为其开展思想对话提供了较大可能性空间。

---

① 习近平:《在纪念孔子诞辰 2565 周年国际学术研讨会暨国际儒学联合会第五届会员大会开幕会上的讲话》(2014 年 9 月 24 日),第 7 页。

② 以往国内外学界受马克斯·韦伯的"资本主义精神论"影响,一般认为,东亚社会由于处于儒教文化圈中,不具备新教的伦理精神而导致其不可能产生资本主义,社会经济因之也不可能得到大力发展。而在事实上,东亚"四小龙"与中国经济的崛起、腾飞在很大程度上打碎了西方学界长期以来自以为是的梦呓,进而导致了西方经典现代化理论的崩解,至少是修正。

那么,儒家政治应该以怎样的姿态来呈现其现代性呢? 这确乎是一个值得仔细思量的问题。近年大陆新儒家们走的是所谓政治儒学之路,与港台所谓心性儒学有所区分,并致力于重续儒家之于国家权力的传统政治系谱。平心而论,他们这一执念在当下政治实践中是无法兑现的。其原因有二:第一,中国的官方意识形态是马克思主义,而"马克思主义中国化"亦仅仅是在分清主次的基础上,尽量吸纳儒家的传统思想文化,以夯实中国特色的社会主义核心价值观的理论基础。因为毕竟两者在对于"集体主义"的认同,以及"扬公抑私"的思想旨趣等方面存在着诸多共识。从这一意义上,当下国内"综合创新"派学者的理论概括或有其一定的现实根据[①];第二,传统中国的皇权政治秩序建构是以儒家思想为主导意识形态的。倘若执持这一政治选择路径而不作变通的话,不仅容易引致人们对于儒家与所谓传统皇权专制政治的紧密勾连的历史性认知误会继续发酵,而且对于儒家自身的理论发展的内在生命力也将会是一个严重的打击。有鉴于此,社会主义核心价值观的形塑与涵养应建基于如下两个维度:一是寻求儒学思想与马克思主义中国化进行会通对话的共识基础;二是紧密结合当下中国乃至世界的现实问题意识,将它们加以理论融贯创新。

2013 年 8 月 19 日,习近平在全国宣传思想工作会议上的讲话中强调:"讲清楚中华优秀传统文化是中华民族的突出优势,是我们最深厚的文化软实力;讲清楚中国特色社会主义植根于中华文

① 马克思主义"综合创新"派代表人物方克立主张"马学为魂,中学为体,西学为用"说。参见方克立:《铸马学之魂　立中学之体　明西学之用——学习习近平在哲学社会科学工作座谈会上讲话的体会》,《理论与现代化》,2017 年第 3 期。

化沃土,反映中国人民意愿,适应中国和时代发展进步要求,有着深厚历史渊源和广泛现实基础。"由此可见,在大力弘扬中华优秀传统文化的当前背景之下,儒学确乎获得了一个自近代以降最好的发展契机。换言之,学人在摒弃传统与现代二元对立思维之后,对于儒学思想的研究变得日益理性,由此为其创造性转化与创新性发展以及开掘有益于当代社会的思想资源提供了良好的历史条件。而社会主义核心价值观的形塑与涵养,亦应从以儒家文化为代表的历史绵长的中华文化的丰饶土壤中汲取思想养料,进而为实现与时俱进的马克思主义中国化观念转型与中华民族的伟大复兴目标提供丰富的文化思想资源。

如前所述,儒学特质含摄"特殊性"与"普遍性"的双重维度。前者主要言说其作为华夏民族繁衍生息的千年社会历史事实,而后者则蕴含其作为一种超越具体民族与国家历史的整体性人类的普遍理想与祈愿。从某种意义上说,儒学所存在的深层价值及生命力,毋宁在于其对"普遍性"维度的彰扬。从儒学的近代处境亦可知,儒学在很大程度上被边缘化,关键在于其思想在"普遍性"维度上被消解,如儒家"天下"观念的崩解。"普遍性"维度的消解即意味着它在中西深度交融的全球化进程中的失语。而在近代西方进化论观念甚嚣尘上之时,处于失语状态中的儒学之"特殊性"维度,亦因无法彰显其应付全球化时代的现实效用性,故亦逐渐丧失了其存在的合理性。

由此而观,社会主义核心价值观中的"普遍性"维度亦应该引起我们高度重视。本节所讨论的"人类命运共同体"建构,即是在当下社会主义核心价值观形塑与涵养时所要面对的极为重要的现实问题意识。而不可否认的是,"人类命运共同体"理念架构中的方法论思维即含蕴着"普遍性"特质。诚如上文所分析的,无论是儒学基于"天地万物为一体之仁"的"天下"视域所呈示的普遍性关怀，还是马克思主义或社会主义所追求"人的自由全面发展"的人类整体性平等的普遍性关怀，都是当下"人类命运共同体"理念建构的重要思想资源。于此，亦契合论者所谓"马学为魂、中学为体"的主体综合创新的理论进路。其中，不仅体现了马克思主义思想体系的开放包容性，以及马克思主义中国化的实践生命力，更是坚守了中华文化立场，彰显了儒学在其现代性转换中的思想活力所在。

在中华优秀传统文化中，不仅有着适合中华民族自身发展的独特文化基因，而且不乏将人类作为一个整体性命运共同体来进行思考的文明品性。职是之故，它在彰显作为现代国家的中国自身的独特发展道路合理性的同时，也在融入全球化大潮过程中，为未来世界社会政治文明秩序的建构贡献中国智慧与中国方案。本节所论及普遍性思维之于社会主义核心价值观形塑的理论意义，其主要旨趣在于力图从学理证成的层面上，言说作为新时代社会主义核心价值观重要组成部分的"人类命运共同体"理念所应具有的世界性意义。进言之，"人类命运共同体"理念是中国因应当下全球化进程不断加深之情势所提出来的重要思想。而构建"人类命运共同体"的关键在于形塑与涵养社会主义核心价值观所含蕴的"普遍性"维度。此外，无论就马克思主义中国化的科学理论内涵而言，还是就应对全球化这一现实问题意识来讲，"普遍性"维度的建构皆具有可欲性与必要性。而在马克思主义与儒学思想中，均有丰富的相关思想资源可资开掘与利用。

第三节　儒学公共精神与社会主义
核心价值观的新时代聚合

《诗经》云："周虽旧邦,其命维新。"[1] 这一经典话语不仅陈说了中国传统德性伦理政治中的天命观念,而且预示着中华文明的绵长传统在未来所具有的强大的新生命力。儒学千年的发展历程也在在表征着"旧邦新命"的丰富内蕴。提供涵养社会主义核心价值观的精神思想资源,无疑是时代赋予儒学的新命。而儒学与社会主义核心价值观之间理论气质的切近性,也为两者在新时代的聚合提供了坚实的思想基础。

如前所述,对于涵养社会主义核心价值观的公共精神而言,儒学具有丰富的思想资源。而且,这些思想资源经过现代创造性转化的激活,依凭特定的涵养机制(其主要蕴含于制度理想、治理原则、治理模式,以及共同体的理想形态之中),对新时代社会主义核心价值观的重塑,将会产生较大的积极效用。而这一积极效用的呈现,则预示着儒学与社会主义核心价值观在新时代的成功聚合,进而从理论与实践的双重维度上,彰显出它们协同推进 21 世纪马克思主义中国化的伟大时代使命。这也是习近平总书记"两个结合"论的深刻命意所在。实际上,社会主义核心价值观与儒学之间呈现新时代聚合之所以可能,其主要原因除了二者在思想内容上存在相互涵化的对话空间之外,还在于它们在理论气质与精神特质上的切近性。这种切近性,主要体现在"一体四用"之上 [2]。

[1] 高亨:《诗经今注》,上海古籍出版社,2009 年,第 369 页。
[2] 这里所说的"一体四用"即是指,以"开放性"为体,以"时代性""民族性""普遍性""实践性"为用。其中,就"一体"来说,是指思想理论特质的"开放性",起着引导思维、奠定基调、形塑气象的作用,具有本体性(转下页)

　　社会主义核心价值观是"当代中国精神的集中体现,凝结着全体人民共同的价值追求"①。因之,它是中国特色社会主义的灵魂所在,关乎社会主义事业之精气神。社会主义核心价值观的形塑与涵养既是一个理论问题,也是一个实践问题,具有重大的理论意义与现实意义。而且值得注意的是,社会主义核心价值观的精神气质得以成功形塑与涵养的前提条件,理应是秉持一种开放性的思维。正如习近平总书记在马克思诞辰200周年纪念大会上所强调指出的:"马克思主义是不断发展的开放的理论,始终站在时代前沿。"②中国化的马克思主义便是一套建基于民族性与时代性之上的开放性的中国特色社会主义理论体系。就作为中国特色社会主义理论体系的价值维度的社会主义核心价值观的形塑与涵养来说,充分汲取以儒学为代表的中华优秀传统文化的思想资源,无疑彰显了马克思主义理论所具有的民族性的独特品质。从这一意义上说,民族性是马克思主义中国化的重要特质。而时代性则凸显马克思主义与时俱进的重要理论品质,换言之,它是向未来敞开的。此外,中国化的马克思主义也是向世界敞开的。中国是世界的中国。因之,世界的发展问题应当属于中国化马克思主义考量的重要范围。例如,"人类命运共同体"理念的提出,便是破解当今全球化进程中民族主义冲突所带来的"世界之问"的中国方案的

　　(接上页)意义;而"四用"则是指基于"开放性"特质所产生的,并在具体时空条件下得以显现的"时代性""民族性""普遍性"与"实践性"等四个思想特质,具有功用性意义。
①习近平:《决胜全面建成小康社会,夺取新时代中国特色社会主义伟大胜利——在中国共产党第十九次全国代表大会上的报告》(2017年10月18日),《中国共产党第十九次全国代表大会文件汇编》,第42页。
②习近平:《在纪念马克思诞辰200周年大会上的讲话》(2018年5月4日),人民出版社,2018年,第9页。

体现。由此,这一思想理论便具有了普遍性的特质,以及世界历史性意义。

　　从某种意义上看,马克思主义理论所具有的时代性、民族性与普遍性等特质的呈现,实际上皆源自其所具有的强烈的实践性。这一实践性特质,较早为马克思本人宣示的哲学理念所和盘托出:"哲学家们只是用不同的方式解释世界,而问题在于改变世界。"①而冀图改变世界的哲学理论雄心无疑内蕴了实践性的特质。因之,"马克思主义理论不是教条而是行动指南,必须随着实践发展而发展"②。也就是说,实践性特质必然要求其理论旨趣的呈示须与具体历史时空相协同,联袂而出。真正立足于实践的马克思主义理论,必然会依据具体历史时空的演迁而有所调整、有所发展。因此,这一实践性特质也就决定了马克思主义理论必须具有开放性的品质。总之,无论是时代性、民族性、普遍性,还是实践性,在在彰显了中国化马克思主义理论所具有的开放性品质。而历史也一再证明,中国化马克思主义只有具备这一开放性的品质,才能真正较好地呈现其思想效用。

　　鉴于此,作为中国化马克思主义理论价值维度的社会主义核心价值观的文化品格,应具有开放性的特质。其开放性特质亦主要表现于时代性、民族性、普遍性与实践性之上。就这些特质而言,作为中华传统文化主干部分的儒学皆可与之一一呼应。这也是儒学能够为社会主义核心价值观的涵养提供丰富思想资源的重要理由。下面试简要言之。

---

① 〔德〕马克思:《关于费尔巴哈的提纲》,《马克思恩格斯文集》(1),第506页。
② 《中共中央的百年奋斗重大成就和历史经验的决议》(2021年11月11日中国共产党第十九届中央委员会第六次全体会议通过),《人民日报》,2021年11月17日。

一，就其时代性而言。这里所说的"时代性"，主要指谓能够因应时代的变化，与时俱进地反映当下时代精神的思想文化特质[①]。而儒学便具有这一时代性的特质。比如，易学中所体现的变易、变通精神；孔子所强调"礼"的损益精神。孔子曾对弟子子张说："殷因于夏礼，所损益可知也；周因于殷礼，所损益可知也。其或继周者，虽百世，可知也。"[②] 这句话实际上蕴含着双重意义：一是强调"礼"的文化传统在世代变迁中的继承性；二是同时也强调"礼"的世代变异性，亦即是表征其时代性。总之，儒学的精神既有强调传统继承性的一面，又有主张与时俱进的变通性的一面。这就为儒学涵养社会主义核心价值观提供了现实可能性空间。

二，就其民族性而言。比如，儒学所主张的"天人合一"宇宙观、世界观与道德观，"不语怪力乱神"的理性精神，"天地万物为一体之仁"的精神人文主义，等等，皆可凸显中华民族独特的文明气质。建基于这一文明气质的中华优秀传统文化在民族性特质上，体现出了理性、开放、包容的面相。这些具有民族性的文化特质历经千年的浸润与传衍之后，逐渐沉淀为中国人的独特文化心理结构。因此，我们在形塑与涵养社会主义核心价值观时，不应忽视这一民族文化心理结构与优秀文化传统所具有的积极建构作用。总之，儒学可为新时代社会主义核心价值观，为推进21世纪的中国化马克思主义的创新性发展提供丰富的精神思想资源。

三、就其普遍性而言。儒学对于价值观念及其理论体系的建构，大多从作为整体性存在的人类共同体的角度出发。换言之，

---

① 儒学的"时代性"特质，与儒学所具有的超越具体历史条件的共时性价值特质，二者并非矛盾对立，而是指向性有所不同的两个理论维度。
② 杨伯峻：《论语译注》，第29页。

无论何种族群与民族,皆纳入人类普遍性与统一性的文明视野之中。而儒学所具有的追寻普遍性文明价值的思想特质,大体与其"天下"观念有关。从某种意义上说,中国传统的"天下"文明观念是其族群或民族观念的内核。而如前所述,中国传统民族观念主要建基于其独特的开放性文化意识之上,不同于西方以种族与地域为界分标准的民族观念①。进而言之,古代中国在"天下"观念与"大同"意识的相互绾结下,衍生出具有普遍主义特质的民族观念。并且,它即便在各民族之间长期的相互征伐与侵袭下,也能够保持一种具有普遍性的天下文明认同,最终为融合成现在的"中华民族"铸就迥异于西方民族观念的历史基因。基此而言,中国传统民族观念既具有普遍性的天下文明视野,又具有变动不居而非铁板一块的文化开放性。而儒学这一开放性的普遍性的文明追求所衍成的天下公共精神,无疑倾向于对全人类共同价值的肯认。它对于当下"人类命运共同体"理念的价值形塑与涵养具有一定的启发意义。"人类命运共同体"理念所彰显的即是全人类共同价值,成为新时代中国特色社会主义理论体系的重要组成部分。即此而言,作为中国特色社会主义价值维度的社会主义核心价值观无疑亦具有其普遍性面相。

　　四、就其实践性而言。儒学之终极归趣不在于建构一套纯粹思辨的理论体系。即便是因注重儒者的内圣修为而致力于构建道德形上学的宋明理学也不例外。其终极指向的是经世致用,治国平天下,建构理想的人类社会政治秩序。由此,儒学理论的实践性指向便无可躲藏地呈露出来,而其实践性的指向则意味着思想效

———————

① 对基于文化意识的中国传统民族观念建构问题的详细论述,可参见杨肇中:《论文化意识下中国民族主义观念之历史建构》,《福建论坛(人文社会科学版)》,2015年第7期。

用必定是在具体时空条件下显现的。因此,儒学非具有开放性的品格而不足以应付变动不居的实践环境。总的来说,儒学的开放性,为其在现代的创造性转化和创新性发展的成功实践提供了现实可能性。

综上所述,儒学的开放性主要体现在其所具有的时代性、民族性、普遍性与实践性相统一上。从理论体系本身所具有的开放性角度看,马克思主义与儒学的理论气质是较为切近的。而两者理论气质的切近性,为儒学涵养社会主义核心价值观,推进21世纪中国化马克思主义的创新性发展提供了现实可能性。这也是习近平总书记在庆祝建党一百周年大会上强调坚持把马克思主义基本原理同中华优秀传统文化相结合,继续发展当代中国马克思主义、21世纪马克思主义的重要理论依据。总之,开放中的21世纪必将是儒学与社会主义核心价值观发生重要聚合的伟大时代。

第六章 儒学公共精神对社会主义核心价值观的涵养论析

——以治理价值观为中心

儒学公共精神的现代展开,不仅体现在其自身知识体系在现代处境下的创造性重构,而且透显于它与是时主流价值观的对话中所展现的勃勃思想生命力之上。儒学公共精神对社会主义核心价值观的积极涵养作用,即是其现代思想生命力得以彰显的重要表征。基此,本章主要从治理价值观维度,对如上问题展开论证。

第一节 儒学公共精神的理论旨趣与思想特质

对于儒学的基本理论内容及特质的探讨,以往学界多有论及。但是从公共精神的角度去具体阐释儒学的思想特质的研究,尚不多见。而这一研究进路关涉儒学对于社会主义治理价值观的涵养作用呈现的中心问题。

一、"天人关系"与儒家人间秩序价值之源的找寻

儒家对于天人关系的重视,主要源于其对于人间秩序建构的公共性价值诉求。"天道"或"天理"是人间秩序建构的价值源头

与儒学公共精神得以生成的本体论基础。因此,"推天道以明人事"便是儒家一贯的思维进路,表征了儒家"天人关系"的内在逻辑结构与价值理性。

不过,在儒家"天人关系"秩序建构的长程中,表现出两种形态:一是天人感应或相应;二是天人合一。首先,儒家关于天人感应或相应的观念,来源于远古时代人们对于具有人格神意志的"天"的宗教性信仰。虽然,先秦儒家具有"六合之外存而不论"的观念,但是却无法回避对于"天"的宗教性尊奉在民间信仰中的影响,而民间信仰在一定条件下也会对于知识精英在思想建构上产生影响。这一民间信仰,糅合阴阳五行说,便衍化成带有自然神论意味的"天人感应"或"天人相应"说。诚然,西汉出现"天人感应"说,存在着社会政治的发展背景。对于这一秦汉思想史上的丕变,周桂钿先生说:"殷周时代的'上帝'说,'天命'论为天下感应奠定了基础。上天如果没有意志,天人感应就无从发生。……战国时代,气的概念广泛流传,为天人感应说的出台搭了梯子。……由于秦始皇的暴虐,天命论曾经丧失威信,又由于秦朝的迅速灭亡,天命论又死灰复燃,重新迅速流行起来。……政治搞得不好,天象就会发生变化,这种思想对于当时的统治者有很大影响。"[1] 由此可见,秦朝以武力统一天下,一定程度上是对于周代"天命"论的颠覆。但秦却二世而亡,又引致汉代社会出现一股政治哲学的反思,进而建构"天人感应"说,以重塑其政治价值与政治秩序。汉代而后,"天人感应"说虽有所衰微,但仍作为思想史上的重要潜流存在,影响着后世人的观念;其次,"天人合一"说与"天人感应"说二者之间分享着共同的思维方式,亦即是《易经》的哲学思维:"同声相应,

---

[1] 周桂钿:《董学探微》,北京师范大学出版社,2008年,第62—63页。

同气相求。"[1] 为宋明理学家所重视的"人与天地万物为一体"之论,大体也源于《易经》的如上思维。它主张,只有具有同类性、同一性的事物,才能实现互为相应、共感共鸣。不过,宋明理学更多的是指涉人的内在道德境界,抑或是追求"人"与"天地"合其德的境界。但"人"与"天地"之合又如何可能,便属于"格物""致知""诚意""正心"等一系列的道德工夫所应论列的范围。

总而言之,儒家无论是主张"天人感应"抑或是"天人合一",都是在探讨天人关系,进而推"天道"以明"人事"。如果说前者具有"外在超越"性的话,那么后者当具"内在超越"性。而儒家对于"超越性"问题的内外追寻之鹄的皆在于为建构人间秩序寻求价值依凭。换言之,历代儒者重建"天人关系"的用意,大体是基于其经世意旨,寻找人类公共社会政治秩序重建的价值之源。

二、"内圣外王"与儒家伦理政治范型的经世呈现

如前所述,儒家有着关切人类公共社会政治秩序建构的经世精神旨趣,并视其为终极性的努力目标。那么,其践行这一理想目标的现实进路为何呢?概言之,即是"内圣外王"。"内圣外王"是儒家伦理政治范型中的核心价值理念。其中,"内圣",即"道德"是儒家政治的基石;"外王",即"政治"是儒家道德言说的终极归宿。然而,儒家"政治"与"道德"何以会产生紧密的勾连呢?

其中原委,大体可追溯至周代统治者因忧患意识而产生的"德性"观念。《尚书》云:"皇天无亲,惟德是辅。"[2] 如前所言,自从周代出现"德性"观念之后,政治权力的公共性得以大大增强。人们

---

① 黄寿祺、张善文:《周易译注》,上海古籍出版社,2012 年,第 8 页。
② 李民、王健:《尚书译注》,第 262 页。

对于"天命"意蕴的解释路径呈现了从"神本"向"人本"逐渐迁移的征象,尽管此时尚未出现"人文主义"精神。而随着"天命"所蕴含的公共性观念的不断呈现,"内圣外王"的逻辑进路,便成为中国古典时代的伦理政治文化结构的思想表达。换言之,道德与政治构成了中国古典政治文化结构中的双重核心维度。正如王国维所说:"其所以祈天永命者,乃在德与民二字。……文武周公所以治天下之精义大法,胥在于此。故知周之制度典礼,实皆为道德而设,而制度典礼之专及大夫以上者,亦未始不为民而设也。"① 由此可见,"德性"与"民本"观念是周代以降的中国古典政治的中心观念。在这一政治观念中,"德性"是政治权力主体得以领受"天命"的枢机所在,而"民本"则是他们彰显"天命"授予的现实公共性行为导向。

　　将道德与政治加以紧密勾连的是"天"。"道德"是作为个体的主体伦理认受,而"政治"是关涉共同体组织的外在规范的制度形式。"天"是原初人格神意味的自然主宰,具有公共性特质,成为贯通中国古代社会的"个体"与"群体"的桥梁。因之,"道德"是"天命"之于人的基始要求,而"政治"是"天命"终极意义的人间秩序呈现。无论是道德,还是政治,皆是"天"之所示的昭命。中国古代这一伦理政治型的文化思想特质为先秦诸子所共有,但是在儒家身上体现得尤为充分且持久。具体言之,"儒学作为一种'伦理—政治'型学说体系,包括内在的人的主观伦理修养论和外在客观政治论这样两个彼此联系着的组成部分,前者即所谓'仁'学,或'内圣之学';后者即所谓'礼'学,或'外王'之学"② 。由此,儒

---

① 王国维:《殷周制度论》,《观堂集林》卷十,第476—477页。
② 冯天瑜、何晓明、周积明:《中华文化史》,第204页。

家政治学的要义便在于,如孔子所说的"道之以德,齐之以礼"的德礼并用的"内圣外王"之道。

　　作为伦理政治典范的经世儒学,其外王学的要义在于建构亲亲尊尊二元结构的公共社会政治秩序。而这一"亲亲尊尊"二元社会政治架构的效用,又必须取决于政治权力主体的"德性"人格的彰显。这就是孔子所说的"修己以安人""修己以安百姓"。而权力主体的德性人格的彰显何以作用于公共社会政治秩序之上呢?儒家认为,可以通过德性功夫与伦理角色推扩而致。这一套德性政治的修炼功夫,被《大学》总结为具有次第展开特质的"八条目"说:"格物""致知""诚意""正心""修身""齐家""治国""平天下"。

　　在儒家的视域中,"君子"便是这一"德性"人格的理想类型。由此,君子之知天命便是提升其"德性"境界的应然目标。总之,儒家对于个体道德境界的追求,最终服务于其王道政治理想的经世建构①。

三、"王霸之辨"与儒家民本政治哲学

　　众所周知,儒家是在礼崩乐坏的春秋时期所产生的思想学派。它的使命是面对现实问题,提出自己的思想主张。王道政治即是其针对现实中的霸道政治情形提出来的。由此,"王道"与"霸道"

---

① 这一点可从《论语》所载孔子对管仲的评价中窥其一斑。"子路曰:'桓公杀公子纠,召忽死之,管仲不死。'曰:'未仁乎?'子曰:'桓公九合诸侯,不以兵车,管仲之力也。如其仁!如其仁!'"时人责难管仲不能为公子纠而死,孔子却盛赞管仲后来辅佐齐桓公时"九合诸侯,不用武力"所表现出来的"仁"德,亦即是"公"德。由此可见,孔子念兹在兹的是天下政治秩序问题。这是儒家所关切的最大经世事业。相比之下,"君忧臣劳,君辱臣死"的君臣伦理规范约定,属于"私德"。于此,"公德"无疑具有价值评判的优先性。

构成了古代中国政治观念中的两种重要范型。扬"王道"而斥"霸道",是儒家清晰可辨的主要政治立场。

在先秦儒家看来,礼崩乐坏之后的社会政治现状是霸道政治,即以"力"压人。霸道政治由于丧失了政治正当性,从而导致社会政治秩序的紊乱,甚或社会动荡、民不聊生,进而危及天下邦国之根本。这是礼崩乐坏的表征。鉴于此,孔子提出"仁学"思想,以"仁"作为礼乐精神的根本实质。由此,在儒学思想系统中,构建了内外一贯的仁礼学说体系。孔子的"仁学"思想承继了周代"德性"观念,周代"德性"观念又包孕着民本观念,如"天听自我民听,天视自我民视","民为邦本,本固邦宁",等等。因此,孔子对于"仁"的一个重要解释是:仁者爱人。从治理主体的角度来说,也就是:仁者爱民。所以儒家的政治哲学理念是以民为本的德性政治。然而,儒家民本政治为何又是王道政治呢?所谓"王"者,即是天下归往之意,也就是说王者是天下人心之所向。这里所谓的"人心"便是"民心"。得民心者得天下。所以儒家的王道政治与民本政治是一而二、二而一的关系。

综上言之,儒家的民本政治取向决定了其对于王霸之辨问题的关切。由此,儒家主张塑造治理主体的"君子"人格。只有具备儒家"君子"人格与公共德性的治理主体,才能够实践仁者爱人的"民本"理念。秦汉而后,儒家基于"君子"人格的民本政治理想,主要通过"得君行道"来实现。这是儒者最为重要的经世进路。因为是时君主中央集权体制,决定了最高统治者的公共德性,才是儒家民本政治理念得以贯彻落实的关键所在。尽管在朱熹看来,自从尧舜禹文武周公以来,儒家的王道政治理想从来就没有真正实现过,但这并不妨碍儒者拥有"虽不能至,却心向往之"的王道政治理想主义的冲动与对于美好社会政治秩序的内心憧憬。

四、"义利之辨"与儒家公共德性的省思

一如前述,以"内圣外王"为思维进路的儒家,将人的道德境界的修养作为经世致用的逻辑起点,从而展示出其重心性之学的一面。然而,其诚意正心的道德工夫须落实于日常生活的实践,契入现实公共生活,也就是说,儒家的外王意识不可须臾离之,否则其丰富的道德言说便失却了存在的本来意义,而流于宋明儒者所力辟的佛老之学。

历来被称为心性之学的宋明理学,无疑是儒家致力于道德形上学建构的重要思潮。他们主张,建构儒家道德系统理论,离不开对于义利问题的讨论。如,朱熹说:"义利之说,乃儒者第一义。"陆象山亦认为:"凡欲为学,当先识义利公私之辨。"两位宋代大儒皆指出了义利之辨在儒学中的首要地位。何谓义利?程颐云:"义者,天理之所宜;利者,人情之所欲。"① 所谓"天理"即是"公"理或"公共"之理;而"人欲"则指涉于"私"。因之,义利之辨,即是公私之辨。在严辨道德善恶的宋儒视域中,义利是作为伦理道德链上的两个端点而存在的。

儒家将义利之辨作为其建构道德理论的首要事项,不是为了笼统地贬低"利"的一方,而是为了突出人们在日常道德修养中,对于"义"的正确理解,亦即对于"公"德的阐扬。用现代的话来说,就是儒家着重于阐发"公"德或"公共"德性②。但当程朱理学成为官方意识形态之后,出现伦理的异化情形,即在"存天理,灭人

---

① 〔宋〕朱熹:《四书章句集注》,第 73 页。
② 梁启超关于中国古代社会"私德"发达而缺乏"公德"意识的论断是值得商榷的。他通过将现代的"国家"观念与中国古代的"国家"观念作对比,进而得出古代中国无"公德"的结论。

欲"的强大精神压力下,作为正当之"私"的个体存在,受到以"天理"为名之"公"的压制,从而导致了如戴震所说的"以理杀人"的历史悲剧。不过,明中叶以后,阳明心学的崛兴,是对于程朱理学的反动,尤其是发展到阳明后学时,他们对于"私"的正当性呼吁与提倡,促使了追求"个性解放"的早期启蒙思潮的出现①。这在一定程度上是对于"存天理,灭人欲"的"由外而内"的刚性理学思维的拨正。但并不代表它在消解"公共德性"的建构,而是从另一角度构建了儒家的"公共德性",即是人人得其私,则为天下之大公。从这个意义上来说,阳明后学的思维进路预示着儒家的公共精神展开的另一面向。

儒家礼乐文明是一套规范日常伦理行为与建构政治秩序的礼仪规范与典章制度。换言之,它是关于社会政治的一套公共伦理与政治规范。在儒家看来,这一公共伦理与政治规范效用的呈现,须建基于人们的公共德性之上。这一公共伦理得以呈现的道德主体无疑主要是社会精英,亦即是孔子所说的"君子"。"君子之德风,小人之德草,草上之风必偃。"②"君子"的公共伦理德性的示范,对于整个社会群体的公共伦理意识的确立,具有强大的道德引领作用。

儒家所谓"小人",多就"位"而言,即指称老百姓。儒家对于老百姓采取的是一种底线思维,并不主张以道德高调来要求老百姓,而是承认其"喻于利"之"私"的正当性,而且强调"君子"的道德效用便是在能够成全百姓之"私"中彰显。这是儒家治理思维的特质。诚然,儒家对于百姓也不是放任自流,而是有理性有步骤

---

① 参见萧萐父、许苏民:《明清启蒙学术流变》,人民出版社,2013年,第5—9页。
② 杨伯峻:《论语译注》,第127页。

地加以引导，比如主张"先富后教"等。

总之，儒家义利之辨体现其公私观。而在这一公私观中，彰显了儒家丰富的公共精神与公共性思想。正如郭齐勇先生所说："孔子与孟子的公私观内蕴着深厚的公共性与公正性的思想资源。孔孟一方面以天、天道与天德为背景，其仁、义的价值与仁政学说中，充满了对民众的最基本生存权与私利的关怀，甚至把保护老百姓的生存权、财产权、受教育权、参与政治权和防止公权力滥用，作为真正的'公'，是良好政治的主要内容。在历史上制度化为土地、赋税制度、农商政策与类似今天社会保障的养老、赈灾、救济弱者制度，以及拔擢平民子弟的教育制度与文官制度及其他制度；另一方面，也是以天、天道与天德为背景，孔孟深深体验到人性、人情的根本，护持亲情与家园，这些理念也逐步制度化为隐私权、容隐权与亲情权的保护。第三方面，孔孟强调从政者的敬业、忠诚、廉洁、信用品性等责任伦理，在君臣关系的处理上包含了区分职权、责任及相互制约的萌芽，尊重民意，强调察举以及官守与言责，不仅是公共责任意识，而且是分权制衡的初步。孔孟的人文价值理念长期浸润在中国民间社会，又不断转化为传统政治法律制度，是我国现代化建设重要的精神资源与制度的参鉴。"[1] 此论确然。儒家公共伦理蕴含丰富，对于我国现代政治制度建设与社会治理，皆具有重要的借鉴意义。

五、"天下大同"与儒家文明的世界性指向

在儒家社会政治思想中，"天下大同"是极为重要的观念。它们所呈示的既是一种浓厚的理想主义的社会政治规划蓝图，又是

---

① 郭齐勇：《中国儒学之精神》，复旦大学出版社，2009年，第163页。

一种儒家独有的文化特质。这一文化特质即表现于儒家的华夷之辨上。毋庸讳言,华夷观念是古代中国所独有的族群观念。但是,在儒家的这一观念视域中,对于人类社会族群的分判标准,不是来自地域血缘,而是基于一种文化意识。正如钱穆先生所说:"在古代观念上,四夷与诸夏实在有一个分别的标准,这个标准,不是'血统'而是'文化'。所谓'诸侯用夷礼则夷之,夷狄进于中国则中国之',此即是以文化为'华'、'夷'分别之明证。"[①] 这种华夷之辨的观念预设的文化理念有二:一是,将人类看成是一个实存性的文化整体性社会,具有可资共享的文化公共性。而这种人类最高的文化公共性,名之曰"华"或"中国",此与地域或血统无关;二是,对于称之为"华"与"中国"的文化族群资格准入,是变动不居的。从这个意义上看,以往学人所主张的,华夷观念代表的是一种狭隘的中国中心主义的看法,或许是一个不得要领的知识性误判。其错误即在于:以现代地域、血缘的种族观念遮蔽了古代中国独特的文化族群观念。

实际上,"天下"观念,既指谓儒家所关切的社会政治秩序在空间意义上的最大边界,也指涉一套华夏文明秩序的思想体系。而构建这一文明秩序的思想体系的基石便是"天下为公""天下大同"等理念。它们充分彰显了儒家追寻普世文明秩序的文化意向。而这种文化意向的公共性,呈示了关于平等自由的普遍性价值,在很大程度上,构成了儒学在千年历程中不断前行的强大驱动力。这种普遍性的价值,不仅在历时性过程中,由人们生活经验的集结与美好构想所产生,而且顺应人性之善端的无量扩充所达致的德性境界的共时性的生活意义呈现。

---

① 钱穆:《中国文化史导论》,《钱穆先生全集》,第39页。

　　近代以降,中国传统"天下"观念逐渐为现代"万国"观念所取代。因为"天下"被视为古代中国通过"朝贡体系"展现其所谓"帝国"形象的观念形态,与现代国家之间的平等价值背道而驰。不过,近年来,"天下"观念所蕴含的丰富思想资源,再次被学人所关注与开掘。它的"复出"在一定程度上,因应了当下由民族国家之间的冲突所导致的国际政治社会秩序危机问题。儒家的新"天下"理念,从超越民族国家之间的私性区隔出发,构建人类现代社会的普遍文明共识,成就各安其所、平等和谐的礼乐秩序。这一具有普遍性的礼乐文明秩序建构的有效性认知,绝非是仅限于作为民族国家意义上的中国的地方性知识,而是含摄"人类命运共同体"理念的富于公共责任意识的世界性知识。

第二节　社会主义核心价值观及其公共精神特质

一、社会主义核心价值观及其价值展开的双重向度

　　作为人类现代社会重要思潮的社会主义,是对于西方现代性社会的一种批判理论,并由此形成了一个不断发展的社会主义思想谱系。如从英国穆尔的乌托邦社会主义,到欧文、圣西门、傅立叶等人的空想社会主义,再到马克思、恩格斯的科学社会主义。总的看来,他们不仅仅是要发挥批判的武器功能(理论的解构),而且要实践武器的批判作用(革命的实践)。此一特质,尤以马克思、恩格斯的科学社会主义为然。正如马克思本人所说:"哲学家们只是用不同的方式去解释世界,而问题在于改造世界。"[1]马克思以科学

①〔德〕马克思:《关于费尔巴哈的提纲》,《马克思恩格斯文集》(1),第502页。

社会主义思想,批判资本主义社会的阶级剥削所带来的不平等性,进而主张通过革命的实践来改造旧世界,消灭剥削、消除两极分化,建立人人平等而自由的社会主义(或共产主义)新世界。这就是马克思主义的思想特质及其理论使命。

从社会主义发展史来看,科学社会主义无疑极具批判精神与理想吸引力。20世纪,这一社会主义思想已然跨越欧洲,迅疾传播、扩散到诸多非西方世界,逐渐成为许多被西方帝国主义所欺凌压榨与剥削的殖民地国家及人民的拯救者。历史实践证明,社会主义运动得以成功的条件是具体的、历史的,而非抽象的。思想理论的抽象性供给,可能会带来感召力与吸引力,但要使得理想落定于现实社会生活,则必须具体化。中国共产党领导人民进行革命、建设以及改革事业,也必须坚持走马克思主义"中国化"道路。而马克思主义"中国化"诸多成果的产生,意味着现代社会主义运动呈示出了其所具有的具体时空化的理论形态与实践模式。当然,这里所谓的"社会主义"所包孕的内容广泛,既可指涉理论与价值观,又可指谓社会政治运动与制度。其中,最为重要的内容当属核心价值观。不过,价值观与其他部分又有着密切联系。譬如,社会主义理论、社会主义运动,以及社会主义制度,皆是社会主义核心价值观的外在显现。

价值观当属思想文化层面的问题。中国共产党历来重视文化建设,从革命、建设到改革各时期,皆有相关报告与政策文件出台。但是,将价值文化建设,提升到社会主义核心价值体系、社会主义核心价值观等宏观性、整体性价值结构的高度来加以认识,并逐渐将之作为中国特色社会主义的"文化强国"战略来定位,则是在2006年以后。2006年10月,党的十六届六中全会明确提出"社会主义核心价值体系"的重大命题,并指出社会主义核心价值观是社会主义核心价值体系的内核。2011年10月,党的十七届六中全会提出"文化强国"战略,指出社会主义核心价值体系是"兴国之魂"。2012年11月,党的十八大明确从"国家""社会"与"个人"三层面,概括"社会主义核心价值观"的主要内容。近年来,党对于"社会主义核心价值观"的培育与弘扬更为重视。其中缘由,正如习近平总书记所说:"核心价值观是文化软实力的灵魂,文化软实力建设的重点。……一个国家的文化软实力,从根本上说,取决于其核心价值观的生命力、凝聚力、感召力。"[1]此外,习近平总书记也明确指示了培育和弘扬社会主义核心价值观的方向。他说:"培育和弘扬社会主义核心价值观必须立足中华优秀传统文化。牢固的核心价值观,都有其固有的根本。抛弃传统,丢掉根本,就等于割断了自己的精神命脉。博大精深的中华优秀传统文化是我们在世界文化激荡中站稳脚跟的根基。中华文化源远流长,积淀着中华民族最深层的精神追求,代表着中华民族独特的精神标识,为中华民族生生不息,发展壮大提供了丰厚涵养。"[2]

总之,十余年来,中国展现了高度的"文化自觉"意识,将弘扬中华优秀传统文化视为实现中华民族伟大复兴的中国梦的重要基石。而开掘中华优秀传统文化,以作为培育和践行社会主义核心价值观的重要进路,亦逐渐成为人们的价值共识与方法认同。

值得注意的是,以往学人对于中国特色社会主义的探讨,多注意中国"特色"或"特殊性"面相,而对于其所具有的普遍性面相,则关注不多。实际上,中国特色社会主义价值的历史性展开,是具有双重向度的。作为其内核存在的社会主义核心价值观的建构亦

---

[1] 习近平:《习近平谈治国理政》第一卷,外文出版社,2018年,第163页。
[2] 习近平:《习近平谈治国理政》第一卷,第164页。

复如是：既具有一般性、普遍性的理论向度，也具有具体性的、特殊性的理论向度。正如论者所说："社会主义核心价值观是有层次的、逐步推进的，有'一般'和'具体'之分。社会主义核心价值的'一般'是社会主义的终极价值理想和目标。这一终极价值理想和目标就是马克思和恩格斯为人类所指明的社会主义生产力充分发达、财富充分涌流、没有压迫和剥削、各尽所能、按需分配、每个人都得到全面发展的自由人联合体。'人的自由全面发展'是社会主义核心价值观的'一般'。社会主义核心价值观的'具体'是指人们在社会主义不同历史阶段上，对社会主义具体阶段目标的最根本、最核心的观点和看法。社会主义核心价值观的'一般'必须依托于社会主义核心价值观的'具体'，贯穿在社会主义运动、建设和发展的整个历史过程之中，通过不同阶段社会主义核心价值观'具体'的演进才能最终展开、实现。每一阶段的社会主义核心价值观的'具体'必须紧紧围绕社会主义核心价值观的'一般'。"[1] 由此可见，社会主义核心价值观的特质有"终极理想"与"具体现实"之区分。两者之间是有机结合，不可分离的，必须共存于社会主义核心价值观的整体思想框架之中。"终极理想"可为社会主义运动的不断前进，提供强大的驱动力与价值共识性基础，"具体现实"则为社会主义运动所追寻的终极理想价值目标，提供其得以实现的可能性与自信力。

首先，社会主义核心价值观具有特殊性。我们可以从发生学的角度来理解中国特色社会主义所蕴含的这一要义。社会主义虽然源自近代的西方社会，但中国特色社会主义却是在中国这块土壤中产生的。由此，它必然带有中国自身的社会历史文化基因。

---

① 方爱东：《社会主义核心价值观论纲》，《马克思主义研究》，2010 年第 12 期。

而历史实践也一再证明,只有较好地传承这一社会历史文化基因,社会主义运动才能在中国顺利展开,这就是马克思主义需要中国化的主要原因。基此而言,特殊性是中国特色社会主义核心价值观所应蕴含的性质。因此,如何将社会主义与作为具体性的、特殊性存在的中华优秀传统文化进行理性对话与融合,涵养新时代的社会主义核心价值观,对于中国特色社会主义事业的顺利推进来说,是一项非常重要且紧迫的任务。此外,这一任务的完成不仅可以展示走中国特色社会主义的"文化自信",也可为社会主义运动在世界各地的发展贡献中国方案与中国智慧。从这一意义上说,具有特殊性的社会主义实践的成功,实际上是在为社会主义的普遍性发展奠基。

其次,社会主义核心价值观亦具有普遍性。其主要表现于共时性与地域普遍性上。众所周知,社会主义思想源发于现代的欧洲,但它作为西方资本主义的批判者,随着资本势力的世界性扩张,传播于非欧洲的诸多地方,并在各地产生强烈性反响,继而引发一系列具有世界性影响力的革命运动,如苏联、中国的共产主义革命。从这一意义上看,社会主义所宣示的核心价值观,在解决世界性社会问题上,无疑获得一种举世瞩目的有效性与普遍性。马克思在《共产党宣言》中所热烈呼吁的"全世界无产者联合起来"的口号,不仅具有了无产阶级革命方法论的意义,而且彰显了社会主义核心价值观的世界普遍性意义。当然,这一世界普遍性意义的彰显,除了是由西方帝国主义在全世界的肆虐带来的人类社会严重不平等问题所激起之外,也是作为伟大思想家的马克思富于"阶级意识"的唤醒作用使然。这是以"平等"与"自由"为主要价值标识的"社会主义核心价值观"在革命时期的普遍性呈现。

实际上,"平等""自由"的社会价值既具有共时性,也具有超越地域的普遍性。随着当下全球化进程的不断加深,民族国家之间的冲突风险日益加大。由此,全球治理秩序遭遇严重的挑战,反全球化、逆全球化的声浪,此起彼伏。鉴于此,中国明确倡导"人类命运共同体"理念,并作为习近平新时代中国特色社会主义思想的重要内容,得到了不少国家的认同与赞誉。之所以如此,主要是其自身所蕴含的人类作为超越民族国家的整体性存在的共在性价值使然。这种共在性价值,便是一种富含全球公共精神的普遍性价值。这既是属于"社会主义核心价值观"在当下全球化的阶段性价值目标,也与其作为"一般性"的终极价值方向——自由人联合体相为契合。

综上言之,作为中国特色社会主义的内核性价值维度——社会主义核心价值观兼具双重特征,即特殊性与普遍性。两者辩证统一于社会主义核心价值观之中。新时代的社会主义核心价值观应在这一双重向度中加以展开。

二、"社会主义核心价值观"形塑中的公共精神特质

社会主义核心价值观是社会主义的精神内核与灵魂,关乎国家的精气神。根据马克思、恩格斯所创立的科学社会主义观点,人的自由而全面的发展是社会主义的终极价值目标。正如他们所说,"代替那存在着阶级和阶级对立的资产阶级旧社会的,将是这样一个联合体,在那里,每个人的自由发展是一切人的自由发展的条件"[1]。至于这一"自由人联合体"社会理想得以落实的具体价值为何,则需要根据各国具体的历史时空条件与发展实际而定。基

---

[1]〔德〕马克思、〔德〕恩格斯:《共产党宣言》,《马克思恩格斯文集》(2),第53页。

此,有论者提出社会主义核心价值观的建构,实际上存在着双重维度,也就是有"一般"与"具体"之分。马克思、恩格斯所谓"自由人的联合体"主要是就社会主义核心价值观的"一般"意义而言,其为社会主义核心价值观的"具体"建构实践仅仅提供意义规范与方向指引。而社会主义核心价值观在中国的"具体"建构实践,除了必须遵守社会主义核心价值观的"一般"规范之外,还应该致力于社会主义中国化,汲取以儒学文化为代表的中华优秀传统文化的思想滋养,才能获致在中国文化土壤中发荣滋长的充足养料,彰显中国特色社会主义的文化特质以及展示其文化自信。

党的十八大正式提出了"社会主义核心价值观"所蕴含的主要内容。譬如,国家层面的核心价值:富强、民主、文明、和谐;社会层面的核心价值:自由、平等、公正、法治;个人行为层面的核心价值:爱国、敬业、诚信、友善。诚然,以上关于"社会主义核心价值观"内容的凝练与概括,是我们当前对于社会主义本质及其发展阶段的基本价值认知的重要体现,但对于"社会主义核心价值观"的探索与总结,是一个不断发展的开放性的认知过程,体现了其所具有的历时性特征。这就为我们进一步探讨"社会主义核心价值观"的凝练、培育与践行问题提供了广阔的理论与实践空间。

鉴于研究旨趣的设定,本节并不准备对于如上三个层面十二个价值观念进行逐一解析,而是力图从涵养"社会主义核心价值观"的公共精神角度,集中论析凸显新时代中国特色社会主义公共精神特质的五个价值维度。

(一)"文明"思维与"富强"祈愿

首先,作为社会主义核心价值观中的国家层面的主要价值的"文明",容易被人们解读成一个比较具象的意涵,如物质文明、精神文明、生态文明等。这种意义上的"文明"更多的是指在某个具体领域内所呈现的物质产品、精神风貌以及制度形态。实际上,除此之外,"社会主义核心价值观"所指谓之"文明",还应有一个更为宏观的视野,站在人类整体文明的发展高位上进行思考。揆诸社会主义思想史,"社会主义"的早期问题意识,虽是基于对欧洲资本主义社会不平等的具体情势的批判,但其思考的角度是整个人类社会的文明进步,把社会主义战胜并取代资本主义作为人类现代社会进步的具有普遍性的规律。基此而言,重新回到马克思的文明视野中,将"社会主义"作为未来必定取代"资本主义"的人类社会的普遍发展模式,这才是"文明"思维的真义。正如有论者所说,"对于核心价值观中的文明,我们应该从开创一种新的、本质上不同于以往文明的新型文明的高度来理解,而不是仅仅从推动文化的繁荣发展、推动精神文明建设的角度来理解"。而且,"中国作为当今最大的社会主义国家,肩负着建立一种新型文明的使命"①。由此可见,新时代中国特色社会主义应该开创一种"文明思维",即追求人类社会的普遍美好的新型文明价值形态。此外,值得一提的是,传统中国作为一个有着悠久历史的文明型国家,具有丰富的思想资源可资开掘与利用。这也就是笔者所强调的形塑社会主义核心价值观的普遍性价值维度的重要缘由。

其次,"富强"也是社会主义核心价值观中重要的"国家"价值。近代以降,中国的特殊处境,使得"落后就要挨打"的观念深入人心。为此,中国知识人纷纷以国家"富强"为最大的奋斗愿景:争得国家平等资格,规避挨打命运。诚然,这一观念隐含着一个残酷的西方近代进化论逻辑:人类社会政治必定遵从"物竞天择,适则生

---

① 李文阁:《论社会主义核心价值观的形成、内涵与意义》,《北京师范大学学报(社会科学版)》,2015年第3期。

存"的丛林法则。因此,"国强必霸"逻辑就成为近代以来国际政治观念中的共认,民族国家之间的不信任感可谓由来有自。

当下中国的崛起之所以会引起西方部分发达国家的警惕与打压,主要是"国强必霸"逻辑在他们头脑中的不断发酵使然。他们认为,一个富强的中国,必定是强大竞争对手和利益威胁者,这便是现存国际政治中的"零和博弈"思维。在儒家看来,这种政治思维逻辑无疑属于霸道政治逻辑。有鉴于此,新时代中国特色社会主义的"富强"观念,应该与上述"富强"逻辑有着本质的区别。国家"富强"的第一义应是指人民富裕,国家强大。前者是后者的基础。而一个国家的强大不仅仅表现在国家的经济、军事实力上,还表现在该国家的组织制度、文化软实力的世界认同度上。而当后者变得强大时,将会形成一种政治文化的"旋涡"效应,亦即是一个国家的文化价值观会被其他国家所衷心认可、追随与效仿。这才是国家真正强大的表征。从历史角度看,孟子所谓"春秋无义战",即是指诸侯国之间,皆秉持"以力服人"的逻辑,致力于富国强兵,攻城伐地,是为霸道之政。他们也就难逃礼崩乐坏的社会失序危机。故此,儒家力图重建周代的德性政治,以仁政夯实其政权的公共性基础。总之,对于社会主义核心价值观中的"富强"观念的形塑与涵养,应汲取历史的教训,致力于重建人类社会基于公共德性的世界政治秩序。

(二)"共同富裕"与公平正义的价值形塑

"平等"是社会主义核心价值观在社会层面上的重要价值维度,同时也是彰显社会主义公共性的主要价值维度之一。因之,如何实现"平等"价值理想应是社会主义实践的中心关切。对处于社会主义初级阶段的当代中国来说,"共同富裕"便是切实践行如上价值的重要现实问题。20世纪90年代初,邓小平在南方谈话中,对

"社会主义本质"作了简要概括,那就是:解放生产力,发展生产力,消灭剥削、消除两极分化,最终达到共同富裕。其中,"解放生产力"即是要求重建社会主义生产关系,"发展生产力"便是要求发展社会经济、增加人民收入,提高人民生活水平,"最终达到共同富裕"。当然,这一"社会主义本质"的概括,无疑是阶段性的具体论说,而换成相对抽象性的表述,便是追求"平等"价值的实现。"平等"是社会主义的本质性价值要求,在现阶段主要表现为"共同富裕"。

从四十余年来的改革开放历程看,中国在解放与发展生产力上,基本符合了邓小平当年所概括的"社会主义本质"要求,并迅速成为举世瞩目的全球第二大经济体。但毋庸讳言的是,"共同富裕"问题仍然是当前中国特色社会主义建设中的主要社会矛盾。党的十九大报告指出,当前社会主要矛盾是人民日益增长的美好生活的需要和不平衡不充分发展之间的矛盾。这一主要社会矛盾的表述蕴含丰富。"人民的美好生活需要",既指物质生活需要,也指精神文化生活需要。而"不平衡不充分",则既可指涉不同地域之间的,也可指涉不同群体、阶层之间的。这些问题都是对于作为社会主义本质要求的"共同富裕"目标的挑战。当然,对于"共同富裕"的解读,可以作相对宽泛的理解,亦即是不仅指物质经济层面,而且包括精神道德文化层面。这些问题皆可在平等与社会公平正义的价值论域中加以讨论。从某种意义上讲,社会公平即是当下中国社会的最大正义。

（三）"人民性"与社会主义核心价值观的本质属性

人民性是社会主义核心价值观的本质属性之所在。其主要表现如下:

首先,社会主义核心价值观所捍卫的利益主体是人民。人民是社会主义共同体的主体部分。众所周知,社会主义思想从人们对于资本主义私有制所导致的严重阶级分化的不平等社会现象的批判中产生的。秉持社会主义理想的马克思主义者的奋斗目标，即是发动消灭资产阶级私有制的无产阶级革命运动，而"无产阶级的运动是绝大多数人的，为绝大多数人谋利益的独立的运动"，它"把资本变为公共的，属于社会全体成员的财产"①。这一"社会全体成员"即是包括占绝大多数人的无产阶级在内的人民。社会财产由人民共有共享。基此，社会主义核心价值观中的"人民性"彰显了其所具有的公共性特质。而中国共产党作为马克思主义的政党，无疑是以社会主义理想的实现为奋斗目标，"立党为公，执政为民"是其初心使命。它代表最广大人民群众的根本利益。中国共产党领导人民走上中国特色社会主义道路的最终目的是为了捍卫人民的利益。

其次，人民是社会主义核心价值观培育与践行的主体性力量。马克思主义认为，人民群众的力量是无穷的，人民群众是历史的创造者与推动者。因此，群众路线成为中国共产党取得革命与建设胜利的重要法宝。理论必须与人民群众相结合，才能产生巨大的物质性革命力量。正如马克思所说："批判的武器当然不能代替武器的批判。物质力量只能用物质力量来摧毁；但是理论一经掌握群众，也会变成物质力量。理论只要说服人，就能掌握群众，而理论只要彻底，就能说服人。所谓彻底，就是抓住事物的根本。而人的根本就是人本身。"②马克思这一人本或人道主义的言说，彰显了他对于作为历史进程主导者的人民群众的"在场"感的深刻认识。

―――――――――

① 〔德〕马克思、〔德〕恩格斯：《共产党宣言》，《马克思恩格斯文集》（2），第46页。
② 〔德〕马克思：《〈黑格尔法哲学批判〉导言》，《马克思恩格斯文集》（1），第11页。

也正是出于马克思主义者对于人民群众的"在场"感的深刻体悟，习近平总书记强调指出："中国梦必须同人民对美好生活的向往结合起来才能取得成功。"①

再次，人民是衡量坚守社会主义核心价值观与否的裁判员。一如前述，人民是社会主义核心价值观所捍卫的利益主体，是社会主义发展的主要力量。对于社会主义核心价值观的价值评判，亦应以人民的标准为其标准。因此，习近平总书记说："我们必须始终坚持人民立场，坚持人民主体地位，虚心向人民学习，倾听人民呼声，汲取人民智慧，把人民拥护不拥护、赞成不赞成、高兴不高兴、答应不答应作为衡量一切工作得失的根本标准。"②这便是新时代中国特色社会主义"以人民为中心"的发展理念的题中应有之义。

（四）公民的"公德"涵养与"爱国"的公共逻辑

社会主义核心价值观将"爱国"纳入公民个人层面的核心价值论述中。可见，"爱国"是公民所应具有的"公共道德"的重要组成部分，爱国主义是中华民族精神的核心内容。在马克思主义看来，其他社会共同体皆具有明显的阶级性、不平等性。而只有社会主义，才能建构起人类社会真正富于公共性的共同体。对于社会主义共同体来说，"集体主义"是具有核心性意义的价值观。而在关于"集体主义"的价值论域中，"公德"又是首要的价值问题。因为"公德"的涵养，能够更好地维护社会规范与社会秩序，以及增强国家共同体的认同度与凝聚力。此外，公民的"公德"涵养对于"爱国"也会产生强烈的影响力。因此，在社会主义核心价值观中，涵养"公德"，是每个公民应该予以关切的问题。国家是每个公民

---

① 习近平：《习近平谈治国理政》第二卷，第30页。
② 习近平：《习近平谈治国理政》第三卷，第142页。

所共同拥有的政治社会共同体组织,其作为公共性的正式存在,生成了每个公民应该爱国的内在逻辑。

（五）"人类命运共同体"与超民族国家的公共治理关怀

在当下全球化进程不断加深之时,以严分此疆彼界为主要思维的民族国家观念,显然无法应付国际政治与军事的冲突,以及人与自然之间的生态文明危机。因此,必须加强各国的互惠合作。正如习近平总书记所说:"面对严峻的全球性挑战,面对人类发展在十字路口何去何从的抉择,各国应该有以天下为己任的担当精神,积极做行动派、不做观望者,共同努力把人类前途命运掌握在自己手中。"①

国际交流与合作除了彼此之间的现实利益关切之外,还需要相互之间的善意与信任。而获致彼此的善意与信任的前提是,存在一定的可资共享的文化价值观,抑或是价值共识。这一价值共识应是一种具有普遍性的超民族国家的价值认同。基此,新时代的"社会主义核心价值观"构建,自然不仅仅是着眼于国内的社会政治秩序,而且需要具有全球治理的视野。近年来,习近平总书记提出"人类命运共同体"理念,便是具有全球治理视野的理论自觉的表现。而这一理念也应成为新时代中国特色社会主义理论的重要组成部分。因为作为中国特色社会主义事业的领导力量——中国共产党,"既是为中国人民谋幸福的党,也是为人类进步事业而奋斗的党"②。正是从这一意义上说,中国特色社会主义,具有特殊性与普遍性的双重维度。作为其价值内核的核心价值观,亦应凸显出如上两个价值维度,以适应当前国内国际社会政治秩序的理性重建的需要。

---

① 习近平:《习近平谈治国理政》第三卷,第460页。
② 习近平:《习近平谈治国理政》第三卷,第436页。

第三节　儒学公共精神对社会主义
核心价值观的涵养机制

　　长期以来,儒学的现代价值往往定格于个体在日常生活中的德性修养,而其之于社会政治层面的现代性形塑功能,则在一种反传统主义的意绪下被摒弃。儒学的这一历史遭际导致其"内圣外王"逻辑结构的断裂:有内圣而无外王。近年来,学人致力于重建儒学的"内圣外王"结构,在一定程度上复原了儒学所固有的经世逻辑链。本书从公共精神视域来论析儒学对于社会主义核心价值观的涵养机制问题,无疑是建基于儒学完整的经世逻辑链之上的。基此,运用如前所述的"王道公共性"来概括儒学的经世精神特质。因为"'王道公共性'一词,意在关切公私秩序结构,兼融'心性'思辨与'社会政治'秩序建构为一体。换言之,取'内圣外王'连续体之不可偏废之意。心性道德论说之'私'是儒家内圣之实践起点,社会政治秩序建构之'公'是儒家外王之理想归宿"①。由此可见,王道公共性是彰显儒学公共精神的核心概念。如前所述,社会主义核心价值观含摄国家、社会与个人等层面。以王道公共性为核心要义的儒学公共精神,对于社会主义核心价值观诸层面中所涉及的现代公共性价值理念,皆有其独特的涵养机制在。

　　一、制度理想:儒学公共精神与社会主义核心价值观的逻辑契合

　　儒家学问关切不仅在于个体道德人格的完善与道德境界的达成,更为重要的是,对于人类社会的群体生活秩序的安排、共同体

---

① 杨肇中:《历史观照中的经世儒学·自序》,第 2 页。

理想的建构有着深沉的思考。换言之,儒学所形塑价值观念的对象主要落定于群体之上。如"孝""礼"的思想便是关乎人类群体生活规范的理论言说。而群体生活规范又是人类社会政治秩序得以型构的观念基础。因之,儒家对于社会政治秩序问题的思考是其中心意向所在。而一如前述,"王道公共性"概念是儒家社会政治秩序关怀之特质的彰显①。基此,我们需要着重分疏的是,儒学基于王道公共性观念的政治理念,与"一般"意义上的社会主义核心价值观,在哪些维度上呈现出逻辑的契合,而这种逻辑契合处便是儒学涵养社会主义核心价值观的机制所在。

(一)整体性价值理念:儒学"天下为公"秩序理念与社会主义公有制的历史性对话

从公共性的角度看,儒学思想的特质在于形塑"王道公共性",而王道所覆盖之对象即为"天下"②。因此,在这一意义上说,所谓"王道公共性"便是具有普遍主义特质的公共性在"天下"的呈现。进言之,"天下为公"即是儒家"王道公共性"内涵的一种典型表达。故儒家将"天下为公"作为大同社会理想所特有的文化品性。如《礼记·礼运篇》云:"大道之行也,天下为公,选贤与能,讲信修睦。故人不独亲其亲,不独子其子,使老有所终,壮有所用,幼有所长,鳏寡孤独废疾者皆有所养,男有分,女有归。货恶其弃于地也,不必藏于己;力恶其不出于身也,不必为己。是故谋闭而不兴,盗窃乱贼而不作,故外户而不闭。是谓大同。"③这段话将儒家理想中

---

① 对于"王道公共性"概念的具体释义,参见第二章第二节中的"儒家'王道公共性'的思想内涵及特质"。

② 关于"天下"观念的具体论述,参见第三章第一节《"天下"与"国家"——儒家政治秩序中的共同体形态》。

③〔清〕朱彬:《礼记训纂》,第331—332页。

的人类社会政治秩序即大同社会形态及特质简练地加以勾勒。具体言之，其包孕如下四个方面的意蕴。

1. "天下为公"是儒家社会政治秩序的基本原则。在中国古代文献中，"公"字意蕴丰富，但与公共性意涵相关者，则有物指、事指的"公族""公田""公事"，以及与"私"相对者之意。战国以降，"公"不仅仅指涉其公共性状态本身，而且对之赋以道德性褒奖之意①。而此处"天下为公"之"公"即指"公共"之意。清代学者朱彬注解云："公，犹共也，禅位授圣，不家之。"②也就是说，"天下"乃是天下人所共有之天下，非一家之天下③。故此，代表是时儒学这一思想指向的"天下为公"蕴含着双重意义：一是指涉"天下"所具有的公共性秩序状态；二是指谓在公共性呈现之下人们的社会道德境界。实际上，儒家"天下"公共性思想传统，溯其源也久。黄宗羲在《明夷待访录》中，描述了儒家理想中的古代"君主"角色特质："有人者出，不以一己之利为利，而使天下受其利，不以一己之害为害，而使天下释其害。……古者以天下为主，君为客，凡君之所毕世而经营者，为天下也。"④当然，儒家公共性思想言说传统一般采用的是精英视角，也就是作为掌握公共权力的社会政治精英自身如何保持公共性操守，并将这一公共性操守的正当性置于

---

① 关于"公""私"二概念的具体义蕴及演变历程，可参见杨肇中：《儒家"仁"观念与现代公民社会型塑略论——基于中国传统"公"、"私"观念发展演变的视角》，《天府新论》，2013年第6期。

② 〔清〕朱彬：《礼记训纂》，第331页。

③ 对于"天下"的公共性特质的认知，并非仅仅是儒者一家之言，实际上，它是自先秦以降，中国传统诸家之所共认的政治观念。如《吕氏春秋·贵公》亦云："天下非一人之天下，天下之天下也。阴阳之和，不长一类。甘露时雨，不私一物。万民之主，不阿一人。"（许维遹：《吕氏春秋集释》，第25页）

④ 〔明〕黄宗羲：《明夷待访录·原君》，《黄宗羲全集》第一册，第1—2页。

传统的德性观念中进行理解。在儒家看来,中国传统社会政治公
共性秩序的建构起点就是士大夫的德性修养。他们经过一番修养
工夫之后,可在以下两方面起到积极作用:一是可以公正无私地遵
循传统礼乐规范,施行有效的社会治理;二是能够起到德性的表率
与引领作用,有利于社会教化与道德秩序的养成。如《论语》所说
的"君子之德风,小人之德草,草上之风必偃",即为此意。

2."选贤与能,讲信修睦"是基于上述基本原则的治理准则与
伦理规范。首先,选举人才是治理之事的中心环节。在儒家大同
社会里,贤能是选拔人才的唯一准则,非如此不足以彰显"天下为
公"的公共秩序理念。因之,儒家政治往往被视为"贤能政治",其
本质性意蕴即在于选拔具有能够捍卫"天下为公"的公共秩序的
德性与能力者。其次,人们讲究诚信,相处和睦友善,体现了个体
之间与群体之间和谐性的大同社会伦理规范。而这一社会伦理规
范得以成立的前提条件,便是天下"共有""共享"之公共秩序的成
功形塑。

3."老、壮、幼、鳏寡、孤独、废疾,以及男女"等诸种社会角色
皆能安居乐业,各得其所。这是儒家礼乐社会文明秩序的理想呈
现。在这样的社会里,人们的社会认同感与归宿感是非常强烈的。
而形塑这一认同感与归宿感的基石即在于大同社会所具有的平
等、互助、共享的公共伦理理念。

4."货恶其弃于地也,不必藏于己;力恶其不出于身也,不必
为己。"在大同社会里,"大公无私"是人们高尚道德境界与精神风
貌的集中体现。社会共同体的公共利益是每个个体成员所竭力维
护的对象。因之,公道流行而无逞于私意。由此,公私秩序达致一
种高度的和谐状态,其所呈示的社会治理效果便是"谋闭而不兴,
盗窃乱贼而不作,故外户而不闭"。民风淳厚,秩序井然,礼乐教化

臻于文明极致。

从儒学思想史的角度看,"天下为公"的社会政治秩序理念由来已久,大体源于西周初年的德性观念。如《尚书》云:"皇天无亲,惟德是辅。""亲"即人之情感之"私","德"为人之理性之"公"。"皇天"公正无私,由它所主宰之人间秩序,自是合符公平正义原则。"天为民而立之君",天子抑或君主是人间社会政治公共秩序的维护者。能否做到以民为本,以"天下为公",是考察他们是否具备德性的主要标准,关乎其执政的合法性与正当性。中国传统"天下"之公共观念由此而发其端绪。

社会主义是来自于西方的社会思潮。作为社会主义思想发展史上的初级形态的是空想社会主义,出现于16世纪初期。1516年,莫尔运用"乌托邦"一词来指称空想社会主义或乌托邦社会主义。此后,各种空想社会主义思想绵延三百年余年,直至19世纪中叶,出现马克思、恩格斯所创立的科学社会主义①。研究资料表明,现代意义上的"社会主义"概念,于1832年在空想社会主义圣西门派的机关报——法文期刊《地球报》上首次出现。"此后,'社会主义'和'社会主义者'两词流行于英法两国。……'社会主义'和'社会主义者'两词都是由'社会的'这一形容词所衍生出来,用'社会的'一词,其含义和'个人的'相对,'社会主义者'指的是反对当时流行的强调个人权利的观点,着重注意人类关系中的社会因素。……空想社会主义者们关于'社会主义'的界定,主要指的是以合作为基础,以大众的幸福和福利为目标的人类事务的集体管理制,所强调的不在于'政治',而在于财富的生产和分

① 参见王伟光主编:《社会主义通史》第一卷,人民出版社,2011年,第1—2页。

配。"① 资本主义社会所出现的生产与分配问题直接指向平等与公平正义等问题，而对于这些问题的思考与解答无疑关涉社会政治公共性论域。

1848 年，马克思、恩格斯《共产党宣言》的发表，标志着马克思主义者的科学社会主义诞生。从某种意义上说，科学社会主义是对空想社会主义的超越性形态。它在捍卫社会大众的公共利益上，目标更为清晰，行动更具革命性与感召力②。比如，马克思在《共产党宣言》中，基于对资产阶级社会的强烈批判，提出了新型的社会主义或共产主义的社会理想——"自由人联合体"的思想。在这样的社会共同体里面，人们充分享受平等与自由。不过，在他看来，这样的理想社会不会自然地生发，而需要通过阶级斗争来实现。进言之，马克思主张通过阶级斗争的手段来消灭资产阶级社会私有制，建立社会主义公有制来彻底解决人类社会政治共同体中的平等问题。通过社会平等价值的实现，进而达致所有人皆能平等地享有自由的状态，亦即是"自由人联合体"。

在"自由人联合体"中，人类所追寻的作为公共性价值秩序结构中的"平等"价值与"自由"价值，将超越"阶级"的历史桎梏，进而消弭抉择冲突，达致终极和解。由此可见，在科学社会主义所指示的社会理想中，困扰人类社会的政治公共性问题将得到实质性解决。

从公共性的角度看，儒学"天下为公"的秩序理念与社会主义

---

① 参见〔英〕G·D·H·柯尔:《社会主义思想史》第一卷，何瑞丰等译，商务印书馆，1977 年，第 8、10 页。

② 近代中国知识人将具有以上特质的科学社会主义接引至中国，为抗击西方帝国主义与国内一切旧社会政治势力的双重剥削压迫，重建社会政治公共性，提供了强大的思想资源。

思想(无论是空想社会主义,还是科学社会主义)皆追求平等价值
的实现。而且,一如前述,两者在社会政治的公共秩序形塑上具有
一定程度上的趋同性抑或融通性。而正是这种趋同性与融通性,
使得中国近代知识人在面对西方帝国主义列强的欺凌时,倾向于
接受社会主义思想。关于中国近代儒学与社会主义的思想对话,
可从康有为、孙中山二人那里窥其一斑。

首先,康有为是中国近代较早的乌托邦社会主义思想者。"康
氏深入儒家传统,经西潮初度冲击之后,既有此新的思想立场,值
得注意。他的某些思想开了1920年代和1930年代的先声,特别
是社会主义思想。"[1] 康有为《大同书》所阐述的大同社会理想,实
际上就是乌托邦社会主义思想。在该书中,康有为基于春秋公羊
说、礼记大同论说、佛教以及西方各种社会主义思想的汇合,从人
类"去苦求乐"的本能,主张去国界、去级界、去种界、去形界、去家
界、去产界、去乱界、去类界、去苦界等人类九层界别之苦,最终达
致平等极乐境界。正如他自己所说:"吾既生乱世,目击苦道,而思
有以救之,昧昧我思,其惟行大同太平之道哉! 遍观世法,舍大同
之道而欲救生人之苦,求其大乐,殆无由也。大同之道,至平也,至
公也,至仁也,治之至也,虽有善道,无以加此矣。"[2] 康有为虽未用
"社会主义概念",阐发的却无疑是社会主义思想。正如梁启超所
说:"先生之哲学,社会主义派哲学也。泰西社会主义,原于希腊之
柏拉图,有共产之论。及十八世纪,桑士蒙、康德之徒大倡之,其组
织渐完备,隐然为政治上一潜势力。先生未尝读诸氏之书,而其理

---

① 萧公权:《近代中国与新世界:康有为变法与大同思想研究》,江苏人民出版
　 社,1997年,第369页。
② 康有为:《大同书》,第8页。

想与之暗合。"[1]梁启超认为康有为未尝读过西方社会主义之书。不过，此话未可尽信。该思想是19世纪后期在欧美与日本皆有重大影响的流行学说，康有为流亡国外前后，均有机会接触到社会主义思想。而康有为是一个极具自信力的人，即使其已读过，但发现西方社会主义思想与儒家大同社会理想所追求之价值信念大体相同，前者可印证儒家"大同"之旨，故仅以"大同"话语建构人类世界主义的相关论说，或未可知。

其次，孙中山作为有着深厚儒家传统学养的读书人，在激进主义思潮逐渐弥漫于国中之时，能够理性看待中西社会文化之异同，殊为可贵。他认同社会主义的"平等"价值取向以及"共有""共享"理念，并致力于社会主义在中国的实现。从这一意义上说，在孙中山那里，儒学与社会主义之间的历史性对话便已开启。

众所周知，孙中山的理论建构之核心内容在于"三民主义"。其中，民生主义即是属于"社会主义"的主张。他不仅致力于中国近代的政治革命，而且也重视社会革命。中华民国建立之后，孙中山曾说："今吾国之革命乃为国利民福革命，拥护国利民福者，实社会主义。故欲巩固国利民福，不可不注重社会问题。"[2]孙中山讲"国"与"民"之利益一体化的言说，无疑属于公共性理论范畴。在他看来，中华民族之衰弱在于民之贫穷。故民富即国利，而非社会主义则难以达致此目的。"我中华之弱，由于民贫。余观列强致富之原，在于实业。今共和初成，兴实业实为救贫之药剂，为当今莫要之政策，所惜者，社会主义未能明了，以致贫富不均，实业不发达，对于民生

---

①　梁启超：《南海康先生传》，《梁启超选集》（下卷），中国文联出版社，2006年，第750页。

②　孙中山：《社会革命说》，《孙中山全集》第2卷，中华书局，1982年，第333页。

主义亦未易收效。"① 孙中山认为，只有社会主义才能解决中国问题。此外，他对于社会主义的提倡由来已久，最初并非受苏俄的影响。正如宋庆龄所说："孙中山在伦敦蒙难期间，开始萌发了社会主义思想。虽然他还没有能够区别马克思、恩格斯的真正的社会主义和西方某些资产阶级改良主义理论家所主张的社会主义。尽管如此，他心里已经逐渐明白，资本主义解决不了中国的问题。"② 孙中山基于当时中国受西方资本主义影响的现实情况，以及看到西方资本主义社会本身所出现的贫富极度分化的不平等现象，提出了著名的"平均地权，节制资本"的主张。梁启超评价说："孙逸仙，他不是个学者，但眼光锐敏，提倡社会主义，以他为最先。"③ 因此，可以说，孙中山是中国社会主义运动之倡导者与先行者。

孙中山"提倡实业，实行民生主义，而以社会主义为归宿"④。他赞成土地公有、资本公有，希望所有的利益归人民所有。上述思想主要基于他对建构"平等"的社会政治秩序的公共性考量。其不仅是受益于西方社会主义思想的积极影响，而且也是来自儒家大同社会理想的启发。因此，"天下为公"即成为孙中山为革命奋斗的终身信仰。

（二）儒家"天下为公"的秩序理念涵养社会主义核心价值观的思想文化机制

一如前述，儒家"天下为公"的秩序理念所反映的社会政治观

---

① 孙中山：《在上海中华实业联合会欢迎会的演说》（1912 年 4 月 17 日），《孙中山全集》第 2 卷，第 341 页。
② 宋庆龄：《宋庆龄选集》，人民出版社，1992 年，第 537 页。
③ 梁启超：《中国近三百年学术史》，天津古籍出版社，2003 年，第 34 页。
④ 孙中山：《在上海中华实业联合会欢迎会上的演说》，《孙中山全集》第 2 卷，第 340 页。

念在于追寻"平等""公正"的公共性秩序。而这一公共性秩序观念最早应溯源于周代初年的"德性"政治观念。在周人的这一德性观念中,王权的获得不再是某一家族神祇基于血缘的私意授受,而是取决于执政者自身的德性修养。周初的"德性"观念在中国政治思想史上是一个重大的突破,其意义即在于王权的公共性特质由此得以大大扩展①。从这一意义上说,"天下为公"的秩序理念应该奠定于周初。诚然,周代文化亦是对于商、周二代的"损益",但是发生人文主义思想突破的时代却是在周代。故孔子说:"郁郁乎文哉,吾从周。"而"天下"作为一种公共性的存在何以可能呢?礼乐秩序是"天下"之所以成其为"天下"的文明基底。但是,当春秋时期"礼崩乐坏"之后,作为一种公共性存在的"天下"秩序出现动摇。因而孔子建构"仁学",力图重建周代以礼乐为基底的"天下"秩序。由此可见,孔子儒学思想即是周代"天下为公"思想的历史逻辑展开的产物。

"天下为公"的秩序理念蕴含着"平等"和"共享"之义。而"平等"和"共享"的价值理念何以能实现呢?换言之,其所蕴含的内在文化机制是什么?对此,孔子所给出的答案是:重建礼乐文明秩序。在孔子看来,礼乐文明秩序即是"天下"秩序。而"礼"的内在精神实质便是"仁"。孔子云:"克己复礼为仁"。②此"仁"字具有多维度的意涵,它既是"克己复礼"后的"仁"德之显现,同时

---

① 与周代王权公共性的扩展相关的问题,学界已有些研究。如颜世安先生注意到,三代王国礼仪公共性有一个逐渐扩展的过程(参见颜世安:《王国礼仪公共性的扩展——简论古代华夏族群的形成途径》,《江苏行政学院学报》,2006 年第 6 期)。而王国礼仪即是王权的表征。由此,王国礼仪公共性的扩展,亦即是王权公共性的扩展。

② 杨伯峻:《论语译注》,第 121 页。

又具有"克己复礼"之道德实践的功能。此外,每个人身上皆具备"仁"之潜质。因之,"仁"是作为人类社会的类本质存在,既是人与人之间实现平等的思想依据,又是人们在日常生活中,可以进行"推己及人"的社会伦理实践的内在道德机制。统治者或社会精英将自身所具有的内在精神——"仁"加以道德的发显,进而达致"仁者爱人"的伦理道德境界。这种道德人格即是孔子所力图塑造的"君子"人格。因此,孔子认为,"仁"是重建礼乐文明秩序的基石,亦是"天下为公"秩序理念得以形成的理论根据。

孔子而后,孟子进一步将"仁"加以内在心性化的阐发,并提出性善论。孟子云:"恻隐之心,人皆有之;羞恶之心,人皆有之;恭敬之心,人皆有之;是非之心,人皆有之。恻隐之心,仁也;羞恶之心,义也;恭敬之心,礼也;是非之心,智也。仁义礼智,非由外铄我也,我固有之也。"[1]仁义礼智乃是人性之善端,是每个人所具有的潜在为善的品质。而人所具有的这种为善的品质显然是在类本质意义上言说的,具有普遍主义的特质。因此,儒家"仁"论抑或性善论便是一种公共性的论说。而这一公共性理论成为儒家"天下为公"秩序理念得以证成的内在理由。

宋明理学将儒家"仁"观念发展成为一种宇宙形上学的思想,通过天理人欲之辩,论证"天人合一"境界何以可能,进而将其所具有的普遍性、公共性的特质凸显无遗。而这一公共性特质,即是儒家"王道公共性"[2]。由此可见,王道公共性是儒家"天下为公"秩序理念得以展开的逻辑基点。

---

[1] 杨伯峻:《孟子译注》,第239页。
[2] 关于儒家王道公共性的具体论说,参见杨肇中《论宋明理学中的王道公共性意涵及其当代价值——兼从中西哲学比较的视域看》,《江南大学学报(人文社科版)》,2020年第2期。

接下来讨论的是,中国特色社会主义价值理念实现何以可能的问题。如前所述,社会主义能够蔚成西方现代社会一主要思潮,与资本主义社会发展的情势密切关联。资本主义社会发展中最大的社会问题即是不平等问题。此问题在工业革命之后尤为突出。而在科学社会主义理论中,不平等社会问题主要肇因于私有制。故此,马克思、恩格斯认为,"从这个意义上说,共产党人可以把自己的理论概括为一句话:消灭私有制"①。从制度变迁的角度看,社会主义取代资本主义的制度建构,便是建立与之相对的公有制。而从理论上讲,社会主义公有制能够为人类现代社会的"平等"与"自由"提供制度保证,确保社会共同体中的公共性特质。但历史实践也证明:社会主义制度实践是一个非常复杂的系统工程,仅凭这套制度设计本身,无法提供高度发达的社会生产力与塑造人民的崇高道德精神境界。由此可见,在理论与实践之间存在着较大的张力。实际上,社会主义理想得以实现的理论机制与实践进路是有着具体时空条件限制的,尚需不断探索。而中国特色社会主义道路便是中国共产党人在马克思主义中国化过程中不断探索的结果。

一般而言,马克思主义中国化就是将马克思主义基本原理同中国具体实际相结合。所谓"中国具体实际",主要指的是中国的国情现状和历史文化传统。它们为社会主义理想在中国的实现提供了具体的实践土壤,同时也关乎社会主义发展的双重引擎驱动:社会生产力和文化价值观。按照马克思主义理论,社会主义取代资本主义,成为人类现代社会发展模式的典范的正当性与合法性主要在于其生产关系或社会制度可以激发与容纳更高的社会生产

①〔德〕马克思、〔德〕恩格斯:《共产党宣言》,《马克思恩格斯文集》(2),第45页。

力,进而满足人们对于美好生活的物质需求。四十余年的中国特色社会主义实践,通过以经济建设为中心,建立社会主义市场经济制度,大力发展社会生产力,有效地提高人民的物质生活水平,全面建成了小康社会。由此可见,当下中国特色社会主义实践在一定程度上体现了社会主义本质要求。此外,相对来说,社会主义更为重视人类社会共同体的价值观念。而社会共同体的文化价值观对于社会认同度、社会向心力与凝聚力尤为重要。然而,社会主义价值观的塑造亦需建基于特定社会共同体的历史文化传统之上。因此,中国特色社会主义核心价值观应充分汲取中华优秀传统文化的营养。易言之,以中华优秀传统文化的思想资源涵养社会主义核心价值观,是中国特色社会主义葆有旺盛生命力的必要文化实践进路。

一如前述,从儒学思想史的角度看,儒家"天下为公"的秩序理念中所彰显的"平等""公正"与"共享"等公共性价值理念与社会主义理想是相同的。二者在如上公共性价值理念上的契合,促进了中国知识人对于社会主义思想的接引,以及社会主义理想在中国的成功实践。此外,儒学对于社会主义核心价值观进行公共性涵养的文化优势还表现于儒家的德性观念及"反求诸己"的道德修养传统。尤为值得注意的是,儒家"内圣外王"的思想逻辑架构为统合社会主义核心价值观中国家、社会与个人三个层面为一整体性的价值体系提供了丰富的理论资源。这是儒学在整体性价值理念上,能够涵养社会主义核心价值观的内在的历史性机制。

二、治理模式:"德""礼"为治的共在

(一)"导之以德,齐之以礼"——儒家治理思想中的"德治"与"礼治"

作为儒学整体性逻辑结构的"内圣外王"思想,不仅重视个体的道德修为,而且极为关切人类社会政治秩序的安顿,但其终究是一门治国平天下的学问。进言之,前者是儒家学问的基础,后者则是儒者实践的终极归宿。二者对于儒家治理的具体模式各有其规范性论说——"德治"与"礼治",《论语·为政篇》有明确表述:"道之以政,齐之以刑,民免而无耻;道之以德,齐之以礼,有耻且格。"大意为:治理者以政令来领导民众,以刑法来规范民众,在这样的治理模式下,民众固然因畏惧刑罚而守法,但心中却无良善的道德操守;而治理者以德性感化,引领民众,以礼节规范来约束民众,则民众感受其道德教化,而自觉服从社会制度的规范引导。对此,钱穆有一段值得注意的评论:"孔门政治理想,主德化,主礼治。此章深发其趣,盖人道相处,义属平等,理贵相通,其主要枢机在己之一心。教育政治,其道一贯,事非异趣。此亦孔门通义,虽古今异时,此道无可违。"① 在他看来,儒家理想的治道有二:一个道德教化,一个礼治。前者关乎人心秩序,后者则侧重社会政治秩序。但关键之处还是在于人心秩序的构建。不可否认,传统儒家社会是精英主导的社会,治理精英的德性直接影响到社会道德教化的成效与人心秩序。正如孔子所说:"君子之德风,小人之德草,草上之风必偃。"② 作为治理社会的精英的自身德性修为的示范作用是巨大的。故孟子更为明确地指出:"君仁莫不仁,君义莫不义,君正莫不正,一正君而国定矣。"③ 以治理者自身的道德示范来感化、引领百姓,而非以权势压人,这是儒家治理的基本主张。因之,在儒家看来,君子之正道就是"修己以安人""修己以安百姓"。"安

---

① 钱穆:《论语新解》(新校本),《钱穆先生全集》,第28页。
② 杨伯峻:《论语译注》,第127页。
③ 〔宋〕朱熹:《四书章句集注》,第285页。

人"与"安百姓"都是儒家外王之事,关乎社会政治秩序。不过,一如前述,社会政治秩序得以安顿的前提条件是人心秩序。这里的"人心秩序"既包括治理精英之"心",也包括"百姓之心"。只有将二者加以会通,人心秩序方可安稳,而这会通桥梁便是治理自身的"德性"。此之谓"以德服人"。职是之故,孔子提倡"为政以德"。只有如此,方能达致"譬如北辰,居其所而众星共之"的无为而治的治理效果①。

如果说儒家治理之德化主张,主要是就治理精英本身的素质与德性修为而言,强调治理者的道德主体性与主观意志;那么儒家治理之礼治言说,则是建构一套具有公共性的礼乐制度与社会规范,给予社会共同体全体成员(包括治理者与百姓在内)以共同遵守之客观准则。显然,孔子颇为提倡"德治"和"礼治"双管齐下的治理模式。不过,总的来说,孔子的治理理想是要造就一个道德性的社会。在这样的道德场域中,其社会政治公共性才能得到很好的彰显:民风淳厚,邻里和睦,共有共享,天下大同。

实际上,在儒家治理的双重模式中,德治与礼治是并驾齐驱的,二者相互为用,不可偏于一隅。对此,孟子有一段精辟论说:

> 离娄之明,公输子巧,不以规矩,不能成方员;师旷之聪,不以六律,不能正五音;尧舜之道,不以仁政,不能平治天下。今有仁心仁闻而民不被其泽,不可法于后世者,不行先王之道也。故曰,徒善不足以为政,徒法不能以自行。……既竭心思焉,继之以不忍人之政,而仁覆天下矣。……为政不因先王之道,可谓智乎?是以惟仁者宜在高位。不仁而在高位,是播其

---

① 杨伯峻:《论语译注》,第11页。

恶于众也。上无道揆也,下无法守也,朝不信道,工不信度,君
子犯义,小人犯刑,国之所存者幸也。①

　　孟子指出,国家治理应具有如下双重维度:一是治理者的仁义
之心,二是治理者应据其仁义之心,而制定与之相应的法规制度,
即是仁政。对于治理者来说,仁心和仁政,二者皆具,方可"仁覆
于天下"。因为,"徒善不足以为政,徒法不能以自行"。治理者仅
仅有仁慈善心,而不遵循先王之礼法来行政,则无法平治天下;而
空有礼仪法度,却无仁心之人加以遵守执行,不仅无法达致国治
天下平的理想社会秩序,而且有其不容忽视的危害。"是以惟仁者
宜在高位。不仁而在高位,是播其恶于众也。"相比之下,孟子更
看重治理者的仁心德性之于善政仁政的优先性,故"仁者宜在高
位"。否则,不仁者当政,社会政治秩序的公共性便受到损害,进
而"播其恶于众",那么"君子犯义,小人犯刑"的国家治理衰败而
覆亡的后果自然难以避免。总的说来,儒家关于治理的看法是,仁
心德性是内在的、基础性的,且具有选择优先性,而礼仪法度是外
在的、客观且必要的。因此,儒家治理之道即是"合内外而一之"
之道。

　　(二)儒学"内外兼治"治理理念对于中国特色社会主义治理
思维的涵养机制

　　自党的十八届三中全会决定将推进国家治理体系和治理能力
现代化作为全面深化改革的总目标以来,对于中国特色社会主义
国家治理体系建构的研究成果不断涌现。从中华优秀传统文化中
开掘建构现代化治理体系的思想资源的研究角度,也逐渐为学人

---

① 杨伯峻:《孟子译注》,第148页。

所重视。作为中华传统文化的主干部分之儒学具有丰富的治理思想,上文所述的儒家"德治"与"礼治"思想便是其核心内容所在,对于新时代中国特色社会主义治理价值观的涵养及治理体系的建构具有重要的意义。正如习近平总书记所指出的:"中国特色社会主义制度和国家治理体系具有深厚的历史底蕴。在几千年的历史演进中,中华民族创造了灿烂的古代文明,形成了关于国家制度和国家治理的丰富思想,包括……德主刑辅、以德化人的德治主张,等等。这些思想中的精华是中华优秀传统文化的重要组成部分,也是中华民族精神的重要内容。马克思主义传入中国后,科学社会主义的主张受到中国人民热烈欢迎,并最终扎根中国大地,开花结果,决不是偶然的,而是同我国传承了几千年的优秀历史文化和广大人民日用而不觉的价值观念融通的。"①

　　"依法治国"与"以德治国"是近年来我国提出的两大治国理念,从治理理念到制度实践是一个非常复杂的过程。它涉及政治观念、制度文化,以及社会心理等多重因素。诚然,古今中西有着非常丰富的"德治"或"法治"的思想资源,它们可能会在不同程度上对当下中国的治理观念、制度设计以及制度实践产生重要的影响。然而,对于特定社会政治共同体秩序构建的有效性应是治理主体进行理性选择的主要标准。历史实践证明,中国社会政治共同体的治理制度,无法完全照搬西方社会的治理模式,只有建基于自身的历史文化传统之上,其治理有效性才能得以凸显。进言之,中国特色社会主义现代化治理体系的构建,应该有一个对于自身传统文化思想资源进行创造性转化的过程,在这过程中,中国特色

①习近平:《习近平谈治国理政》第三卷,第119—120页。

社会主义治理价值观将会逐渐获致富于现代生命力的文化滋养[①]。下面主要围绕"法治""德治"及"礼治"等的古今意蕴,及其在中国特色社会主义的现代化治理体系建构中的开展,作一简要分疏。

"法治"是现代绝大多数国家的治理观念共识,也是现代社会的主流治理模式,与之相应的政治观念是"自由""平等""民主""人权",等等。因之,它具有无可质疑的现代性质素。中国现代社会的"法治"观念,大多受近代以降西方社会的影响,同时也因应于"陌生人"社会到来的需要。在"陌生人"社会里,"契约""权利"与"义务"等成为中心观念,并由此形成法律的成文规定。而与之相对的是中国传统的"熟人"社会,它的中心观念是"礼治"及"德治",包括显性的朝廷礼仪制度,以及道德伦理与风俗习惯等不成文的社会规范。中国传统社会里,也存在"法治"思想,可见于诸先秦法家文献。如《管子》云:"以法治国,则举措而已。"[②]《韩非子》云:"治民无常,唯法为治。"[③] 但中国传统观念中的"法治"含义,与现代社会所谓"法治"内涵有所异同。二者相同之处,在于皆崇尚客观的法律规范在国家治理中的重要作用;其不同之处,则在于前者是以法治国,"法"仅仅是作为一种通过权力或刑罚来维持社会政治秩序的工具性存在,且人可以凌驾于法律之上,因此,"法"所彰显的"平等性"与"公共性"是较为有限的;后者则主张"依法治国",凸显"法"在国家治理中的地位优先性,其目的在于捍卫公民之自由与平等权利。基此,"法"所主导的社

---

① 当下人们对于"传统"与"现代"的文化认知,早已打破了学界长期存在之二元对立的陈见,认为人类社会现代性的重构是可以在经历创造性转化之后的传统文化思想资源中获取前进动能的。
② 〔清〕黎翔凤撰:《管子校注》,第916页。
③ 〔清〕王先慎:《韩非子》,姜俊俊校点,上海古籍出版社,2015年,第575页。

会政治共同体秩序中的公共性能够得以保障。处于民主时代的人们,对于现代社会政治共同体的公共性期待无疑是要强于传统社会的。职是之故,对于新时代中国特色社会主义的治理体系构建中的"法治"来说,必须在充分彰扬其现代法治理念的基础上,扬弃传统"法治"资源。当下中国正处于从传统向现代转型的过程,呈现出由熟人社会向陌生人社会过渡的特征。一如前述,陌生人社会的客观情境呼唤着现代法治的确立,基于"依法治国"理念的现代化治理体系的建构是时代的必然要求。

　　不可否认的是,当下中国的现代法制建设尚待不断的发展与完善,法治理想的实现任重道远。诚如论者所说:"在政治学上,制度意味着人们的行为方式的定型化产物,其本质在于行为的高度可预测性。……中国实际上一直缺乏一种建立在现代市场经济之上,成为自由的个人行为可预测性约束的制度认识。"[1]现代法治真正建立的标志,在于基于人的行为的高度可预测性的制度观念的确立。也就是说作为显性规则存在的制度设计的效用性是可期待的。而这一可期待性高的制度观念会促进人与人之间、个人与社会、国家之间的公共信任度的增强,这也是成熟的现代市场经济的必然要求。毋庸置疑,建立体现自由、平等与信任等公共性价值的法治社会应是中国特色社会主义现代化治理体系的构建所努力的主要方向。

　　当然,中国特色社会主义的现代化治理体系的构建是一个复杂的系统工程,仅仅依靠现代性的法治理念及其制度设计,其成效定然有所不逮。众所周知,在人类社会政治共同体中,任何一种思想观念及其制度设计的有效性,皆无法涵盖如个体、家庭、社会、

---

① 季卫东:《法治秩序的建构》,商务印书馆,2014 年,第 253 页。

国家等不同层面。换言之,现代法治理念及制度虽然有不可替代的治理效能,但却无法"包打天下"。尤其是在中国这样一个拥有千年文明历史的国家里,现代法治模式是无法真正渗透到社会的每个角落的。法治只能在其社会政治的基本秩序层面上发挥其效用。而且,日常法制建设相对于复杂的社会人性而言,永远是未完成式。而儒家治理传统中"德治"与"礼治",可起到补充作用,以改善现代法治治理模式之不足。

首先,孔子所主张的"为政以德",即是儒家传统"德治"思想。众所周知,儒家治理属于一种社会精英治理的模式。"德性"是治理精英们对于自我的德性反省与要求,即"反求诸己"。然后,他们通过自身的道德示范来发挥社会治理作用。对于此,孔子已有批判现实而警示后人的论说:"古之学者为己,今之学者为人。"宋代二程注云:"为己,欲得之于己也。为人,欲见知于人也。"①它的意思是,为己之学即是通过反求诸己,提升自身道德修为;为人之学则并非向内求其德性之砥砺,而是凭藉此学以邀誉悦人。元代《四书辨疑》则接着程子此说,作了详细的阐发:

> 欲得之于己,此为为己之公,欲见知于人,此为为己之私。两句皆是为己,为人之义不可通也。盖为己,务欲治己也,但学治己,则治人之用斯在。专学治人,则治己之本斯亡。若于正心修己以善自治之道不用力焉,而乃专学为师教人之艺,专学为官治人之能,不明己德,而务新民,舍其田而芸人之田,凡如此者,皆为己之学也。②

①〔宋〕朱熹:《四书章句集注》,第155页。
② 程树德:《论语集释》,第1295页。

从这段话来看,首先,《四书辨疑》从人的动机角度来评判为学的正当性。凡致力于己身之德性修养者,皆为治理之"公"心,而以此学问邀誉于人,不践行于己身,便是私意显现;其次,儒家学问的用途大体如孔子所言,在于"修己安人",也就是说只有修己完成,方能安人。因此,该书强调指出,"学治己,则治人之用斯在"。如果没有修己之工夫,径直学"治人"之术,则丧失了儒家治平之根基。由此可见,儒家"德治"理念是塑造治理者"反求诸己"的君子人格的一种治理观念,而不是将"道德"视为一种控制与评判被治理者的社会工具,否则容易出现"伪道德"现象。这是在汲取儒家"德治"思想资源时所必须深加注意的。

儒家的君子人格何以有助于现代法治效用的完善?让我们先来看看中国传统治理思想是如何看待"法"与"人"的关系的。在中国古代思想史上,存在着"法"与"人"之间何者具有优先性的争论。比如,荀子所谓"治人"与"治法"之说。此谓"治人",绝非是今人所指的,与"法治"相对之"人治",而是指谓"贤能之人"。在荀子看来,治理国家最重要在于得人,即贤能之君子在位。因为世上没有可以自行治理的法度。因此,荀子认为:

> 有乱君,无乱国,有治人,无治法。羿之法非亡也,而羿不世中;禹之法犹存,而夏不世王。故法不能独立,类不能自行。得其人则存,失其人则亡。法者,治之端也;君子者,法之原也。故有君子,则法虽省,足以偏矣。无君子,则法虽具,失先后之施,不能应事之变,足以乱矣。[1]

---

[1] 〔清〕王先谦:《荀子集解》,第272页。

荀子主张,治理之本在于治理的主体——人。如取法而舍人,便是取乱之道。不过,荀子对这个治理主体提出了道德的要求——成为君子。从这一点上来说,荀子承继了孔、孟重德之遗意。当然,荀子对于"法"的理解,自然是近乎法家之"法"。"法"只是作为一种纯然工具性的存在。因此,在国家治理中,贤能之人具有无可质疑的优先性。

其次,与荀子论说相反的便是黄宗羲的"有治法,而后有治人"说。黄宗羲认为:

> 论者谓有治人无治法,吾以谓有治法而后有治人。自非法之法桎梏天下人之手足,即有能治之人,终不胜其牵挽嫌疑之顾盼,有所设施,亦就其分之所得,安于苟简,而不能有度外之功名。使先王之法而在,莫不有法外之意存乎其间。其人是也,则可以无不行之意;其人非也,亦不至深刻罗网,反害天下。故曰有治法而后有治人。①

在黄宗羲看来,"治法"是最重要的,具有优先性。然而,何谓"治法"呢? 这里所说的"治法"自然不是指某种具体的制度、法度,而是指儒家理想中的"三代之法",即一种具有"天下"公共性的优良的历史文化传统与治法传统。而这里的"治人"并非像荀子一样特别强调是"贤能之人",仅仅指谓一般意义上的治理主体之人。

从荀子与黄宗羲的治理思想来看,他们的观点实际上并无互相矛盾之处,而是使用的"治人"与"治法"概念所指涉的涵义不同而已。儒家治理思想中有两种治理观念值得重视:一是作为治理

①〔明〕黄宗羲:《明夷待访录》,《黄宗羲全集》第一册,第6页。

精英的个体德性,即是荀子所谓"治人"的意涵。这一"治人"所具有的德性是"公共"之德,亦即是公共精神;二是作为能够凸显天下公共性理想的历史文化观念传统,即是黄宗羲所谓的"治法"。

儒家上述治理观念对于当下中国特色社会主义的现代化治理体系构建来说,无疑具有启示意义。现代"法治"是社会政治共同体的主流治理模式,其核心的治理机制便是建立理性的客观的平等的法制,而后方可"依法治国"。但问题是,在"依法治国"的背后却是"人"的隐匿,其后果便是人的"德性"在公共领域中的"失语"。换句话说,就是当下的个体德性素养是退隐于私人领域,而不涉入社会公共生活的。正如有论者所说,"内圣的归内圣,外王的归外王"①。诚然,"内圣外王"在中国传统皇权的政教合一的政治架构中,难免产生权力腐蚀社会政治秩序的公共性的现象。但当儒家的"德治"观念在现代法治模式下运作时,既可发挥由德性修养而锻造的君子人格在治理中的积极作用,又可避免在"以德为治"的传统治理架构中的道德虚伪与傲慢,从而在很大程度上保障现代法治对于"自由""平等""民主""人权"等公共价值在治理过程中的落实。

在治理实践中,任何具体的法制设计都无法达到与复杂的现实人性相协调的完善性。而作为法治模式下被隐匿的人(治理精英),有可能出来破坏法治的公共性及平等性。此即是荀子所谓之"无治人"的状态。因此,构建现代化治理体系,必须从源头上着手,力倡"德治",培育治理精英们的君子人格,与现代"法治"思维相为配合,从而起到内外兼治之效果。

---

① 任剑涛:《内圣的归内圣,外王的归外王——现代儒学的突破》,《中国人民大学学报》,2018 年第 1 期。

除此之外,儒家的"礼治"也是可以切入现代化治理体系的建构过程的。众所周知,自民国初年的新文化运动后,儒家礼治被当作"吃人的旧礼教"遭到遗弃,从而失去了在现代社会治理体系中的合法性地位。在那齐声呼喊打倒"孔家店"的年代,人们的激情超乎理性,致使是时意欲挺立儒家价值的学人的微弱发声淹没于反传统主义的思想大潮中。即便是当时现代新儒家学人力图重建儒家思想的现代价值体系,也只是局囿内在心性的道德修为领域,而之于传统外王之学则不得不闭口不谈,抑或弃而不用,进而致力于"从旧内圣开新外王"一途。现在看来,儒家礼治之近代境遇,实乃时势使然。

就大力弘扬中华优秀传统文化的当下而言,儒家礼治观念的合理性内容无疑值得重新加以开掘。儒家礼治是覆盖中国传统社会政治秩序的一整套治理文化体系。"凡治人之道,莫急于礼"[①];而"礼"表现在治理层面的文化精神即是"和"。儒家主张,"礼之用,和为贵"[②]。北宋学者邢昺将"和"字理解为:"和,谓乐也。乐主和同,故谓乐为和。夫礼胜则离,谓所居不和也。故礼贵用和,使不至于离也。……先王治民之道以此,礼贵和美,礼节民心,乐和民声。乐至则无怨,礼至则不争,揖让而治天下者,礼乐之谓也。是先王之美道也。"[③]由此可见,在儒家礼治思想传统中,礼主异,乐主同,同则和也,而礼乐并用则凸显礼乐传统的精神特质在于"和而不同"。正如论者对于这一"和而不同"的礼文化原则的评论:"礼文化发展出了处理这些差异的精妙原则——和而不同,这一原

---

① 〔清〕朱彬:《礼记训纂》,第722页。
② 杨伯峻:《论语译注》,第7页。
③ 程树德:《论语集释》,第59页。

则承认,甚至保障要素之间的差异性,并对'以同裨同'加以否定和排斥;然而其间的差异却并不导向于'分'、导向于'离',差异之中又有同一性。在古人观念之中,万事万物的差异清晰地存在于天地之间,它们并不是彼此隔绝,彼此疏离的,异质要素之间是相分相异,而又相济相维的关系。这一理念深深地贯注于'礼治'之中,由此本来就具有无所不包性质的'礼',便具有了容纳要素间因时势推移而产生的更大差异的强大涵摄力。"① 由此可以看出,礼治成为中国传统社会千年传承于不坠的治理模式,大体因其具有"和而不同"的精神特质而适应人类社会不断走向分化的趋势,但却又具有整合多元一体的社会秩序格局的强大的柔性功能。正因为"礼"具有上述精神特质,才可以应付现代多元性社会格局的挑战。从某种意义上说,作为"礼"的基本精神特质的"和而不同"理念本身所彰显的公共性价值是其具有超越具体时空的普遍性价值基石所在。而这一普遍性价值便是黄宗羲所说的"治法",亦即是发端于三代之治(先王之道)且具有公共性价值的优秀历史文化传统。综上言之,儒学对于新时代中国特色社会主义的现代化治理价值观的涵养机制主要体现在其"德治"与"礼治"所具有的传统公共性思想资源上。

三、治理原则:"先富后教"的理念

虽然,在儒家的治理观念中,对于治理主体的德性优先性原则的强调令人印象深刻,但并不意味着儒家仅仅强调以个体的德性涵养来解决治理领域的所有公共性问题。在儒家看来,作为精英主体的德性涵养是彰显治理公共性的必要条件,而不是充分条件。

① 阎步克:《士大夫政治演生史稿》,北京大学出版社,2015年,第108页。

也就意味着儒家治理原则中的德性具有优先性,但不具有唯一性。而除开德性优先原则之外,其他治理原则为何呢?

我们认为,在儒家的主要治理原则中,"富"与"教"二字堪为核心理念。正如荀子所说,"不富无以养民情,不教无以理民性"①。"民"作为治理的主要对象,应该注重者有二:一是满足其基本的物质生活需要;二是教化民众,引导向善。"富"与"教"便是治理百姓的入手处。然而,二者往往难以同时并举,那么何者为先呢? 这就涉及到儒家"先富后教"原则。

"先富后教"是儒家思想中非常重要的治理理念。如果说儒家"德性优先"的治理原则体现了其理想主义的思想特质,那么儒家"先富后教"的治理原则则彰显了其现实主义的实践品格。正如韦政通先生所说,孔子的社会思想有着浓厚的人道主义色彩,希望通过切实的社会改造,让老百姓过上富足而平等的日子,"孔子的社会理想在足食、均平,实行的程序是先富后教"②。

《论语》记载了孔子与弟子冉有的一段简要对话,明确点出儒家"先富后教"的治理原则:

> 子适卫,冉有仆。子曰:"庶矣哉!"冉有曰:"既庶矣,又何加焉?"曰:"富之。"曰:"既富矣,又何加焉?"曰:"教之。"③

实际上,孔子"先富后教"的治理思想渊源有自。这可从孔子

---

① 〔清〕王先谦:《荀子集解》,第 589 页。
② 韦政通:《中国思想史》,第 84 页。
③ 杨伯峻:《论语译注》,第 134—135 页。

对于管仲的治国才能的推崇中窥其一斑。我们先看管仲的治国之道。管仲云："凡治国之道,必先富民,民富则易治,民贫则难治也。……是以善为国者,必先富民,然后治之。"[1] 管仲明确主张治国在于"先富后教"的原则,这种治理原则的概括与倡导皆缘于他对于"仓廪实而知礼节,衣食足而知荣辱"[2] 的民众心理的洞悉。因此,孔子感叹说："管仲相桓公,把诸侯,一匡天下,民到于今受其赐。微管仲,吾其被发左衽矣。"[3] 由此看出,孔子对于管仲的评价颇高的原因在于认同管仲如上务实有效的治国之道。

孔子"先富后教"的治国理念,也反映在其义利之辨的论说中。孔子曰："君子喻于义,小人喻于利。"[4] 在这句话中,孔子既在陈说君子(治理精英)"喻于义"的公共性人格特质,也在客观描述小人(老百姓)"喻于利"的私人性人格特征。它对于儒家治理价值的指引既在于倡导"为政以德"的德治路线,也要治理精英重视满足老百姓的物质利益需求。关于这一点,孟子在与齐宣王的对话时,已有明确阐述：

> 无恒产而有恒心者,惟士为能。若民,则无恒产,因无恒心。苟无恒心,放辟,邪侈,无不为己。及限于罪,然后从而刑之,是罔民也。……是故明君制民之产,必使仰足以事父母,俯足以畜妻子,乐岁终身饱,凶年免于死亡。然后驱而之善,故民之从之也轻。今也制民之产,仰不足以事父母,俯不足以畜妻子,乐岁终身苦,凶年不免于死亡。此惟救死而恐不赡,

---

① 〔清〕黎翔凤：《管子校注·治国第四十八》,第924页。
② 〔清〕黎翔凤：《管子校注·牧民第一》,第1页。
③ 杨伯峻：《论语译注》,第149页。
④ 杨伯峻：《论语译注》,第38页。

奚暇治礼义哉？王欲行之,则盍反其本矣。①

在孟子看来,只有"士"能做到"无恒产而有恒心"。"士"即是君子,能够"喻于义"者,他们具有捍卫公共礼义规范的文化情怀。而老百姓之"恒心"则因"恒产"而生。因此,从老百姓的角度看,治国之根本在于:先让老百姓过上富足的日子,而后治理精英加以道德的引领,"驱而之善",民则乐而从之。由此,公共社会政治秩序的构建才会变得可以期待。综上看来,"先富后教"实为孔孟儒学极为重要的治理原则。

值得注意的是,清末力图重建现代新儒学的康有为,对于孔子"先富后教"的治理思想有着更为详尽的阐发。康有为说:

> 庶而不富,则民生不遂;富而不教,则民德不育,富以养其生,教以善其性,二者备矣。夫教化废,则推中人而坠于小人之域;教化行,则引中人而纳于君子之涂。然饥寒切肤,不顾廉耻,孔子虽重教化,而以富民为先,管子所谓治国之道必先富民,此与宋儒徒陈高义,但言饿死事小失节事大者,亦异矣。宋后之治法,薄为俸禄,而责吏之廉;未尝养民,而期俗之善;远为期而责不至,重为任而责不胜;弱者为伪,而强者为乱。盖未富而言教,悖乎公理,紊乎行序也。②

康有为认为,"富"与"教"皆为儒家治理的重要维度,但"富民"具有治理优先性。基此,康有为批评宋儒高陈心性形上学之

①〔宋〕朱熹:《四书章句集注》,第211—212页。
②康有为:《论语注》,《康有为全集》(6),第482页。

义,而不关切民生日用。此外,他还批评宋代以降的社会政治治理有悖情理之处。比如:薄俸而责廉,民未养而期待形成良善社会秩序等。在康有为看来,其结果便是,人情虚伪与社会秩序紊乱重生。总之,"先富后教"原则乃为万世不移的治理之公理。

简要梳理完儒家"先富后教"的治理原则之后,我们再看看四十余年来中国特色社会主义的发展进路与治理思维。

1978 年,中国共产党召开十一届三中全会,确立了以经济建设为中心的工作目标。从一定意义上说,它正式开启了中国特色社会主义的发展道路,在解决"什么是社会主义,怎样建设社会主义"的问题上跨出了关键性的一步。而对这一问题的回答,就是中国共产党对于社会主义本质的重新认定,即"社会主义的本质,是解放生产力,发展生产力,消灭剥削,消除两极分化,最终达到共同富裕"。基此,邓小平在南方谈话中,明确提出了三个"有利于"理论,即"是否有利于发展社会主义社会的生产力、是否有利于增强社会主义国家的综合国力、是否有利于提高人民的生活水平"。改革开放的历史实践证明,中国特色社会主义在社会经济治理领域里,取得了举世瞩目的巨大成就。诚然,中国特色社会主义经济治理所确立的发展进路,既是改革开放前三十年不断地探索中国特色主义建设道路的结果,又与中国共产党人重返马克思主义经典,实践马克思主义关于"经济基础决定上层建筑""生产力决定生产关系"的社会发展原理有关。但不可否认的是,中国特色社会主义的治理思维与儒家"治国必先富民"的治理理念颇为类似。

一如前述,儒家在治理主张中强调德性优先的原则,只是就治理精英本身而言,而从作为治理对象的老百姓的角度看,便是必须坚持"以富民为先"的治理方略。综合来看,儒家治理中的"官—民"角色二元架构,凸显出了双重优先性,亦即德性优先与富民为先。只有实现了这一双重优先性，"后于教"的教化功能才能随之呈现，儒家所崇尚的"天下为公"的理想道德性社会才会出现，因为儒家"君子"的公共精神典范与道德引领会在社会政治秩序结构中发生效用，事半功倍地达致社会道德教化的目的。正如孔子所说："君子之德风，小人之德草，草上之风必偃。"不过，儒家治理中的教化结构始终是一个"德""礼"为治的共在结构。"德"能为儒家治理中的教化功能提供心源动力，体现了独特的文化动力机制；而"礼"则为儒家治理中的教化秩序提供了颇具特色的文化黏合剂。职是之故，儒家"先富后教"的治理原则中的教化观念彰显了中华优秀传统文化中的思想特色。

对于当下中国特色社会主义的治理体系和治理能力现代化来说，精神文化、价值信仰与道德秩序的建构已被提上议事日程。而国家文化软实力的提升，文化强国的战略目标的实现，端赖于中国优秀传统教化，尤其是儒家文化中丰富的教化思想资源的深入开掘。总体来说，新时代中国特色社会主义的治理大力汲取儒家的"先富后教"以及"富、教并重"的观念资源，可以更好地推进中国特色社会主义事业。

四、共同体的理想形态：超越民族国家的"天下主义"或"世界主义"的共寻

近代以降，民族国家成为人类现代政治社会的主流共同体形态。而民族国家共同体观念从某种意义上是反"天下主义"或"世界主义"的，因为它有着过于强调"此疆彼界"与严辨内外的主权意识。由此，在当下全球化进程不断加深的情势下，这一政治共同体观念在很大程度上对于全球化形成挑战，继而产生一种狭隘的民族主义情绪与逆全球化的现象。中国近年倡导"人类命运共

同体"理念,主张建构"共商""共建""共享"的全球治理观,这些
思想可视为应对当下逆全球化现象所提出的重塑良性世界社会政
治秩序的中国方案,也是新时代社会主义核心价值观的重要组成
部分。

基此,儒学如何有助益于社会主义核心价值观的新型构建,以
应对当下这一全球化的困境?实际上,"人类命运共同体"理念,以
及"共商""共建""共享"的全球治理秩序的构建皆可以从儒学中
找到丰富的思想资源。简言之,儒学对于社会主义核心价值观中
关于全球治理价值的涵养机制表现为儒家具有超民族国家共同体
的"天下主义"文化观念①。它是儒家文明的主要特质所在,彰显的
是一种普遍主义思维,并蕴含在儒家礼乐文化精神之中。礼乐文
化精神的核心内容便是"和而不同"与"多元一体"。值得注意的
是,儒家"和而不同"精神的普遍主义的呈现不是来自于外在的强
制力,而是建基于儒家"仁"观念显发之后的文化认同与吸引之上
的。此一文化认同与吸引,并不局囿于某一特定的族群与民族,故
而具有较大的弥散性特点。这便是儒家文明所特有的普遍主义文
化观念。

新时代社会主义核心价值观的塑造与涵养应该汲取儒学的普
遍主义文化思想资源,并以此来夯实"人类命运共同体"理念的思
想基础,进而为当下全球化困境的纾解切实贡献中国的智慧。实
际上,以儒学来涵养社会主义核心价值观中的普遍主义文化意识
不仅是可欲的,而且是可能的。因为作为马克思主义的社会主义
思想,其本身即具有一种解放视域中的"世界主义"精神。它提倡

---

① 关于"天下主义"观念的具体论述,参看杨毓团:《从"天下主义""民族国
　家"到"新天下主义"——中国民族主义特质流衍论略》,《政治思想史》,
　2016年第2期。

平等与照拂弱势的公共性思想品格,无疑是超越现代民族国家范域的,因而也具有世界历史意义。

一如前述,马克思主义的政治纲领《共产党宣言》开门见山地表明,要让世界无产者联合起来,不分民族与国界,以共同应对世界资产阶级的剥削与压迫,废除私有制,消灭资本主义,建立共产主义(社会主义)社会。可见马克思哲学作为一种政治解放的哲学,其落脚点即在于"世界"之上。比如,马克思说:"政治解放当然是一大进步,尽管它不是普遍的人的解放的最后形式,但在迄今为止的世界制度内,它是人的解放的最后形式。"① 他认为,从现实来说,政治的解放即是人的解放。而政治的解放在于确立人自身作为一种社会公共性的存在。"任何解放都是使人的世界即各种关系回归于人自身。政治解放一方面把人归结为市民社会的成员,归结为利己的、独立的个体,另一方面把人归结为公民,归结为法人。只有当现实的个人把抽象的公民复归于自身,并且作为个人,在自己的经验生活、自己的个体劳动、自己的个体关系中间,成为类存在物的时候,只有当人认识到自身'固有力量'是社会力量,并把这种力量组织起来因而不再把社会力量以政治力量的形式同自身分离的时候,只有到了那个时候,人的解放才能完成。"② 从马克思以上论说中,可看出在他的解放政治哲学中存在两个重要命题:一是从"世界制度"的角度思考人的政治解放的现实性;二是强调人作为类存在物的社会公共性是人获致政治解放的重要实践维度。正如论者所指出的:"马克思的哲学变革是一种交往实践观上的变革,交往实践观是马克思新哲学的基本视界……交往

---

① 〔德〕马克思:《论犹太人问题》,《马克思恩格斯文集》(1),第32页。
② 〔德〕马克思:《论犹太人问题》,《马克思恩格斯文集》(1),第46页。

实践的双向建构和双重整合不仅造就了交往的共同体,而且也造就了公共性和公共领域。所谓公共性就是指超越私人性个体存在的一种交往关系,它的基本前提就是多元交往主体的'共在'。"①马克思指出的,在人类共同体中所存在的多元交往主体的"共在"性,从某种意义上说,即是儒家所崇尚的礼乐社会秩序之"和而不同"的公共性状态。

综上而论,从客观上来说,无论是儒学,还是马克思主义的社会主义思想,皆在寻求一种超越具体的民族国家的人类社会公共性,并由此进路而达致平等、共享与和谐的"此岸世界"——人间秩序。从这个意义上看,二者在找寻人类共同体的理想形态问题上,出现了一种超越民族国家的"天下主义"与"世界主义"的思想共寻现象。它们对于当下全球化进程中的社会政治秩序困境的纾解皆可提供不容忽视的启发与借鉴意义。职是之故,对于社会主义核心价值观中"世界主义"文化意识的涵养来说,不仅要承继马克思主义的世界主义公共性品格,更要开掘儒学思想中的"天下"公共性观念的丰富资源,以中华文化的"天下"精粹品格来夯实"人类命运共同体"的理论基石②。

第四节　儒学公共精神对社会主义核心价值观涵养的实现路径

一如前述,儒学对于社会主义核心价值观的涵养来说,拥有独

---

① 贾英健:《公共性视域——马克思哲学的当代阐释》,第18页。
② 所谓儒家"天下"理念,不是秦汉而后的带有国家化性格的"天下"观念,而是指谓儒家大同理想中基于平等共治、和谐共享原则之上超国家化的"天下"理念。

特的文化机制。这一文化机制不仅有利于接引社会主义思想进入近代中国,而且对于社会主义扎根于当代中国,并发展成为中国化的社会主义思想亦即中国特色社会主义思想,进一步提供了丰富的思想滋养。然而,如何实践儒学公共精神对于社会主义核心价值观的文化涵养功能呢? 我们认为,主要从以下三个方面入手。

一,着力研究与诠释儒学经典,切实致力于儒家传统公共精神的现代转化。对于儒学思想的传承与弘扬来说,儒家经典的研究与诠释工作是一个必不可少的环节。儒学思想中具有超越性、普遍性价值的观念资源会随着时间的推移,慢慢沉淀于经典文献之中。因此,对于儒家经典文献的研究及诠释是当下深入开掘儒学思想宝藏的重要学术进路。换言之,文献思想的复活有赖于后人的研究与诠释。梁启超描述晚明清初思想在近代复活情状时说:"凡大思想家所留下话,虽或在当时不发生效力,然而那话灌输到国民的'下意识'里头,碰着机缘,便会复活,而且其力极猛。……最近三十年思想界之变迁,虽波澜一日比一日壮阔,内容一日比一日复杂,而最初的原动力,我敢用一句话来包举他:残明遗献思想之复活。"[1] 梁启超这段话对于当下开掘与发扬儒学思想亦颇具启发意义。儒学传统公共精神的现代创造性转化需要重新回到儒家经典文献中,激活与汲取其创造性转化的思想源泉。而对于社会主义核心价值观的涵养来说,这一被激活之后的儒学思想才是其有效的源头活水。值得注意的是,对于中华优秀传统文化在当代的创造性转化与创新性发展来说,儒家经典的诠释研究无疑意义重大。因为从某种意义上说,经典诠释研究的过程便是文化创造性转化与创新性发展的过程。但是,在这一过程中,我们必须坚持

---

[1] 梁启超:《中国近三百年学术史》,第33页。

一个理论的基本点,那就是要"从马克思主义的历史主义原则出发,运用作为方法论的历史的唯物论和历史的辩证法,来看待和解决传统文化与现时代中国文化发展关系问题"①。只有这样,儒学经典诠释的生命力才能够得以焕发,其精神思想资源的有效性才能够在人类现代世界中呈现。

二,扩大中国化马克思主义理论体系的开放性,寻求与儒家优秀传统文化之间的最大共识。对于马克思主义与儒家之间所具有的诸多内在思想共识,前文多有论说。而在推进马克思主义中国化过程中,亦需基于上述思想认知,扩大当下马克思主义理论体系的开放性。在开放与包容中,彰显马克思主义的理论自信,从而呈示其与时俱进的思想生命力。有鉴于此,当代中国化马克思主义理论构建应在古今中外的思想理论坐标中,定位自己的未来文化航向。简言之,这一文化航向就是由中华优秀传统文化、革命文化与社会主义先进文化共同蕴化、融合而成的中国特色社会主义文化。其中,在马克思主义中国化的不断发展过程中,坚守中华文化立场,与儒家传统文化思想进行深度的对话,是涵养社会主义核心价值观的重中之重的实践进路。总之,在社会主义核心价值观的形塑与涵养中,应秉持必要的开放性心态,充分汲取儒家优秀传统文化的思想资源,进而在立德树人与治国理政等方面呈现出更为有效的教育成果与治理成就。

三,增强民间社会组织寓儒学现代公共精神于社会主义公民教育之中的文化自觉性。众所周知,大力弘扬中华优秀传统文化是呈示中国特色社会主义的文化自觉性的重要维度。而儒学的公

---

① 李维武:《马克思主义哲学中国化与中国哲学的现代转型》,北京师范大学出版社,2021年,第599页。

共精神便是中华优秀传统文化的瑰宝,应将其纳入当代社会主义公民教育之中。这是形塑与涵养社会主义核心价值观的重要维度。社会主义公民教育是中国真正走向现代化的基础性教育面向,而现代公共精神是社会主义公民教育的核心内容。应大力开掘儒家思想的传统公共精神,并促使其实现符合现代精神的创造性转化,进而将之作为社会主义核心价值观中的公共精神形塑与涵养的重要思想来源。值得注意的是,在以儒学的现代公共精神作为社会主义公民教育之核心要义的教育维度上,除了国家层面之外,民间社会组织也应进一步发挥其积极主动性,推动继承与弘扬儒学的现代公共精神价值的工作。

结语　儒学公共精神现代展开的传统动力资源

儒学现代生命力的呈示,不仅表现于对人们的道德心灵秩序的重构,更在于对关乎人类现代社会政治秩序的核心精神向度——公共精神,作符合时代要求的精准把握与多维展开。毋庸置疑的是,儒学公共精神在现代展开中所欲呈现的社会政治效用,须建基于对自身优秀传统思想资源的大力开掘之上。正如习近平总书记所强调的:"中华文明绵延数千年,有其独特的价值体系。中华优秀传统文化已经成为中华民族的基因,植根在中国人内心,潜移默化影响着中国人的思想方式和行为方式。今天我们提倡和弘扬社会主义核心价值观,必须从中汲取丰富营养,否则就不会有生命力和影响力。"[1] 无论是对于社会主义核心价值观的当下形塑,还是对于儒学自身主体性价值维度的现代建构,皆需立足于中华优秀传统文化思想资源之上。就彰显儒学公共精神的传统思想资源而言,大体有如下观念值得深入开掘:"天人合一""家国共同体""平等""自由""民本""天下为公""以天下为己任""共治天下""以义制利""先富后教""天下大同",等等。本书主要围绕上述观念,综述儒学公共精神现代展开的可能性空间,以进一步窥

---

① 习近平:《习近平谈治国理政》第一卷,外文出版社,2018年,第170页。

见其所承当新命的传统动力资源所在。

一，"天人合一"观念。这是中国传统文化，尤其是儒学里面最具有特色的思想。儒家对于天人关系颇为重视。"推天道以明人事"是作为经世致用之儒家的主要逻辑理路。这里所说的"人事"，即指涉人的道德观念与行为规范，以及人类社会政治秩序，亦即"内圣外王"之事。换言之，"天人合一"观念，主要在于追求人对于俗世的超越，以达到道德理想境界，亦即"内圣"，进而获致齐家治国平天下的"外王"之用。故天人关系构成了儒家伦理学说的理论基础。现在看来，儒家基于"天人合一"的观念是具有超越具体时空的普遍性价值的思想资源。其对于成就个人的道德人格无疑具有积极作用，对于社会主义核心价值观中的国家、社会与公民三层面，皆有直接或间接的涵养意义。值得一提的是，"天人合一"观念对于人类世界未来的发展亦具有重要的意义。正如钱穆先生所指出的，"天人合一"观念实际上是整个中国传统文化思想的归宿，而中国文化对世界人类的贡献主要在于此①。这一论说颇中肯綮，充分展现了当代中国知识人对于中华优秀传统文化的文化自觉与文化自信。

二，家国共同体观念。儒学文化的集体主义或群体主义倾向是十分明显的。人类社会政治秩序问题是儒学的终极关怀。因此，儒学关涉个体价值如"平等"与"自由"，也是在关系主义结构中来加以论说的。进言之，儒家对于个体价值的安顿，是放置于社会政治共同体中实现的。当然，儒家在这里预设了一个理论前提：在礼乐文明秩序中，个体与社会之间，不是对立冲突，而是和谐一致。正

---

① 参见钱穆：《中国文化对人类未来可有的贡献》，《世界局势与中国文化》，《钱穆先生全集》，第 359 页。

如《论语·学而篇》云："礼之用,和为贵。"儒学主张通过礼来重建社会的和谐秩序。"礼"精神的效用在于个人与个人之间,个人与群体之间的和谐性。由此,儒家的"平等"与"自由"的价值是在这一"礼"的和谐性中实现的。此外,社会政治共同体可以分成不同层级,如家、国、天下等。三者之间是一个同构的,且可不断推扩出去的人际秩序。这一逻辑进路可从《大学》中贯通儒家"内圣外王"结构的"八条目",即格物、致知、诚意、正心、修身、齐家、治国、平天下中看出。从某种意义上说,儒家的"私"与"公","个体"与"社会"之间,在道德引领与礼乐规制的实践中,可达成和谐一致。就此而言,儒学的家国共同体观念,确乎可为当代社会主义核心价值观中的"平等""自由""爱国"诸种价值的涵养,提供一定的启示意义。

三,儒家民本与"天下为公"观念。《尚书》云:"民惟邦本,本固邦宁。"这是关于儒家民本思想的较早经典记述。诚然,这一古代民本思想的来源是传统的"天命观",如"天听自我民听,天视自我民视"。而"民本"观念又是"德性"观念的主要表征。对于治理天下者来说,"以民为本"便是其最大的德性所在,是受命于"天"的应然之途。不过,从儒家这个古典政治命题中,透露出一个重要的信息,那就是"天"是昭示人间社会政治秩序的公共性的存在。如"皇天无亲,惟德是辅",这里的"德"指涉的是一种公共德性。而这种公共德性,为后来的儒家经典《礼记·礼运篇》中的"天下为公"的言说所揭示。正如有学者所说:"'天下为公'乃是儒家公共意识的原始典范,也是儒学公共性的一个重要表现,构成儒家建构理想社会的重要传统。"[①]"以民为本"的儒家政治思想是儒学富

---

① 吴震:《论儒家仁学"公共性"——以程朱理学"以公言仁"为核心》,《朱子思想再读》,三联书店,2018 年,第 63 页。

于公共精神的主要表现,无疑有重要的现代启示意义。如习近平总书记所强调的坚持人民立场,"以人民为中心"的发展理念,既是社会主义的本质要求,也是对于儒学传统民本思想的继承与弘扬。因此,儒家"民本"与"天下为公"观念具有不可忽视的现代价值,理应成为涵养当代社会主义核心价值观的重要理念。

四,"以天下为己任"的儒家公共责任伦理观念。众所周知,儒家经典《论语》的中心归趣在于形塑君子的道德人格,以重建周代的礼乐文明秩序。君子的道德人格即是以"仁"为核心的天下关怀,亦即"修己安人""修己安百姓"。它充分展现了儒家的公共责任伦理精神。这一精神在宋代得以发扬光大,如张载所谓"为天地立心,为生民立命,为往圣继绝学,为万世开太平"的四句教即是明证。它既是儒家道统精神的集中写照,也是士大夫传统中公共伦理意识的展现。由此,儒家"共治天下"观念才会在此时显得尤为突出,进而呈现了由士大夫所代表的道统与以皇权为代表的政统进行合作的共治天下的局面。实际上,"以天下为己任"的公共伦理意识,是中国传统士大夫的文化特质,彰显了读书人所应担负"经世济民"的公共精神。而儒家这一传统公共精神对于当代社会主义核心价值观的构建与培育的意义,自然是不言而喻的。

五,儒家义利观念与"先富后教"的治理理念。孔子云:"君子喻于义,小人喻于利。"① 此一言说成为儒学关于义利之辨的基本命题。而义利之辨是儒学的枢轴理论,即是朱熹所说的"儒者第一义"。以往学界多注重其在儒家道德建构上的论说面相,而对于该说在发掘儒家传统公共精神上的意义,则显得相对轻忽,关注不够。实际上,它既关切道德,也指向政治,换言之,是"德""位"兼

---

① 杨伯峻:《论语译注》,第38页。

指的理论言说。故其为阐释儒家"内圣外王"旨趣极为重要的论域。因此,本书将之纳为重点讨论的对象。此外,儒家义利之辨,还有提示其治理理念的深意。这一思想深意大体围绕"小人喻于利"来展开。如果进一步延伸其说,便是儒家所主张的"先富后教"的理念。故此,"君子喻于义,小人喻于利"的义利辨说,属于言轻却意重的经典论说,颇具微言大义。

总的来看,儒家义利言说呈示出两层意思:一是作为社会治理精英的君子应具有道德反省的自觉意识,以"仁"的精神来兑现公共伦理责任承诺,这是儒者大义所在;二是在治理理念上,提倡先富民,而后施于教化,进而王道政治理想方能实现,从一定程度上彰显了儒家治理的现实主义态度。就其对于当代价值而言,前者为中国共产党主张"执政为民"的一贯价值立场,提供君子人格的深厚道义支撑;而后者为中国特色社会主义治理原则,即从以经济建设为中心的人民物质富裕之路发展至社会主义文化强国之路,提供传统治理进路的智慧与启示。这些皆是涵养社会主义核心价值观的有效思想资源。

六,天下大同与文明理念。如前所述,"天下"为儒家公共性层级最高者。作为具有共同体主义特质的儒学,它的终极归宿毋宁是构建"天下大同"的普遍文明秩序。毋庸讳言,人类社会跨入近代以后,世界的发展便无可避免地进入全球化时代。在这一时代,各族群与民族之间的文化碰撞与冲突,在现代民族国家意识的裹挟下,变得更为突出,危机亦日益显现。故此,近年来学人受儒家天下文明理念的启示,提倡"新天下主义",以对治全球化所带来的严重挑战。平心而论,儒家"天下"理论虽未必尽善尽美,但人们基于现实问题意识,开掘与汲取其丰富的思想资源的学术进路,无疑有其价值在。一如前言,追求全人类社会的共同价值、普遍性价值,是社会主义核心价值观的重要价值维度。而作为新时代中国特色社会主义理论体系中的重要内容——人类命运共同体理念,便呈现了当前全球化时代条件下,中国人民在追求人类普遍价值共识上的一种有益努力。对于重建这一价值共识的思想资源来说,儒家"天下"文明理念自然是不能缺位的。

附录一 近年来马克思主义与中华优秀传统文化研究述要 ①

"文化是一个国家、一个民族的灵魂。文化兴国运兴,文化强民族强。没有高度的文化自信,没有文化的繁荣兴盛,就没有中华民族伟大复兴。"② 新时代中国共产党人从实现中华民族伟大复兴的高度来强调"文化自信"的重要性。习近平总书记在庆祝建党一百周年大会上强调指出,要"坚持把马克思主义基本原理同中国具体实际相结合、同中华优秀传统文化相结合,用马克思主义观察时代、把握时代、引领时代,继续发展当代中国马克思主义、21世纪马克思主义"③。这一"两个结合"的重要论述,是新时代中国特色社会主义思想的重大理论成果,代表着21世纪中国化马克思主义理论的新发展新境界,进一步印证了"中国共产党是中华优秀传统文化的忠实传承者和弘扬者"的科学论断。而继承与弘扬中华优秀传统文化,须建基于对它的深入研究与正确认知上,对此,学

---

① 本文发表于《毛泽东邓小平理论研究》,2022 年第 2 期。

② 习近平:《决胜全面建成小康社会,夺取新时代中国特色社会主义伟大胜利——在中国共产党第十九次全国代表大会上的报告》(2017 年 10 月 18 日),《中国共产党第十九次全国代表大会文件汇编》,第 40—41 页。

③ 习近平:《在庆祝中国共产党成立 100 周年大会上的讲话》(2021 年 7 月 1 日),第 13 页。

界近年来加大了对中华优秀传统文化与马克思主义中国化相结合的研究力度,取得了许多成果。探讨与总结这一研究领域的现状,无疑有利于进一步推动中华优秀传统文化的创造性转化和创新性发展研究。在中国知网上,同时输入"马克思主义"与"中国(或中华)优秀传统文化"作为篇名词进行检索发现,截至 2022 年 2 月,共有论文二百零四篇。其中,2012 年以来,相关研究有一百九十六篇论文。由此可见,近年来尤其是党的十八大以来的相关研究,取得了不少成果,而且研究进路也呈现出多维度多视角的特点。本文主要对相关代表性研究成果进行详细述评,并尝试讨论未来推进马克思主义与中华优秀传统文化相结合研究的应然走向。

一、马克思主义与中华优秀传统文化的理论契合研究

中华优秀传统文化是马克思主义中国化不可忽视的深厚文化土壤。正如有学者指出的,"马克思主义中国化是以中国固有的民族文化为土壤和条件的,马克思主义吸收、改造了中国传统文化的优秀思想为马克思主义中国化奠定了基础"[1]。因之,中华优秀传统文化在马克思主义中国化进程中具有非常重要的地位。由此,近年来中华优秀传统文化与马克思主义之间理论契合的机制问题,引起学者的重视,也涌现了许多研究成果。

(一)马克思主义中国化与中华优秀传统文化本身具有内在统一性

针对二者内在统一性问题主要有三种视角。

第一,基于历史发展视角论析中国化马克思主义的思想特质:一、中华优秀传统文化是马克思主义中国化的文化桥梁。二者所

---

[1] 李宗桂等:《中国优秀传统文化的现代价值》,第 488 页。

具有的共同点和契合点为中国人民接受马克思主义提供了文化认同基础；二、中华优秀传统文化是社会主义核心价值观的传统思想资源；三、优秀传统文化是"中国特色"的历史依据[①]。

第二，基于辩证视角论说二者的内在统一性关系。有学者主张马克思主义与中华传统文化之间具有内在统一性："以马克思主义的指导作用引领传统文化的发展方向；以传统文化中的优秀思想资源满足新时代马克思主义的发展需求；在增强民族文化自信的过程中发展新时代马克思主义。因此，马克思主义中国化的基本问题是科学处理中华优秀传统文化与马克思主义的关系问题，要求以中国文化创造性地改造马克思主义，将中华民族基因和优秀传统文化融入马克思主义，使其既能保持自身核心思想和理论本性又兼具本土特色和文化气韵。"[②] 这一观点将中华优秀传统文化与马克思主义在新时代发展的角色和功能定位作了简要清晰的论析。由此可见，二者之间的内在统一性是中华优秀传统文化得以实现创造性转化与创新性发展的内在机理，同时也是马克思主义中国化所具有的重要文化发展逻辑。

第三，基于时代视角，指出中华优秀传统文化与马克思主义二者的内在统一是马克思主义中国化的时代要求："发展新时代的马克思主义，在新的历史起点上进一步推进马克思主义中国化的历史进程，必然要求中华优秀传统文化与马克思主义的内在统一。摒弃历史虚无主义、文化虚无主义、政治虚无主义等错误意识形态倾向，给予中国传统文化应有的历史地位，并充分发挥其当代价

---

① 李宗桂等：《中国优秀传统文化的现代价值》，第488—494页。
② 刘同舫：《马克思主义基本问题的辨与思》，《南京师范大学学报》，2021年第1期。

值。在筑牢马克思主义意识形态领域指导地位的同时,以高度的文化自信推进马克思主义在新时代的创新发展。"①由此可见,新时代马克思主义中国化的发展应建基于两方面:一方面坚持马克思主义在意识形态领域中的指导地位不动摇,这是切实传承与大力弘扬中华优秀传统文化,推进 21 世纪马克思主义中国化的首要条件。正如有学者所指出的:"中国古代哲学家在思考问题时总是强调先立乎其大者。今天我们实现传统文化的创造性转化、创新性发展也应是如此。这个大者就是以马克思主义作为指导思想。"②只有坚持马克思主义为指导,才能保证中华优秀传统文化的创造性转化与创新性发展所沿循方向的正确性;另一方面,21 世纪的中国化马克思主义应该更加旗帜鲜明地与中华优秀传统文化相结合。这是时代精神的深切呼唤,是我们对于中华文化优势的自觉,也是彰显文化自信的必然要求。从这个意义上说,对于中华文化的自信,即是对于中国特色社会主义文化的自信。实际上,这一理论进路也可从党的十九大报告对"坚守中华文化立场"的强调中看出。总而言之,对于如上两个方面的重视是推进新时代马克思主义中国化伟大事业的理论基石。因此,研究马克思主义中国化与中华优秀传统文化之间的理论契合性与内在统一性问题具有重大的理论意义与现实意义。

(二)马克思主义和中华优秀传统文化在发展意蕴上具有内在互动性

有学者就马克思主义与中华传统文化的发展问题,提出了影

---

① 刘同舫:《马克思主义基本问题的辨与思》,《南京师范大学学报》,2021 年第 1 期。
② 李维武:《传统文化的创造性转化与创新性发展——对习近平文化观的思考》,《武汉大学学报(哲学社会科学版)》,2018 年第 5 期。

响较大的"文化双向选择"说,对马克思主义与中华优秀传统文化
相结合的必然性、必要性与可能性等问题皆有深入阐述。首先,就
其必然性而言,认为"一种文化传到另外一种文化环境之中,往往
一方面是原有文化会因受到外来文化的刺激而发生变化;另一方
面,外来文化也要适应原有文化的某些特性与要求而有所变形,所
以在两种不同文化传统相遇过程中,文化的发展就存在一个双向
选择的问题"[①];其次,就其必要性而言,认为中国文化的重建必须
面对两个"传统":一个是以儒家文化为代表的中国文化传统;另
一个是马克思主义传统。前者是中华民族复兴的支撑文化力量;
后者则是"自其20世纪初进入中国以后,不但为中国社会带来了
翻天覆地的变化,而且也对中国文化产生了重大影响。由此可见,
中国社会的建设不仅离不开对新、旧两个传统的继承,更需要在两
个传统相结合的过程中实现文化的创新与发展"[②];再次,就其可能
性路径而言,作为中华传统文化主要代表的儒学思想与马克思主
义之间存在四个方面的契合点:一、皆秉持理想主义的态度;二、
皆为实践的哲学;三、皆从社会关系去定义人;四、对于斗争与和
谐关系的看法皆有其相通处[③]。平心而论,这一"文化双向选择说"
的建构意向在于承认文化主体多元性与文化融合的必然性的客观
存在。

[①] 孙尚扬:《略论汤一介对文化问题的思考》,《中国哲学史》,2014年第4期。

[②] 文碧方、邓妍:《论汤一介关于马克思主义与中国传统文化相结合之探讨》,《现代哲学》,2019年第1期。

[③] 文碧方、邓妍:《论汤一介关于马克思主义与中国传统文化相结合之探讨》,《现代哲学》,2019年第1期。

　　同时,还有学者提出了马克思主义的"文化综合创新说"①。所谓"文化综合创新"就是在马克思主义原则的指导下,用社会主义价值观来综合中西文化之长,进而创新中国文化。"文化综合创新"的核心是对马克思主义和中国优秀文化传统的综合。其具体主张则可概括为:"古为今用,洋为中用,批判继承,综合创新。"②此外,也有学者基于上述的"文化综合创新说",进一步提出"马魂、中体、西用"论。换言之,便是马学为魂、中学为体、西学为用,三流合一,综合创新。具体来说,引进"魂"这个与作为精神指导原则之"体"意义相近的概念,而将"体"专门用来指称主体、实体,即联结形而上与形而下的那个"形",用"魂、体、用"三元模式把体用范畴的两种涵义在一定程度上综合起来,以解决中、西、马"三流合一"的问题。这里的实质问题或核心问题是要把坚持以马克思主义为指导与挺立民族文化的主体性两者结合起来、统一起来,放在同一个三维结构的模式中③。基于这一考量,提出了"一元主导,多元兼容"的方法论原则。也就是说,以马克思主义为一元主导,而儒学与自由主义的某些思想资源,可以作为支援意识,被兼容抑或辩证地综合进来。

　　此外,还有学者提出"两化"说,即是马克思主义中国化与中国传统文化时代化,认为,"马克思主义只有中国化才有勃勃生机,中华传统文化只有时代化才有旺盛活力。马克思主义中国化只有与中华传统文化时代化在创新中结合,在实践中结合,以及在互动

①　李宗桂:《"文化综合创新论"的价值与中国文化前景》,《黑龙江社会科学》,2019年第5期。
②　杨翰卿:《方克立先生文化综合创新三境界》,《中州学刊》,2014年第7期。
③　杨翰卿:《方克立先生文化综合创新三境界》,《中州学刊》,2014年第7期。

中结合,中国特色社会主义文化才具有强大的生机活力"①。该观点强调二者只有在具体的互动演化过程中进行结合,方能形塑出当代中国特色社会主义文化的生机活力。

（三）马克思主义与中华优秀传统文化在终极关怀上存在深度契合性

有学者认为,在马克思主义与儒家的终极关怀之间存在深度契合性。具体而言有二:一方面是两者之间在基本理论特质上表现出了相当的契合性:皆主张从社会性来看待人的本质,并对人性归根结底抱持了乐观的态度;皆强调在生命终极意义的安顿方面可以"自我做主",即依靠人自身的躬行践履就能得到满足;皆主张在人间建立理想的社会形态,而不是把希望寄托于上帝之城;皆是在与当下的他人及他物相联系的过程之中实现的,而不是在"末日审判"中以个体生命或灵魂去面对上帝,等等。这就使得马克思主义成为虽直接源起于西方,但却在人归根结底自我做主而不是皈依于外在的上帝这一根本的理论关节点上堪称与儒家具有高度类同性的终极关怀价值系统;另一方面作为一种诞生于人类历史的全球化与现代化阶段,实现了社会主义从空想到科学变革的先进思潮。马克思主义通过对人类社会发展演进的历史规律的揭示,在如何切实推进理想社会的逐步实现这一儒家思想传统的"盲点"上体现出了巨大的物质性力量,足以为儒家传统的终极关怀价值系统补偏救弊,从而对中国文化传统的现代转化具有现实的促进与提升作用。两者间的特殊关联在深层价值取向上规约了现代中国的文化选择走向马克思主义的内在必然性。这是马克思主义

① 徐光春:《马克思主义中国化与中华传统文化时代化》,《贵州师范大学学报（社会科学版）》,2017年第1期。

中国化之后能够适应时代需要,对现当代中国社会与人生发挥现实作用,并有力地促进中国社会与文化的发展和变迁的重要前提。基此,进一步推进马克思主义与儒家终极关怀价值系统之间的深度融合,同样是当代中国文化建设的重要时代课题。就此而言,儒家终极关怀价值系统,或可为面向未来进一步拓宽马克思主义终极关怀的渠道或路径,扩大马克思主义终极关怀对普通民众的影响,提供一些具有启发意义的借鉴[①]。由此可见,该观点不仅主张马克思主义与儒学在终极关怀的价值向度上,如对于人性的乐观认知、强调人"自我做主"的主体性作用,以及在此岸世界即成就人的社会理想等方面具有契合性,而且认为马克思主义与儒学二者之间,可以产生积极的互补作用。由此,得出推进马克思主义与儒家终极关怀价值系统的深度融合,是当代中国文化建设的时代课题的结论。

(四)对马克思主义与中华优秀传统文化相契合的批评性研究

近年来,从思想学术界到民间社会,皆出现传统文化热、国学热的现象,颇为引人关注。这一思想热潮自然会影响到人们对于马克思主义中国化的发展进路的思考。但在有的学者看来,中国传统文化的大力弘扬可能会影响到马克思主义在中国的指导地位。如论者指出,近年来,国内不断刮起强劲的国学之风,不当拔高和错误定位中国传统文化,甚至提出只有中国文化才能拯救世界,只有儒学才能给世界发展指明方向,从而引起国内理论界和广大民众的思想混乱。那么当下中国的问题,是不是也需要依靠中国传统文化,特别是儒学来解决呢?我们当前是继续坚持马克思主义的指导地位,还是让儒学来替代指导中国国家建设?毫

---

① 参李翔海:《马克思主义与儒家终极关怀比较探析》,《中国特色社会主义研究》,2015年第5期。

无疑问是要坚持马克思主义的指导地位。当代中国之所以仍然需要中国传统文化,就在于马克思主义给我们提供了正确的世界观、方法论和政治合法性的理论基础和来源,但它主要是抽象的理论原则和方法,不可能提供解决政治与社会生活中所有问题的具体经验与对策措施,而我们的现实生活又充斥着形形色色的具体问题和矛盾,这就需要在掌握马克思主义基本原理和思想方法的前提下,借鉴中华民族数千年历史积淀的丰富文化资源,充分发掘、汲取与运用历史传承和中国人民在社会生活中积累的各种经验与智慧。总的来说,中国离不开马克思主义,也需要自己的传统文化。但二者的功能和定位实际上是完全不同的。马克思主义及其中国化理论是党和国家的指导思想,而中国传统文化是处理政治与社会事务的具体经验与智慧,以及中国人民既有的生活方式、风俗习惯和道德伦理。二者都是当代中国文化体系的重要构成,但它们各自有其功能与定位,不可混同,更不能随意替代①。不得不说,这一观点的提出有一定的学术价值。譬如,它对于当前如何理性地校准传统文化的创造性转化与创新性发展的方向具有积极意义。此外,它站在当代中国文化建设的高度,对于马克思主义与中国传统文化在新型文化体系中的位置与功能进行了一定程度上的理性阐释。但总体看来,对于中国传统文化现代价值的极端认知与过高评价的看法,无疑属于极少部分。大多数学人还是能够做到摒弃全盘西化思维、极左思维,以及复古思维,而采取一种中道理性的思维:在面对全球化与多元化的世界发展情势下,通过既有坚守(如坚持马克思主义的立场、观念与方法),

---

① 参徐家林:《马克思主义、中国传统文化与当代中国文化整合》,《毛泽东邓小平理论研究》,2017 年第 3 期。

又具有开放包容性（如秉持古今中西的文明互鉴，交流交融的态度）的方式，来推进21世纪马克思主义中国化的历史进程。

二、中国共产党人始终以科学态度对待优秀传统文化

党的十九大报告指出："中国共产党自成立之日起，既是先进文化的积极引领者和践行者，又是中华优秀传统文化的忠实传承者和弘扬者。"[1] 众所周知，中国共产党诞生于"五四"运动之后，必然面临着独特的时代命题——在"传统"与"现代"之间进行文化抉择。在这一文化抉择的历史进程中，中国共产党是如何彰显其作为中华优秀传统文化的忠实传承者和弘扬者的正确形象呢？对此，近年来，学界出现了不少相关研究成果。

一般认为，中国早期马克思主义者，在"五四"全盘反传统主义的思潮激荡下，对于传统文化无疑是强烈批判与决然摒弃的。不过，近年来，学界对于"五四"新文化运动时期出现所谓全盘反传统主义的主流观点进行了批评。譬如，有学者通过考辨"五四"时期所出现的"打孔家店"，而非"打倒孔家店"的口号，来驳正上述错误观点。他认为"打孔家店"，主要是批判儒学思想与现代社会政治、社会生活不相适应的部分，而"打倒孔家店"即是全盘否定中国传统文化、儒家文化。以"打倒孔家店"的口号加诸北京大学新文化运动的是作为其对手的南高师——东南大学的学衡派，其目的是为了孤立新文化运动派，而提升自身在文化思想界的地位与影响力[2]。

① 习近平：《决胜全面建成小康社会，夺取新时代中国特色社会主义伟大胜利——在中国共产党第十九次全国代表大会上的报告》（2017年10月18日），《中国共产党第十九次全国代表大会文件汇编》，第44页。
② 马克锋：《"打孔家店"与"打倒孔家店"辨析》，《中国人民大学学报》，2011年第2期。

由此可见,从新文化运动中走出来的早期马克思主义者,对中国传统文化进行批判者有之,而认定其为全盘否定传统文化则与历史事实不符。此外,有论者主张"五四"新文化运动是中国近代文化转型之表征,其预示着中西合流,而非全盘否定中国传统文化①。

恰恰相反的是,中国早期马克思主义者已经认识到儒家文化有着对于接引社会主义进入中国的有利因素。正如是时的青年马克思主义者郭沫若所说:"自汉武以后,名虽尊儒,然以帝王之利便为本位以解释儒书,以官家解释为楷模而禁人自由思索。后人所研读的儒家经典不是经典本身,只是经典的疏注。后人眼目中的儒家,眼目中的孔子,也只是不识太阳的盲人意识中的铜盘了。儒家的精神,孔子的精神,透过后代的注疏的凸凹镜后是已经歪变了的。……崇信儒家、崇信孔子的人只是崇信一个歪斜了的影像。反对儒家、反对孔子的人也只是反对这个歪斜了的影像。"②郭沫若将是时反传统者的批判实质指向给呈示出来。从传统文化的继承方法来看,这便是"批判地继承"。由此看来,学界长期过于关注"五四"的反传统面相,而相对忽略了这一时期中国传统文化本身所具有的开放性与连续性。"五四"的"反传统",只是批判中国文化传统中不合时宜的社会政治内容,并未动摇中国文化整体性的价值信仰。而且,中国传统文化中的某些价值,恰恰起到了开放与接纳现代价值的窗口的作用。

基于上述认知,有学者指出,中国早期马克思主义者便能自觉地运用传统思想来接受马克思主义学说。比如,继承与发展近代

① 陈卫平:《"五四"的文化转型:全盘反传统还是中西合流》,《社会科学战线》,2015年第7期。
② 郭沫若:《王阳明礼赞》,《郭沫若全集》第三卷历史编,第293—294页.

思想家运用传统思想接受马克思主义学说的思想方法,以传统地域文化推动马克思主义在中国的传播,以及以特定的传统思想形态来融合马克思主义,进而促使马克思主义落地于中国,等等①。从这一角度看,"中国共产党自成立以来,便是中华优秀传统文化的忠实传承者和弘扬者"的论断,无疑是恰当的,符合中国近代历史的发展真实情势。而以往学界关于中国近代反传统主义的评判,便是失之于片面与武断了。

　　延安时期,中国共产党人展现出对中国传统文化的科学理性态度。1938 年,毛泽东提出了"马克思主义中国化"的重大命题,并强调指出:"今天的中国是历史的中国的一个发展,我们是马克思主义的历史主义者,我们不应当割断历史。从孔夫子到孙中山,我们应当给以总结,承继这一份珍贵的遗产。"② 当然,承继历史文化遗产的方法即是批判地继承。1940 年,毛泽东在《新民主主义论》中进一步指出:"批判地继承传统文化,即是剔除其封建性的糟粕,吸收其民主性的精华。将古代封建统治阶级的一切腐朽东西同优秀的人民文化即带有民主性和革命性的东西区别开来。"③1943 年,毛泽东在主持起草的《中共中央关于共产国际执委主席团提议解散共产国际的决定》中明确主张:"中国共产党人是我们民族一切文化、思想、道德的最优秀传统的继承者,把这一切优秀传统看成和自己血肉相联的东西,而且将继续加以发扬光大。中国共产党近年来所进行的反主观主义、反宗派主义、反党八股的整风运动就是要使得马克思列宁主义这一革命科学更进一步地和

① 周妤:《论我国早期马克思主义者对中华优秀传统文化的认识与运用的一般方法》,《贵州社会主义学院学报》,2020 年第 3 期。
② 毛泽东:《毛泽东选集》第二卷,第 534 页。
③ 毛泽东:《毛泽东选集》第二卷,第 707—708 页。

中国革命实践、中国历史、中国文化深相结合起来。"[1] 毛泽东以上论述实际上指出了马克思主义中国化的科学内涵,在于"相结合"三个字。具体来说,它包括马克思主义基本原理同中国实践、中国历史传统、中国民族文化相结合三方面内容。有学者认为,这是党内文件中首次出现马克思主义同中国文化相结合的表述,表明把马克思主义同中华优秀传统文化相结合已经成为党内共识[2]。基此,也有学者指出,习近平总书记的"七一"重要讲话虽然首次正式提出"把马克思主义基本原理同中华优秀传统文化相结合",但这并不意味着中国共产党在以往的历史实践中,不重视将马克思主义基本原理同中华优秀传统文化相结合。实际上,通过梳理党的发展史,我们可以发现"把马克思主义基本原理同中华优秀传统文化相结合"本身就内在于"马克思主义中国化",包含于"把马克思主义基本原理同中国具体实际相结合"之中[3]。不得不说,从"相结合"的角度,确乎能够把握马克思主义中国化的科学内涵,对于理解马克思主义在中国的发展历史颇有帮助。

　　揆诸延安时期中国共产党的发展历史,可发现中国共产党人对于将马克思主义基本原理同中华优秀传统文化相结合的思想理念的成功践行。有学者指出,延安时期的中国共产党不仅重视党的建设,而且对弘扬中华优秀传统文化高度重视,特别强调文化的民族性,重视历史研究与文物保护,发掘民族优秀文化遗产;在

① 中共中央文献研究室编:《建党以来重要文献选编[1921—1949]》第20册. 中央文献出版社,2011年,第318—319页。
② 欧阳军喜:《马克思主义同中华优秀传统文化相结合的百年实践》,《历史研究》,2021年第6期。
③ 赵金刚:《继往开来,继续发展当代中国马克思主义》,《哲学研究》,2021年第8期。

学校教育、干部教育中,注重马克思主义与中国历史文化课程设置的结合①。在文学艺术方面,当时中国共产党人也特别注重在马克思主义指导下发扬优秀的文艺传统。譬如,1942 年 5 月 23 日,毛泽东在延安文艺座谈会上的讲话中便强调指出:"我们必须继承一切优秀的文学艺术遗产,批判地吸收其中一切有益的东西,作为我们从此时此地的人民生活中的文学艺术原料来创造作品时候的借鉴。"②又如 1945 年 4 月 24 日,毛泽东在中国共产党第七次全国代表大会上所作的政治报告《论联合政府》中强调指出:"对于中国古代文化,既不是一概排斥,也不是盲目搬用,而是批判地继承它,以利于推进中国的新民主主义文化。"③学者将这一时期中国共产党人对于传统文化的态度归结为:辩证地分析,批判地接受④。

　　总的来说,延安时期中国共产党人在建构新型文化实践中,切实贯彻了继承中华优秀传统文化的理念。他们在延安时期弘扬中华优秀传统文化的最终目标,即是要构建新民主主义文化体系。其历史作用与影响无疑是深远的。它批驳与纠正了当时存在的各种非马克思主义文化思潮,树立了正确对待中国传统文化的科学态度,推动了新民主主义文化深入人心,增强了民众战胜敌人的底气,阐明了文化与政治、经济的关系,从而奠定了共产党人文化自信的理论基石⑤。

---

① 梁严冰.:《延安时期马克思主义与中华优秀传统文化的结合》,《西北大学学报(哲学社会科学版)》,2020 年第 6 期。
② 毛泽东:《在延安文艺座谈会上的讲话》,《毛泽东选集》第三卷,第 860 页。
③ 毛泽东:《谈联合政府》,《毛泽东选集》第三卷,第 1083 页。
④ 党圣元:《从建设性批判到创新性转化——中国共产党人的百年传统文化观》,《江海学刊》,2021 年第 5 期。
⑤ 梁严冰:《延安时期马克思主义与中华优秀传统文化的结合》,《西北大学学报(哲学社会科学版)》,2020 年第 6 期。

不仅在革命时期,在建设与改革开放时期,以毛泽东同志和邓小平同志为主要代表的中国共产党人同样致力于将中华优秀传统文化与马克思主义加以结合,用于指导中国革命与建设事业,并且取得了许多伟大成就。正如有学者所总结的,毛泽东对中华优秀传统文化具有深厚积淀和精深造诣。他高度重视中华优秀传统文化,将中华优秀传统文化运用于指挥革命战争和治党、治国、治军上,在学习、研究、运用和正确对待中华优秀传统文化方面,为中华民族留下了宝贵的精神财富。邓小平也同样非常熟悉中华优秀传统文化。他善于从中华优秀传统文化中,汲取历史智慧和政治智慧,将之应用于中国的改革开放事业,并提出建设"小康社会"的奋斗目标,进而开创了正确的中国特色社会主义道路[1]。此后,江泽民同志亦曾强调指出,毛泽东思想和邓小平理论两大理论成果是中国化的马克思主义,既体现了马克思列宁主义的基本原理,又包含了中华民族的优秀思想和中国共产党人的实践经验。由此,有学者认为,以上对待中华优秀传统文化的科学态度,皆为后来共产党正式提出"坚持把马克思主义基本原理同中华优秀传统文化相结合"的主张,提供了重要的理论依据与实践借鉴[2]。

三、新时代中国共产党人不断推动马克思主义与中华优秀传统文化相结合研究

中国特色社会主义进入新时代,中国共产党人致力于中华优

---

[1] 薛庆超:《马克思主义基本原理同中华优秀传统文化相结合的典范——毛泽东对中华优秀传统文化的创造性转化和创新性发展》,《统一战线学研究》,2021年第5期。

[2] 欧阳军喜:《马克思主义同中华优秀传统文化相结合的百年实践》,《历史研究》,2021年第6期。

秀传统文化的创造性转化与创新性发展的意识更加自觉。习近平总书记强调指出,中华优秀传统文化的丰富哲学思想、人文精神、教化思想、道德理念等,可以为人们认识和改造世界提供有益启迪,可以为治国理政提供有益启示,也可以为道德建设提供有益启发。对传统文化中适合于调理社会关系和鼓励人们向上向善的内容,要结合时代条件加以继承和发扬,并赋予其新的涵义①。党的十九大报告明确主张"推动中华优秀传统文化的创造性转化与创新性发展"②。在庆祝中国共产党成立一百周年大会上,习近平总书记更为明确地提出了"坚持把马克思主义基本原理同中国具体实际相结合,同中华优秀传统文化相结合"的重大主张。大体说来,以上诸重要论述,皆表明了中国共产党人在新时代中国特色社会主义文化建设中,对待优秀传统文化的科学态度,进而彰显了其鲜明的"传统文化观"。此后,学界对于"马克思主义中国化与中华优秀传统文化"之间内在关联性问题的研究成果迅速增多。其中,习近平关于中华优秀传统文化的许多重要论述成为学人的中心关切对象。下面择其要者,加以分类与述评。

(一)对新时代中国共产党人"传统文化观"的理解与总体定位

第一,对于"文化"概念定义的关注。众所周知,"文化"概念的定义多种多样,不一而足。每一种"文化"的定义,皆能映现出独特的历史观念。譬如,习近平总书记对"文化"的解释为:文化

---

① 习近平:《在纪念孔子诞辰 2565 周年国际学术研讨会暨国际儒学联合会第五届会员大会开幕会上的讲话》(2014 年 9 月 24 日),第 7 页.

② 习近平:《决胜全面建成小康社会,夺取新时代中国特色社会主义伟大胜利——在中国共产党第十九次全国人民代表大会上的报告》(2017 年 10 月 28 日),《中国共产党第十九次全国代表大会文件汇编》,第 19 页。

是一个国家、一个民族的灵魂①。基此,有学者提出,以习近平总书记为代表的新时代中国共产党人所理解的"文化",主要是一个基于马克思主义唯物史观的狭义"文化"概念,亦即与经济、政治不相同而又相关联的作为观念形态的文化。进而言之,即是在精神世界与观念形态的意义上来理解文化问题,并强调文化在人类生存和发展中的重要作用。实际上,毛泽东在《新民主主义论》中,便对狭义上的"文化"概念进行了界定:一定的文化(当作观念形态的文化)是一定社会的政治和经济的反映,而又反作用于一定社会的政治和经济②。从这一意义上说,它也是对新民主主义革命时期关于"文化"定义的继承与发展。而我们通过对新时代中国共产党人的"文化"定义的了解,有助于理解"传统文化的创造性转化与创新性发展"的问题。因为如果不从马克思主义唯物史观出发去理解狭义的"文化"概念,就不可能发现"文化"存在与变动,转化与发展的真实基础,进而就难以准确地理解"传统文化的创造性转化与创新性发展"所蕴含的深刻思想③。

第二,中国共产党人"传统文化观"中所蕴含的历史逻辑。有学者认为,新时代中国共产党人彻底扭转了近代以来人们未能恰当处理中西文化关系所带来的文化自卑心态,重新恢复和提振了对中华民族的文化自信,并将"坚持中华优秀传统文化的创造化与创新性发展"与国家前途、民族命运以及世界局势紧密地结合起

---

① 习近平:《决胜全面建成小康社会,夺取新时代中国特色社会主义伟大胜利——在中国共产党第十九次全国人民代表大会上的报告》(2017年10月28日),《中国共产党第十九次全国代表大会文件汇编》,第33页。
② 毛泽东:《毛泽东选集》第二卷,第663—664页.
③ 李维武:《传统文化的创造性转化与创新性发展——对习近平文化观的思考》,《武汉大学学报(哲学社会科学版)》,2018年第3期。

来。总的来说，其历史逻辑的理路即是文化复兴，铸就强国之路①。还有学者认为，从中国共产党人"传统文化观"蕴生与演变的百年历程来看，新时代的"传统文化观"呈现出了一个从建设性批判到创造性转化的转变②。

第三，中华优秀传统文化在推进马克思主义中国化，发展中国化马克思主义中的重要地位与积极作用。有学者认为，新时代中国共产党人的传统文化观既是马克思主义中国化的最新理论成果，也深化了对马克思主义中国化的认识，拓展了马克思主义中国化的路径，明确了未来马克思主义中国化的重点，对于进一步推进马克思主义中国化具有十分重要的指导意义。具体而言，主要体现在以下四个方面：一、既要重视马克思主义与中国传统文化之间的相通性，又要重视马克思主义与传统文化之间的互补性；二、既要重视马克思主义与传统文化在形式上的结合，又要重视马克思主义与传统文化在内容上的结合；三、既要重视革命文化传统，又要重视治理文化传统；四、既要重视对传统文化批判继承，又要重视推动传统文化的创造性转化与创新性发展③。以上看法无疑是对新时代中国共产党人"传统文化观"的较为全面的定位。进而言之，它在强调优秀传统文化推进马克思主义中国化的重要作用的同时，又重视前者与后者相互结合的具体方式。而在二者结合的过程中，重视处理好中国历史上的治理文化与马克思主义的革命

---

① 韩玉胜：《中国共产党百年传统文化观的历史逻辑》，《广西大学学报（哲学社会科学版）》，2021年第6期。
② 党圣元：《从建设性批判到创新性转化——中国共产党人的百年传统文化观》，《江海学刊》，2021年第5期。
③ 参见陈方刘：《习近平总书记的传统文化观对马克思主义中国化的指导意义》，《思想理论教育》，2016年第9期。

文化之间的新旧传统关系。最后,在坚持对传统文化的批判性继承的基础上,进行创造性转化与创新性发展。

(二)对"坚持中华优秀传统文化的创造性转化与创新性发展"命题的多角度阐发

众所周知,"坚持中华优秀传统文化的创造性转化与创新性发展"是新时代中国共产党人不断推进马克思主义与中华优秀传统文化相结合的核心命题。近年来,学者们对此进行了多角度的阐发。

第一,"中华优秀传统文化的创造性转化与创新性发展"命题中的时代意识。习近平总书记强调指出:"我们要善于把弘扬优秀传统文化和发展现实文化有机统一起来,紧密结合起来,在继承中发展,在发展中继承。"[①] 基此,有学者认为,"优秀传统文化的创造性转化与创新性发展"命题,实际上处理的是一个中国传统文化与现时代文化发展的关系问题。因为马克思主义唯物史观主张,传统文化建基于过去时代的经济和政治之上,而不是现时代的经济和政治之上;但随着时代的变迁,以及过去时代的经济和政治的改变,文化也要出现相应的变化和发展,使之适应于新的时代的经济和政治;为了在新的时代保存和发挥传统文化的建设性功能,便需要对传统文化遗产进行转化和改造,使之得以传承并起到积极作用[②]。

第二,"中华优秀传统文化的创造性转化与创新性发展"的逻辑理路。有学者就此问题阐述了以下四个方面:一是理论逻辑。

[①] 习近平:《在纪念孔子诞辰 2565 周年国际学术研讨会暨国际儒学联合会第五届会员大会开幕会上的讲话》(2014 年 9 月 24 日),第 11 页。

[②] 李维武:《传统文化的创造性转化与创新性发展——对习近平文化观的思考》,《武汉大学学报(哲学社会科学版)》,2018 年第 3 期。

马克思主义是不断发展的开放理论,因此,推动"传统文化的创造性转化与创新性发展"是马克思主义发展的必要要求与重要途径;二是历史逻辑。马克思主义在中国的传播与中国共产党的成立,为"两创"提供了有利的主客观条件,如革命时期确立了对传统文化的科学理性态度;建设时期形成推动了"两创"的"古为今用,洋为中用"的方针;改革开放时期为"两创"校准了航向;党的十八大以来,党对中华优秀传统文化给予了"根"与"魂"的价值定位,标志着对于"两创"认知的历史新高度;三是情感逻辑。只有进行情感还原,才能理解中国共产党坚持"两创"的情感逻辑与文化动力。进言之,中国共产党充满着对中华民族的悠久文明的自豪之情,以及对家国天下的历史担当。这是因为中华优秀传统文化的基因所培育的共同情感价值与精神理想,天然地影响了共产党人的精神世界和情感价值体系的构建;四是现实逻辑。坚持"两创"是进一步凝练中国价值,维护中华民族共同体意识与意识形态安全的需要,同时也是推进世界人类命运共同体,以应对未来风险社会挑战的需要①。

第三,"中华优秀传统文化的创造性转化与创新性发展"的指导思想与方法论。学者认为,"坚持优秀传统文化的创造性转化与创新性发展"的首要问题是要确立指导思想。这一指导思想必须是马克思主义。因为马克思主义能够为传统文化的创造性转化与创新性发展提供科学的正确的方法论,亦即唯物辩证法。而中国共产党在实践中,成功运用唯物辩证法的主要表现,就在于其坚持马克思主义中国化时代化大众化,并重视打通古今中外,力求做到

① 陆卫明、冯晔:《新时代中国共产党对中华优秀传统创造性转化与创新性发展》,《探索》,2021 年第 6 期。

"究天人之际,通古今之变"。中国共产党人正是秉持了唯物辩证法观点,对历史进行深切的了解,才能坚定地立足中国具体实际,满怀信心地走自己的道路①。除了唯物辩证法这一原则性的方法论之外,还有学者从较为具体的层面提出了三条实践原则:一是理性认知与情感认同并重;二是显性宣传与隐性融入互补;三是生活世界与实践养成相统一②。

第四,"中华优秀传统文化的创造性转化与创新性发展"的实践切入点。有学者主张应从以下三个方面入手:一是注重发掘那些对中国历史文化、对中国人精神生活发生重要作用的传统文化因素,以表达中华民族特有的民族性格和民族精神,使今天的中国人从中得到启示、受到教益、提升境界,也使世界其他民族与国家的人们由此了解今天的中国;二是注重发掘与社会主义核心价值观有关联的内容,以此作为社会主义核心价值观的重要思想来源,使社会主义核心价值观能够获得最广大中国人民群众的认同和践行;三是注重发掘其中具有人民性的内容,以此来提示中国特色社会主义文化建设必须坚持以人民为中心、为人民服务,必须体现中国共产党的政治立场和历史唯物主义的基本思想③。

第五,"中华优秀传统文化的创造性转化与创新性发展"的总体方向。中华优秀传统文化、革命文化与社会主义先进文化三者共同构成新时代中国特色社会主义文化的主要内容。基此,有学者认为,从以上三者之间的关系角度来看,实现传统文化的创造性

① 姜义华:《中国共产党与中华优秀传统文化》,《红旗文稿》,2021年第12期。
② 万光侠:《中华传统文化创造性转化创新性发展的哲学审视》,《东岳论丛》,2017年第9期。
③ 李维武:《传统文化的创造性转化与创新性发展——对习近平文化观的思考》,《武汉大学学报(哲学社会科学版)》,2018年第3期。

转化与创新性发展,不是传统文化在自身范围内的改进、完善与演变,而是一种与革命文化、社会主义先进文化密切相关联的文化再创造,是以"由古而今"为发展方向的中国文化新开展①。基此可见,对于作为一个整体的新时代中国特色社会主义文化来说,优秀传统文化与其他两种文化的组合,并不是彼此相互独立的机械拼盘,而是肩负着共同熔铸未来中国文化或文明重任的有机组合体。实际上,如上三种文化类型之分疏,仅仅是就新时代中国特色社会主义文化得以蕴生的思想来源而言的。

（三）对"坚持把马克思主义基本原理同中国具体实际相结合,同中华优秀传统文化相结合"意蕴的多重阐述

"坚持把马克思主义基本原理同中国具体实际相结合,同中华优秀传统文化相结合"是习近平总书记在庆祝中国共产党成立一百周年大会上提出来的,随后也写入《中共中央关于党的百年奋斗重大成就与历史经验的决议》,由此引起学者的多方面关注与研究。

第一,"两个结合"的基本内涵。有学者从以下三个维度来阐述:一是从现实维度来看,马克思主义基本原理同中国具体实际相结合,其实质就是使马克思主义在中国开花、结果,既寻求正确的中国道路,以解决中国社会主要矛盾和根本问题,推进中国发展进步,也创新发展马克思主义,亦即"中国化"的问题;二是从历史维度来看,马克思主义基本原理同中华优秀传统文化相结合,其实质就是既让马克思主义在中国落地、扎根,又运用马克思主义立场观点方法对中华传统文化进行创造性转化和创新性发展,亦即"化中

---

① 李维武:《传统文化的创造性转化与创新性发展——对习近平文化观的思考》,《武汉大学学报(哲学社会科学版)》,2018 年第 3 期。

国"的问题；三是从理论维度来看，坚持"两个结合"作为创新发展马克思主义的根本路径，产生了中国化马克思主义，亦即"新理论成果何以产生"的问题。①

第二，坚持"两个结合"以及何以能"结合"的内在理由。针对为何要坚持"两个结合"，以及何以能结合，亦即必要性与可能性的问题，有学者阐述了以下三个主要理由：一是基于马克思主义经典作家对"结合"的注重与告诫；二是基于中国革命、建设与改革实践的经验教训所给予的须注重"结合"的启迪；三是理性认识到注重"结合"是马克思主义唯物辩证法的精髓所在②。此外，有学者从文化精神特质的层面，阐述马克思主义基本原理能够同中华优秀传统文化相结合的内在逻辑。譬如，认为马克思主义基本精神与中华民族的文化基因、文化精神之间存在某种同构性。换言之，"中国民族和它的优秀传统中本来早就有着马克思主义的种子"。二者虽生发于中西的不同文化背景，但它们确乎是和而不同、和实生物，融通结合，具备先天优势。基此可见，中国独一无二的传统文化沃土构成了马克思主义能够扎根中国的首要因素，构成了马克思主义与中国具体实际成功结合的首要前提③。

第三，如何推进"两个结合"。对此，有学者作了较为详细的阐述：一是要系统深入总结推进"两个结合"的基本经验。譬如，首先，就"中国化"本身而言，需以分析解决中国问题为中心，着眼于

---

① 韩庆祥：《全面深入理解"两个结合"的核心要义和思想精髓》，《马克思主义研究》，2021年第10期。

② 韩庆祥：《全面深入理解"两个结合"的核心要义和思想精髓》，《马克思主义研究》，2021年第10期。

③ 陈曙光：《文化精神与马克思主义的生存逻辑——理解"两个结合"的另一个视角》，《天津社会科学》，2022年第1期。

从历史发展阶段与社会主要矛盾来把握中国国情；着眼于从正确的政治方向、思想路线、价值标准，正确处理中国革命、建设和改革进程中出现的矛盾关系来把握中国历史经验；着眼于从符合历史规律且有利于社会进步和人的发展来把握中华优秀传统文化；着眼于从时间、空间条件出发把握中国实践发展要求。其次，就马克思主义中国化时代化大众化而言，只有体现时代发展要求，符合人民大众利益，推进"两个结合"的事业才能得到顺利发展；二是需要把握中国具体实际中的如下主要结合点：作为时空维度的"历史方位"，作为本质维度的"社会主要矛盾"，作为时代维度的"根本时代课题"，以及作为实践维度的"中国道路"；三是需提炼中华优秀传统文化的精髓，寻求结合方式。进而言之，就是要从中国传统文化中寻求结合方式，既对其精华实行创造性转化与创新性发展，又运用马克思主义立场、观点与方法克服其历史局限，以丰富发展马克思主义。这种结合方式概括来说，即是"双方优势结合"和"双方功能互补"①。

第四，从坚持与发展马克思主义的角度阐述"两个结合"的意义。有学者认为，党的百年历史充分表明，我们党是马克思主义的忠实继承者和成功实践者，也是中华优秀传统文化的忠实继承者和弘扬者。在推动马克思主义基本原理同中华优秀传统文化相结合的历史进程中，必须把坚持马克思主义和发展马克思主义统一起来，结合新的实践不断作出新的理论创造，从而更好地把中华民族的价值共识、精神追求、政治智慧、历史经验寓于马克思主义中国化的理论成果之中，也更好地把马克思主义的科学性、人民性、

---

① 韩庆祥:《全面深入理解"两个结合"的核心要义和思想精髓》,《马克思主义研究》,2021 年第 10 期。

实践性、开放性寓于中华优秀传统文化的创造性转化与创新性发展之中①。这一观点从中国共产党百年发展历程的角度,得出将马克思主义基本原理同中华优秀传统文化相结合,是党在新的实践中坚持和发展马克思主义,推进马克思主义中国化的基本经验的结论。其主张不仅要在马克思主义中国化的理论成果中体现中华民族的价值共识、精神追求、政治智慧、历史经验,而且要在中华优秀传统文化的创造性转化和创新性发展中体现马克思主义的科学性、人民性、实践性与开放性等特质,真正做到二者的融合创新发展。

第五,从马克思主义中国化新叙事的角度,阐述"两个结合"论对推进马克思主义中国化进程的重大意义。有学者认为,"两个结合"论的产生,实际上有一个积累和演进的历史过程。它既强调马克思主义在实践、实行、实用与实效即实际应用层面上的结合,又注重在精神、价值、理念与理论即思想文化层面上的结合。从两方面共同致力于推进马克思主义中国化,实现中华民族伟大复兴。现在看来,"两个结合"论作为习近平新时代中国特色社会主义思想的重要命题,开启了马克思主义中国化的新叙事逻辑。而这一新叙事逻辑蕴含着当代中国共产党人新的文化理念和治国理政的新思想,是我们研究和推进马克思主义中国化的重大课题②。

(四)对人类命运共同体及全人类共同价值与中华优秀传统文化关系的阐述

众所周知,"人类命运共同体"理念是习近平新时代中国特色

---

① 何中华:《深刻理解马克思主义基本原理同中华优秀传统文化相结合》,《人民日报》,2021 年 8 月 9 日。
② 张允熠、张弛:《从"一个结合"到"两个结合":马克思主义中国化的新叙事》,《思想理论教育》,2021 年第 9 期。

社会主义思想的重要组成部分,是因应当下全球局势的发展变化产生的。要建构人类命运共同体,必须形塑与弘扬一种全人类的共同价值。正如习近平总书记在庆祝建党一百周年大会上所强调的:"中国共产党将继续同一切爱好和平的国家和人民一道,弘扬和平、发展、公平、正义、民主、自由的全人类共同价值,坚持合作、不搞对抗;坚持开放、不搞封闭;坚持互利共赢、不搞零和博弈;反对霸权主义和强权政治,推动历史车轮向着光明的目标前进!"① 实际上,对于"人类命运共同体"与"全人类共同价值"的建构,可从中华优秀传统文化中汲取诸多有益的精神资源。但需论证的重要问题是,作为具有特殊性面相的民族传统文化,何以应对普遍性价值的构建。近年来,学界对于这一看似矛盾的理论问题予以了必要的关注。

第一,从毛泽东《实践论》和《矛盾论》中获致方法论启示。有学者认为,毛泽东的经典著作《实践论》和《矛盾论》对于在新时代中国特色社会主义的伟大实践中,理解马克思主义与中华优秀传统文化之间关系具有重要的方法论意义。具体而言,首先,从实践的角度看,实践的现实需要是区别传统文化中精华与糟粕的根本标准。传统文化不存在抽象意义上的好与坏,也只有在当下的实践过程中,我们才能建构起文化自觉前提下的"文化免疫"与"文化自信";其次,从矛盾的角度看,应辩证地把握马克思主义与中国传统文化的对立统一关系,并且统一性是矛盾主要方面,对立性是矛盾次要方面。由此可推,建构基于马克思主义与中国传统文化相结合之上的中国化马克思主义理论,不仅应立足于当下中国的

---

① 习近平:《在庆祝中国共产党成立100周年大会上的讲话》(2021年7月1日),第16页。

现实问题意识,而且更应该着眼于世界百年未有之变局,进而形塑一种具有世界历史意义的新生活样式。而在这一建构的过程中,我们也应该努力超越中国传统文化的"特殊性"界限,实现"特殊性"向"普遍性"的时代转变,把中国传统文化中具有"普遍性"的价值观念带入更为广阔的世界历史场域之中①。而这一世界历史场域,即是人类命运共同体场域抑或全人类共同价值构建场域。换言之,亦即是在马克思主义中国化的过程中,不仅要汲取中华优秀传统文化中的特殊性思想资源,解决中国的具体实际问题,而且也要因应世界局势变化的需要,开掘中国传统文化所具有的普遍性价值资源,以助推人类命运共同体与全人类共同价值的构建。从这个意义上来说,马克思主义与中华优秀传统文化之间在新时代实践中的普遍性、统一性特质得以彰显。总之,如上观点在阐述马克思主义与中华优秀传统文化之间关系上,陈说了传统文化自身在新时代构建"人类命运共同体"与全人类共同价值实践中的特质转换的必要性(基于世界发展的具体实际)与可能性(基于矛盾的对立统一性转化)。

　　第二,作为融铸马克思主义与中华优秀传统文化于一体的社会主义核心价值观应具有其普遍性特质。有学者认为,基于新时代中国特色社会主义实践之上的社会主义核心价值观的构建,既使得其具有中华民族自身的独特文化品格,又让中华民族优秀传统文化融入了现代的普遍性精神。从一定意义上说,社会主义核心价值观在对中华优秀传统文化继承与升华的同时,也因蕴含中华民族独有的精神品格而丰富了人类对共同价值的深刻理解。因

① 刘永凌、李文:《从〈实践论〉和〈矛盾论〉看马克思主义与中国传统文化的关系》,《湖南科技大学学报(社会科学版)》,2020 年第 6 期。

此,全人类共同价值与社会主义核心价值观是相互联系、辩证统一的①。进而言之,作为新时代中国特色社会主义思想重要组成部分的社会主义核心价值观与全人类共同价值之间在特殊性与普遍性上呈现出了辩证统一。从这一意义上说,中国特色社会主义思想体系具有特殊性与普遍性的双重维度。因此,我们在强调中国特色社会主义理论与实践的特殊性维度的同时,也应关注马克思主义和中华优秀传统文化中所具有的普遍性维度。正如学者所指出的,"这一普遍性维度的型塑既是对马克思主义所具有的国际主义精神的继承与发展,又是对儒学'天地万物为一体之仁'思想的创造性转化与创新性发展。由此构建'人类命运共同体'理念必定能为未来人类文明秩序重塑,贡献中国智慧与中国方案"②。基此可见,强调新时代中国特色社会主义的特殊性与普遍性辩证统一的特质,是在马克思主义中国化的时代发展新要求下,对马克思主义与中华优秀传统文化的各自历史传统的有效继承与创新性发展。

　　总体看来,在新时代马克思主义中国化的过程中,马克思主义与中华优秀传统文化之间的关系问题,是人们颇为关注的重大课题。这无疑与作为中华优秀传统文化的忠实传承者和弘扬者的中国共产党人的文化自信心、责任感与使命感分不开。而习近平总书记关于"坚持把马克思主义基本原理同中国具体实际相结合,同中华优秀传统文化相结合"的重要论述,更是凸显了新时代中国共产党人的强烈文化自觉意识。从这一意义上来说,它标志着新时

---

① 韩骁:《文明视野下的全人类共同价值及其哲学意蕴》,《哲学研究》,2021年第 8 期。

② 杨肇中、姚依:《论"人类命运共同体"建构视野下中国特色社会主义核心价值观的普遍性维度——兼从儒学近代演变看》,《中国石油大学学报(社会科学版)》,2021 年第 3 期。

代马克思主义中国化的"文化转向"的到来。

四、评析与展望

百年来的历史证明,忠实传承与大力弘扬中华优秀传统文化,促成其实现创造性转化与创新性发展,不仅是中国共产党人在革命、建设与改革开放时期的文化使命与成功经验总结,而且是在新时代推进马克思主义中国化、发展21世纪中国化马克思主义更为重要的理论进路与实践进路。本文主要围绕近年来关于马克思主义中国化与中华优秀传统文化问题的代表性研究成果,作了一些回顾与述评。总的来说,学界取得了许多值得肯定的成绩,但也存在一些不足之处。未来学界对于"马克思主义与中华优秀传统文化相结合",以及"优秀传统文化的创造性转化与创新性发展"的研究,还应在以下三方面予以加强。

第一,继续坚持以马克思主义为指导,加强"马克思主义与中华优秀传统文化相结合"的理论与实践进路研究。马克思主义是被历史实践证明了的科学真理。只有学会并熟练运用马克思主义的立场、观点与方法去分析研究中国与世界的具体实际问题,传承与弘扬中华优秀传统文化,才能找到实现中华民族伟大复兴与重构全球治理秩序的正确方向。此外,值得注意的是,对于马克思主义与中华优秀传统文化相结合研究,不仅要呈现其理论进路的自洽性,而且在实践进路上须提升其可操作性。

第二,继续贯彻"古为今用、洋为中用,辩证取舍、推陈出新"精神[1]。务必从现实国情与世情出发,加强"中华优秀传统文化的创造性转化与创新性发展"研究。优秀传统文化资源的开掘与转

---

[1] 习近平:《在文艺工作座谈会上的讲话》,《人民日报》,2015年10月15日。

化创新研究,是解决未来中国与世界的现实问题,以及发展21世纪马克思主义的重要基石。但就现状来看,相关研究还较为薄弱。正如有学者所总结的,该项研究工作还处在初步阶段,碎片化的研究较多,系统性的思考较少;表态性的政治化的话语偏多,学理性的阐释不足①。这里所谓"学理性的阐释不足",大体是指近年来学界在"中华优秀传统文化的创造性转化与创新性发展"的论题上,对于包罗甚广、蕴含丰富的传统文化思想体系(主要包括儒、释、道,以及其他诸子学说,还有诸种民间文化、地域文化,等等)的研究,大多流于泛泛之论。尤其是对围绕特定经典文献展开的中华优秀传统文化的挖掘力度与阐释深度,尚有待加强。

第三,继续加强中华优秀传统文化与革命文化、社会主义先进文化之间关系的研究。对此,目前学界虽有所涉及,但尚未深入。众所周知,中国特色社会主义文化是由优秀传统文化、革命文化与社会主义先进文化三部分构成。但它们之间并不是各自独立,互不融摄的关系,而是互相联系,辩证统一的。中国文化发展的未来方向亦是建基于三者的融合创新之上。而探究在这一融合创新的文化发展进路中,优秀传统文化与革命文化、社会主义先进文化之间关系的课题,便具有了重要的意义。

总而言之,在推进新时代马克思主义中国化的进程中,马克思主义与中华优秀传统文化之间关系问题是一个重大的时代课题。其研究在未来的发展与提升的空间还很大。

---

① 李宗桂等:《中国优秀传统文化的现代价值》,第37页。

附录二　论中国共产党百年来公共性逻辑建构的历史演进 ①

　　一百年来,在中国共产党的领导下,中国人民在革命与建设中都取得了举世瞩目的巨大成就,尤其是当下中国特色社会主义事业在不断开拓进取中取得一个又一个的胜利。十八大以来,中国共产党确立了以中华民族伟大复兴作为中国梦的伟大奋斗目标;党的十九大正式提出了中国特色社会主义进入"新时代"的命题,而且,"明确新时代我国社会主要矛盾是人民日益增长的美好生活需要与不平衡不充分发展之间的矛盾,必须坚持以人民为中心的发展思想,不断促进人的全面发展,全体人民的共同富裕"②。近年来习近平总书记多次强调了"以人民为中心的发展思想"在治国理政实践中的重要性。因为这关涉中国共产党的执政之基,治理之本。习近平总书记"以人民为中心"的重要论述是对中华优秀传统文化的创造性发展,是对马克思主义与毛泽东思想、邓小平理论、"三个代表"以及科学发展观的继承与发展,是 21 世纪中国化马克思主义的优秀理论成果。

---

① 本文发表于《哈尔滨工业大学学报(社会科学版)》,2021 年第 6 期。
② 习近平:《决胜全面建成小康社会,夺取新时代中国特色社会主义伟大胜利——在中国共产党第十九次全国代表大会上的报告》(2017 年 10 月 18 日),《中国共产党第十九次全国代表大会文件汇编》,第 15—16 页。

从某种意义上说,"以人民为中心"论说是一种彰显新时代中国特色社会主义的公共性逻辑特质的理论表达,充分展示了中国共产党的"四个自信"。换言之,中国共产党的自信力量来自于其对于公共性逻辑建构的不断发展与完善。从历史角度来看,中国共产党一百年来的公共性逻辑,不仅仅在理论建构中逐渐达致自洽的状态,而且在实践建构中有一个不断发展与完善的过程。故此,本文侧重从思想史的回溯来论析中国共产党"以人民为中心"的公共性逻辑建构的演进。明乎此,有助于深入理解一百年来中国共产党领导全国各族人民不断取得革命与建设事业胜利的内在缘由。

一、百年历史演进中的中国共产党初心使命与公共性逻辑建构

一百年前的中国与世界发生了至为紧密的被动交织,西方帝国主义列强在经济、政治、军事、文化等方面加紧侵袭中国,"民族"与"国家"危亡意识在是时国内大多爱国知识人心中陡然增强,引致心弦震颤。他们纷纷寻求救国之道,近代中国"救亡"与"启蒙"双重变奏亦由此而起。马克思主义传入中国后,因缘际会获致众多爱国知识人的热切关注。马克思主义思潮自"五四"以后,蔚为大观。中国共产党便是在马克思主义思想指导下成立的爱国政党。从这一意义上来说,中国共产党的初心与使命即是追求民族独立,挽救国家于危殆之中。而基于现代政治理念,作为共同体存在的"民族国家",与"人民"是一体的。国家是人民的国家,人民即国家。它与中国传统意义上的"国家"即一家一姓之朝廷的意涵截然不同。诚如梁启超所指出的:"今夫国家者,全国人之公产也。朝廷者,一姓之私业也。国家之运祚甚长,而一姓之兴替甚短。国

家之面积甚大,而一姓之位置甚微。"① 由此可见,这一与传统意义
之"国家"有着重大分野的现代人民"国家"理念在公共性逻辑的
建构上具有巨大的进步。它为中国共产党一直提倡的"爱国主义"
精神提供了丰富的理论内容。实际上,"以人民为中心"是中国共
产党自成立以来一直秉持的初心使命与极为重要的方法论原则。
正如习近平总书记所说:"我们党的百年历史,就是一部践行党的
初心使命的历史,就是一部党与人民心连心、同呼吸、共命运的历
史。历史充分证明,江山就是人民,人民就是江山,人心向背关系
党的生死存亡。赢得人民信任,得到人民支持,党就能够克服任何
困难,就能够无往而不胜。要教育引导全党深刻认识党的性质宗
旨,坚持一切为了人民、一切依靠人民,始终把人民放在心中最高
位置。"② 然而,对于"人民"概念的理解与诠释,我党在革命与建设
的不同时期有着不同的具体论述,这些论述的历史,构成了中国共
产党在公共性逻辑建构上不断发展与完善的演进历程。

　　揆诸中国共产党的百年发展史,中国共产党的"人民公共
性"③ 逻辑的理论建构基石即在于:"民族国家"与"阶级"意识、世
界意识。具体言之,它不仅仅体现于其致力于"国家"与"民族"的
独立解放之上,而且在世界共产主义运动发展史上应获得其重要
的理论价值与现实意义。这一价值意义的体现即在于中国共产党

---

① 梁启超:《中国积弱溯源论》,《饮冰室文集之五》,《饮冰室合集》(1),第
　16页。
② 习近平:《在党史学习教育动员大会上的讲话》,人民出版社,2021年,第
　15—16页。
③ 现代国家的理念是由人民组成国家共同体。而作为现代国家共同体的公
　共性特质是彰显人民意志的公共性。正是在这一意义上,本文使用了"人
　民公共性"的概念。

成功地将马克思主义进行中国化,并在中国化的过程中,逐渐形成了诸多与时俱进的富于特色创新的理论成果。它们从理论与实践上,将世界与中国、普遍性与特殊性加以辩证统一起来。

二、革命时期及建国初期中国共产党的公共性逻辑建构

"公共性是人类社会政治共同体得以存在的重要特质。"[1]从公共性的角度来看,一个腐朽的剥削压迫性政权及其旧制度,皆预示着其公共性逻辑的失效,抑或公共性本身的丧失,而革命亦会随之而来。不过,作为旧社会秩序解构力量的革命行动,需要进行一番动员工作。而动员工作亦必须建基于一套公共性逻辑的再造理论之上。中国共产党的革命动员最终能够取得成功,即与其公共性逻辑再造的实践行动分不开。

近代以降,随着资本主义的发展,其私有制日益彰显出了无可调和的剥削与压迫的不平等本性,进而逐渐蚕食国家作为政治共同体的公共性,导致了资产阶级与无产阶级的严重对立。因此,要再造真正平等的政治社会公共性,就必须进行无产阶级的革命运动,因为"无产阶级的运动是绝大多数人的,为绝大多数人谋利益的独立的运动"[2]。藉此,推翻少数人的资产阶级统治,建立大多数人的无产阶级专政,直至共产主义社会的实现,阶级与国家的消亡,人类作为一个自由人联合体的存在为止。概言之,共产党的公共性逻辑建构进路即是:"革命"—"解放"—"平等"—"自由"。就其最终价值目标而言,共产党的公共性逻辑建构显优于资

---

[1] 杨肇中:《论宋明理学中的王道公共性意涵及其当代价值——兼从中西哲学比较的视域看》,《江南大学学报(人文社科版)》,2020年第2期。

[2] 〔德〕马克思、〔德〕恩格斯:《共产党宣言》,《马克思恩格斯文集》(2),第42页。

产阶级政党。

　　众所周知,中国共产党于成立之初,是作为共产国际远东书记处的中国支部而存在的。它的使命是接受共产国际的领导,建立服务于世界范围的反资本主义与帝国主义的无产阶级专政政权。基于如上历史情境,这一时期的中国共产党实际上需要向世人作出关乎两种共同体的承诺:一是为中国的民族独立与解放而奋斗的民族国家承诺;二是将反对世界性的资本主义,与抵抗帝国主义侵略作为中心任务的国际主义承诺。诚然,在全球化进程中,这两种承诺本身看似矛盾。前者是爱国主义的承诺与使命,后者是世界主义或国际主义的义务与责任。但前后二者看似矛盾与抵牾的理论特质,在中国共产党身上获得了统一与平衡①。因为二者所针对的对象是共同的,即是西方帝国主义列强。而中国共产党需要兑现的如上两种承诺共享着同一种公共性逻辑:共同体成员之间的平等逻辑,这既包括组成人类世界共同体中的国家与国家之间,也包括国家中的个体与个体之间。而这一平等逻辑的建构实践与目标的达成是通过阶级斗争来实现的。因此,这一涉乎平等价值目标的公共性逻辑建构成为中国共产党在成立之后进行革命动员的重要思想资源与正当性来源。此外,践行平等价值、消灭剥削的革命动员对象主要是以工人阶级为代表的无产阶级群体。故此,在中国共产党成立初年,其革命动员的中心地带是在东部沿海城市里。但由于中国的具体情形迥异于欧洲与俄国,故而后来革命实践的具体路向有着自身的特点:出现了以农村无产阶级为中心

---

① 马克思、恩格斯在《共产党宣言》中说:"在无产者的不同民族的斗争中,共产党人强调和坚持整个无产阶级共同的不分民族的利益。"(《马克思恩格斯文集》2,第44页)

的工农联盟的革命模式。具体言之,革命时期中国共产党的公共性逻辑建构呈现以下三点特质。

第一,中国共产党基于民族国家的公共性承诺的逻辑建构。中国共产党成立的直接缘由便是当时中国面临着西方帝国主义步步进逼的侵凌,颇有丧权辱国之虞。易言之,中国作为民族国家的平等资格被西方列强所褫夺的情势,使得是时爱国知识人产生了强烈的危亡意识。而马克思主义在俄国"十月"革命取得胜利,为他们寻求拯救中国的道路指引了正确的方向。由此,中国共产党组织亦应运而生。基此而观,与帝国主义斗争,赢得中华民族的解放与独立成为中国共产党人念兹在兹的初心与使命,以及矢志不渝的公共性承诺。而中国的旧军阀势力成为西方帝国主义列强在华代理人,因此,反帝与反军阀的政治军事斗争,成为共产党人需同时并举的革命行动。

20 世纪 30 年代日本帝国主义全面侵略中国,中国共产党的公共性逻辑建构的进路再次面临着调整。在共产国际的指导下,与国民党进行第二次合作,建立全国民族解放统一战线。如果说大革命时期与国民党合作,中国共产党的公共性逻辑建构可以兼及民族国家独立与无产阶级解放的双重任务;那么抗日战争时期,中国共产党的公共性逻辑建构的重心则主要集中于民族国家解放与独立之上。为此,1936 年 12 月 1 日,毛泽东等人在写给蒋介石的信中说:"去年八月以来,共产党、苏维埃与红军曾屡次向先生要求停止内战,一致抗日。自此主张发表后,全国各界不分党派,一致响应。而先生始终孤行已意……当前大计只须先生一言而决,今日停止内战,明日红军与先生之西北'剿共'大军,皆可立即从自相残杀之内战战场,开赴抗日阵线,绥远之国防力量,骤增数十倍。是则先生一念之转,一心之发,而国仇可报,国土可保,失地可复。"①中国共产党除了极力促成与国民党的合作之外,还积极联合国内其他可能的抗日力量,为形成抗日民族统一战线作了大量工作。正如 1937 年 5 月 8 日,毛泽东在延安所作党的全国代表会议报告结论时说:"我们的正确的政治方针和坚固的团结,是为着争取千百万群众进入抗日民族统一战线这个目的。无产阶级、农民、城市小资产阶级的广大群众,有待于我们宣传、鼓动和组织的工作。资产阶级抗日派的和我们建立同盟,也还待我们的进一步工作。把党的方针变为群众的方针,还须要我们长期坚持的、百折不挠的、艰苦卓绝的、耐心而不怕麻烦的努力。没有这样一种努力是一切都不成功的。抗日民族统一战线的组成、巩固及其任务的完成,民主共和国在中国的实现,丝毫也不能离开这一争取群众的努力。"②经过中国共产党的不断努力争取,与全国抗战形势的进一步发展,抗日民族统一战线最终形成,为最后抗战胜利奠定了坚实基础。由此可见,是时中国作为民族国家共同体的利益是至高无上的,具有巨大的社会政治动员潜力。而中国共产党的抗日民族统一战线策略是彰显其公共性逻辑建构的重要方法论进路。

其次,中国共产党作为工农无产阶级利益代言人的公共性承诺的逻辑建构。一如前述,中国共产党诞生即肩负捍卫民族国家与世界无产阶级群体公共利益的双重使命。就其捍卫世界无产阶级群体的公共利益的使命而言,诚如《共产党宣言》所早已呈示的——"全世界无产者,联合起来"。因之,中国共产党的初心与使命既体现民族国家之爱国主义的公共情怀,又彰显世界无产阶

---

① 毛泽东:《毛泽东文集》第一卷,人民出版社,1993 年,第 464 页。
② 毛泽东:《为争取千百万群众进入抗日民族统一战线而斗争》,《毛泽东选集》第一卷,第 278—279 页。

级国际主义的公共精神,而且,对于中国共产党来说,这两种公共性承诺又是辩证统一的。譬如,国共第一次合作与抗日民族统一战线,既是中国共产党为中华民族国家争解放独立的必然诉求,也是共产国际基于当时世界范围反帝国主义与法西斯主义的战略需要。除此之外,革命时期中国共产党所开展的土地革命运动也是基于农村占大多数人口的无产阶级利益考量的产物,彰显了具有鲜明中国特色的阶级公共性特质,构成了马克思主义中国化的重要内容。

中国共产党在"一大"召开之后,确立了以下党的纲领:"革命军队必须与无产阶级一起推翻资本家阶级的政权,承认无产阶级专政,直到阶级斗争结束。即直到消灭社会的阶级区分,消灭资本家的私有制,……党的纲领明确提出要把工人、农民和士兵组织起来,并确定党的根本政治目的是实行社会革命。"[1]是时中国共产党的使命主要是唤醒工农的无产阶级意识,推翻资本家的剥削制度,建立无产阶级政权。1923年在莫斯科共产国际的主导下,共产党与国民党开展了第一次合作,其主要的任务是反对帝国主义侵略,以及推翻旧军阀势力。中国共产党在这场合作运动中,其公共性逻辑建构的主导权无疑在于莫斯科共产国际。但这场合作运动失败了。原因何在? 从某个角度上看,它败在了以世界性无产阶级(仅仅是工人阶级)作为其建构公共性逻辑基石的坍塌。譬如,在毛泽东看来,这场合作运动的分裂与失败,皆在于对当时中国革命动员的公共性逻辑建构的方向与基础定位产生了误判。

1925年,毛泽东在《中国社会各阶级的分析》一文中说:"谁是我们的敌人? 谁是我们的朋友? 这个问题是革命的首要问

---

[1] 中共中央党史研究室:《中国共产党历史》,中共党史出版社,2011年,第68页。

题。……在经济落后的半殖民地的中国,地主阶级和买办阶级完全是国际资产阶级的附庸,其生存和发展,是附属于帝国主义的。这些阶级代表中国最落后的和最反动的生产关系,阻碍中国生产力的发展。他们和中国革命目的完全不相容。"①毛泽东看到了国共合作中反革命力量的存在,并指出农村无产阶级是具有强烈革命意欲的社会力量。这部分力量亦即是毛泽东所说的半无产阶级:"此处所谓半无产阶级,包含:(一)绝大部分半自耕农,(二)贫农……绝大部分半自耕农和贫农是农村中一个数量极大的群众。所谓农民问题,主要就是他们的问题。"②

　　1927年,毛泽东基于对于农民革命力量的重视,回到湖南实地考察了湘潭等五县农民情况,并撰写出著名的《湖南农民运动考察报告》。在该文中,毛泽东态度鲜明地强调:"革命当局对农民运动的各种错误处置,必须迅速变更。这样,才于革命前途有所补益。因为目前农民运动的兴起是一个极大的问题。很短的时间内,将有几万万农民从中国中部、南部和北部各省起来,其势如暴风骤雨,迅猛异常,无论什么大的力量都将压抑不住。"③基于对中国革命情势的深刻分析,毛泽东在国共合作遭到破坏,城市革命陷于挫折之后,毅然将革命力量的发展转向了赣闽粤等广大的农村地区,建立农村革命根据地,并发展出一套"以农村包围城市"的革命理论。"实践表明,中国革命要走上胜利发展的道路,必须要工作中心放在农村。当共产国际和中共中央还认识不到这一点的时候,毛泽东从中国国情出发,经过探索并总结经验,提出了以乡村为中

①　毛泽东:《中国社会各阶级的分析》,《毛泽东选集》第一卷,第3—4页。
②　毛泽东:《中国社会各阶级的分析》,《毛泽东选集》第一卷,第6页。
③　毛泽东:《湖南农民运动考察报告》,《毛泽东选集》第一卷,第12—13页。

心的思想。"① 毛泽东的"以农村包围城市"的革命理论预示着中国共产党在初期革命动员遭遇挫折之后的公共性逻辑建构的演变:从工人阶级为中心逐渐转移到以农民阶级为中心的工农联盟上来。因为是时农村无产阶级在中国是占据主要人口数量的阶级群体。而工人阶级虽具有其天然的集中易动员的优势性,但"中国因经济落后,故现代工业无产阶级人数不多"②。这种转变是中国共产党在革命实践中实事求是的探索的结果。

当然,以上革命策略的转变,并不意味着中国共产党致力于消灭帝国主义、资本主义的剥削压迫,追求平等自由的社会主义、共产主义社会实现的公共性逻辑的改变。不过,它却昭示着中国共产党在公共性逻辑重构的行动策略上发生变化。这种变化即是把马克思主义基本原理同中国革命具体实践相结合的重要表征,以及毛泽东思想的创新性所在:革命动员模式从以城市工人阶级为主转向以农村无产阶级为主,实行工农联盟。这一革命动员模式的转变是因应中国革命具体实践的需要。共产党创建农村革命根据地期间,发起了消灭地主阶级土地所有制,实行"耕者有其田"制度的土地改革运动,在一定程度上贯彻追求社会平等理念,这是中国共产党早年领导的公共性逻辑的建构实践,为逐步赢得广大农民的支持奠定了坚实的群众基础。

第三,中国共产党的公共性逻辑建构中的统战策略意识凸显。抗战胜利之后,作为民族国家共同体的危机已然解除,但是中国共产党人的新民主主义革命任务尚未完成。因此,后者即成为是时中国共产党展开其公共性逻辑建构的中心进路。众所周知,政治统一

① 中共中央党史研究室:《中国共产党历史》,第295—296页。
② 毛泽东:《中国社会各阶级的分析》,《毛泽东选集》第一卷,第7页。

战线是中国共产党取得革命胜利的重要法宝。除以革命武装力量瓦解作为官僚资产阶级代表的蒋介石国民党政治势力统治,以获得人民解放外,对于其他民族资产阶级力量则是以建立统一战线的方式,探索中国共产党领导的多党合作与政治协商的机制,并逐渐发展成为一套成熟的全国政治协商会议制度。这一政治制度的建构呈示了中国共产党在以"解放""平等"与"自由"为价值目标来彰显其无产阶级公共性逻辑的实践过程中的循序渐进特质。总体看来,中国共产党在革命时期的公共性逻辑建构的进路,侧重于关乎民族国家独立与无产阶级解放等公共理念的感召动员,以及各个阶段的土改运动、统一战线的制定及军事斗争等公共制度实践。

对于中国共产党来说,新中国的成立仅仅喻示着新民主主义革命的成功,而作为世界社会主义革命的任务尚未完成。故此,建国初期中国共产党除致力于巩固新生政权之外,还有一个社会革命的任务,即从"新民主主义"向"社会主义"过渡。通过"农业""手工业"与"资本主义工商业"三大改造来消灭私有制,建立社会主义制度。中国共产党运用强大的公共政治资源,确立了人民民主专政原则,制定了共产党领导、多党合作的中国人民政治协商会议制度,以及人民代表大会制度等。这是中华人民共和国成立之初,中国共产党在公共性逻辑建构中极为重要的制度成果与实践成果,在很大程度上彰显了其对于扩大人民公共性的统战策略的娴熟运用。

三、改革开放时期中国共产党的公共性逻辑建构

从中国共产党的公共性逻辑建构来看,为绝大多数人"打天下"所具有的人民公共性是其建党以来一直秉持的立党理念。但在不同时期,中国共产党对于人民公共性逻辑建构的重心及含摄之内容则有不同。如果说革命时期主要是以构建无产阶级公共性

来彰显其人民公共性,以进行社会革命动员的话,那么中华人民共和国成立以后,尤其是改革开放以来,中国共产党则在由革命党向执政党的角色转变过程中,逐渐以人民公共性来直接呈示其公共性逻辑建构的方向。概言之,这一时期中国共产党的公共性逻辑建构特质呈现于如下三个方面:

第一,人民公共性逻辑建构所含摄范围的不断扩大。中国共产党自成立以来,以追求社会主义平等价值的实现为理想旨趣。但其追求社会平等的公共性价值的落实主要体现在两种政治社会角色中,即革命党角色和执政党角色。扮演革命党角色的中国共产党通过民主革命、社会革命来推翻帝国主义、封建主义与官僚资本主义,建立人民民主专政政权,彻底改变无产阶级的不平等地位。从某种意义上来说,其革命时期的公共性逻辑建构特质的显现便是改变无产阶级被剥削被压迫的不平等命运。故本文将其建构的公共性类型称之为"无产阶级公共性"。而这仅仅是中国共产党的阶段性历史使命。正如马克思主义关于共产主义的终极理想是解构阶级与国家,最终达致人的自由全面发展一样,中国共产党的目标是作为整体性的人类群体福祉的实现。不过,当无产阶级取得政权,获得当家做主的权利之后,所面临的一个问题是如何将其公共性的含摄范围加以扩大。在社会主义社会里,曾经作为非无产阶级,甚或剥削阶级而存在的人群,经过思想与社会改造之后,变成建设社会主义现代化的合法公民群体,理所应当是人民的重要组成部分。因此,从这一意义上,革命时期的"阶级公共性"为"人民公共性"所直接表征,即意味着人民公共性所含摄范围的扩大。这一公共性特质的显现始于自十一届三中全会。它标志着中国共产党毅然放弃以"阶级斗争"为纲,开启了以"经济建设"为中心,致力于社会主义现代化建设的中国特色社会主义道路。而直接彰显这一"人民公共性"特质的政治论述——"人民民主专政"被载入 1982 年《中华人民共和国宪法》，作为我国必须长期坚持的"四项基本原则"之一。

　　尤为值得一提的是，中国共产党是一个具有理论自觉与理论自信的政党。从党的理论发展的角度来看，改革开放之后，中国共产党基于社会主义建设的历史实践，对社会主义本质与任务的认知进行重新校准：解放与发展社会生产力，使人民达致共同富裕。正如邓小平所说："什么叫社会主义，什么叫马克思主义？我们过去对这个问题的认识不是完全清醒的，马克思主义最注重发展生产力……社会主义阶段的最根本任务即是发展生产力，社会主义的优越性归根到底要体现在它的生产力比资本主义发展得更快一些，更高一些，并且在发展生产力的基础上不断改善人民的物质文化生活。"[1]中国共产党人将不断改善人民的物质文化生活，最终达致共同富裕，作为努力奋斗目标的理论言说，极大彰显了其所具有的崇高公共性使命。这一思想论说皆在被誉为马克思主义中国化第二次飞跃的理论成果——邓小平理论中得以系统呈现。21 世纪伊始，中国共产党提出了作为马克思主义中国化的又一重要理论成果——"三个代表"重要思想，认为"始终做到'三个代表'，是我们党的立党之本，执政之基，力量之源"[2]，其中便有"中国共产党要始终代表中国最广大人民的根本利益"的庄严宣告。这一宣告明确强调了人民公共性的建构是共产党致力于中国特色社会主义建设事业的力量源泉之所在。

　　第二，重寻马克思主义精神旨趣，大力发展社会生产力，并实

---

① 邓小平：《邓小平文选》第三卷，第 63 页。
② 江泽民：《江泽民文选》第三卷，人民出版社 2006 年版，第 15 页。

现从"所有"理念向"拥有"实践的转变。对处于建设时期的中国共产党来说，什么是社会主义，以及如何建设社会主义，马克思并未给出一个详实固定的实践模式。事实上，他也无意于给定一套可资后世照搬的样式。正如1872年马克思、恩格斯在强调《共产党宣言》对于各地革命的指导意义时说："这些原理的实际运用，正如《宣言》中所说的，随时随地都要以当时的历史条件为转移。"[①]这一言说的真理性已为马克思主义中国化的一系列历史实践所证明。这也是共产党人所应遵循的实事求是原则的题中应有之义。那么接下来的问题是，马克思主义的主要精神旨趣到底是什么呢？邓小平对此作出过简明扼要的回答："马克思主义的基本原则就是要发展生产力。马克思主义的最高目的就是要实现共产主义，而共产主义是建立在生产力高度发展的基础上的，社会主义是共产主义的第一阶段，是一个很长的历史阶段。社会主义的首要任务是发展生产力，逐步提高人民的物质和文化生活水平。"[②]由此看来，马克思主义的精神旨趣不仅是批判与解构资本主义，更为重要的是建构优越于资本主义的人民公共性理念。实践这一人民公共性理念的有效方法便是大力发展社会生产力，因为"贫穷不是社会主义，社会主义要消灭贫穷"[③]。

　　"理论是灰色的，生活之树常青。"任何社会思想所宣示的愿景再美好，理路再自洽，也需要通过实践来检验。这也是历史唯物主义所一再昭示的真理性认知。一如前述，社会主义建设的任务主要是发展生产力。然而，何以发展生产力呢？那就必须千方百计

①〔德〕马克思、〔德〕恩格斯：《1872年德文版序言》，《马克思恩格斯文集》（2），第5页。

②邓小平：《邓小平文选》第三卷，第116页。

③邓小平：《邓小平文选》第三卷，第116页。

地去调动人民的生产积极性。邓小平说:"调动人民积极性的最中心的环节,还是发展生产力,提高人民的生活水平。"[1] 在他看来,关键问题是要将发展生产力与提高人民的生活水平直接关联。易言之,社会主义的人民公共性理念的效用必须在人民的日常生活实践中体现出来,才能够激发其生产积极性。实际上,社会主义制度的优越性体现于人民公共性的程度。人民公共性程度越高,生产积极性自然越容易得到提升。而对于人民公共性程度的评价,却关涉社会认同。正如论者所说,人民对于社会主义或社会主义核心价值观的认同有两个部分组成,即合理性认同与道义性认同。前者是人民因为社会主义价值观本身所具有的充足理论性理由而予以认同;后者则是国家治理实践中的良好社会实践性效果促使人民自觉加以认同[2]。由此看来,这一时期中国共产党的公共性逻辑建构的实质性问题应在于获致建设中国特色社会主义的合理性认同与道义性认同。

　　基此考量,中国共产党一项极为重要的改革举措便是使其人民公共性逻辑的建构方向出现了从"所有"理念向"拥有"实践的转变。所谓"所有"的理念,即是指在社会主义社会里,所有制是公有制,其特点正如穆勒对于社会主义所作的概括:"社会主义的特点在于把生产资料和生产方法作为社会全体成员共有。"[3] 从理论上讲,社会主义的公共性特质是极为明显的,但要在实践效用上,将其公共性特质彰显出来,则需要一套具体制度的跟进,让人

---

① 邓小平:《邓小平文选》第三卷,第178页。
② 参见江畅:《核心价值观的合理性与道义性社会认同》,《中国社会科学》,2018年第4期。
③ 转引自〔日〕幸德秋水:《社会主义神髓》,马采译,商务印书馆,2009年,第30页。

民在日常生活中直接感知社会主义公共性的落实,而不是流于公共政治哲学的抽象思辨。换言之,社会主义公共性的实践承诺应该能够兑现其公共性的理论承诺。"贫穷不是社会主义。""贫穷"与否是人民日常生活的直接体知。因之,社会主义的优越性是人民体知出来的,而不是诉诸其理论本身的强劲宣示。职是之故,在某种意义上,让人民有获得感的实质"拥有",远比任何完美的"所有"理念更具有吸引力,更能激发人民从事社会生产的积极性。而中国特色社会主义道路的伟大之处便是对于人民公共性逻辑建构中这一实践关节点的洞悉。其公共性之彰显力度可从改革开放四十年来的民生成绩数据中窥其一斑:"全国居民人均可支配收入由 171 元增加到 2.6 万元,中等收入群体持续扩大。我国贫困人口累计减少7.4 亿人,贫困发生率下降 94.4 个百分点,谱写了人类反贫困史上的辉煌篇章。教育事业全面发展,九年义务教育巩固率达 93.8%。我国建成了包括养老、医疗、低保、住房在内的世界最大的社会保障体系,基本养老保险覆盖超过 9 亿人,医疗保险覆盖超过 13 亿人。常住人口城镇化率达到 58.52%,上升 40.6 个百分点。居民预期寿命由 1981 年的 67.8 岁提高到 2017 年的 76.7 岁。"[①]

中国共产党在处理社会主义所有制的问题上,充分展现了它的创造性发展特质,譬如,以往共产党人在认知上,是以"公有制"的成份在数量上的呈现来衡定社会主义性质,亦即是在社会主义国家里,必须拥有百分之一百的"公有制"经济成份,决不允许非公有制经济成份的存在。而中国特色社会主义中的"所有制"结构,则是以公有制经济为主体,其他所有制经济成份为必要补充的

[①] 习近平:《在庆祝改革开放 40 周年大会上的讲话》(2018 年 12 月 18 日),人民出版社,2018 年,第 14—15 页。

组合形式。此外,与之相应的是,引入自由市场经济发展模式,尊重市场的资源配置的基础性地位甚或决定性作用,从而极大调动人民的积极性与创造性。从某种意义上,中国特色社会主义制度的实践模式确乎是发前人之所未发。它抓住了马克思主义发展中的关键问题意识与主要矛盾——发展社会生产力。而当这个基本性的问题得到解决后,中国共产党所给出的人民公共性承诺才具有坚实的实践底气,人民共同富裕才不会是一句空话。总之,改革开放四十年的实践"拓展了发展中国家走向现代化的途径,给世界上那些既希望加快发展又希望保持自身独立性的国家和民族提供了全新选择"[1],亦由此证明了人类社会现代化的实践模式具有多元性特质。

第三,更为关切作为民族国家公共性身份的中国特色社会主义道路的探索。近代以降,民族国家由于"主权"政治意识的不断扩布与认同的增强,逐渐成为人类政治社会最高层级的共同体。由此,基于民族共同体认同之上的爱国主义,便成为现代人所无法回避的社会意识形态。然而,与此趋势发展相背反的,却是西方资本主义在全球的扩张。这一资本主义扩张有着强烈冲击民族国家共同体的特性。而作为批判资本主义的社会主义或共产主义运动也如影随形般地扩展到资本主义或帝国主义的存在之所。这可从《共产党宣言》扉页中的"全世界无产者联合起来"口号窥其一斑。因之,社会主义运动也必然带有国际主义特质。由此,中国共产党执政之后,面临着国际主义与爱国主义的双重形塑。但 20 世纪 90年代初,苏联解体,东欧剧变,表明世界性社会主义运动遭受挫折,

---

[1] 习近平:《决胜全面建成小康社会,夺取新时代中国特色社会主义伟大胜利——在中国共产党第十九次全国代表大会上的报告》(2017 年 10 月 18日),《中国共产党第十九次全国代表大会文件汇编》,第 9 页。

而社会主义国家中的国际主义特质亦颇受挑战。自此以后,非西方社会的民族国家与无产阶级国际主义联袂协同与资本主义作战的联盟逐渐解体。以上国际大背景,加之对社会主义运动本身的深入反思,使得中国共产党领导人民走上了中国特色社会主义道路。诚然,中国特色社会主义道路也是对中国共产党自革命时期以来所形成的马克思主义中国化传统的继承与发展。正如邓小平所说:"中国革命的成功,是毛泽东同志把马克思列宁主义同中国的实际相结合,走自己的路,现在中国搞建设,也要把马克思列宁主义同中国的实际相结合,走自己的路。"[1]而从公共性逻辑的建构角度看,中国特色社会主义在很大程度上,表现出作为民族国家身份的中国的公共性逻辑的建构进路。如"爱国主义是中华民族精神的核心"的理论表述,即为其显证。也正是由于这一极具民族国家身份认同意识的公共性特质,才决定了将中华民族伟大复兴的中国梦作为中国共产党人不断奋斗的伟大目标。

四、新时代中国共产党的公共性逻辑建构

在党的十九大报告中,习近平总书记基于改革开放以来中国所取得的巨大历史性成就、未来发展目标任务,以及社会主要矛盾的转化等情势,正式提出了中国已进入"新时代"的历史方位命题。就新时代中国共产党的公共性逻辑建构的特质而言,其主要在以下三个方面得以充分凸显。

第一,中国共产党"以人民为中心"的发展思想的公共性呈现。党的十九大报告强调指出:"明确新时代我国社会主要矛盾是人民日益增长的美好生活需要和不平衡不充分的发展之间的矛

---

[1] 邓小平:《邓小平文选》第三卷,第95页。

盾,必须坚持以人民为中心的发展思想,不断促进人的全面发展,全体人民共同富裕。"① "以人民为中心"的发展理念,既是新时代中国共产党人对人民民主专政原则与人民当家作主之庄严承诺的优秀传统的继承,又是结合当下国内新的发展形势所作出的重大发展战略部署。这一"以人民为中心"的发展战略思想极大地呈现了新时代中国共产党进一步致力于人民公共性逻辑建构的重要意旨。习近平总书记于2019年3月22日会见意大利众议长菲科时所说的"我将无我,不负人民"的豪言壮语也清晰地点出这一人民公共性的意旨②。因为"无我"即是"无私之心",而"不负人民"则彰显的是以"人民"为中心的公共之心。其言说意向所指的是,以捍卫"人民"利益为其公共性逻辑之建构起点。

改革开放以来,在中国共产党的正确领导下,已逐步实现了从"站起来"到"富起来"的目标。而"富起来"的主要标志即是全面建成小康社会目标的顺利达成。中国共产党一直以来极为重视民生工作,把人民的获得感与幸福感问题作为其开展一切工作的出发点与中心任务。因为"人民是我们党执政的最深厚基础和最大底气。为人民谋幸福、为民族谋复兴,这既是我们党领导现代化建设的出发点和落脚点,也是新发展理念的'根'和'魂'。只有坚持以人民为中心的发展思想,坚持发展为了人民、发展依靠人民、发展成果由人民共享,才会有正确的发展观、现代化观。实现共同富裕不仅是经济问题,而且是关系党的执政基础的重大政治

---

① 习近平:《决胜全面建成小康社会,夺取新时代中国特色社会主义伟大胜利——在中国共产党第十九次全国代表大会上的报告》(2017年10月18日),《中国共产党第十九次全国代表大会文件汇编》,第15—16页。
② 习近平:《习近平谈治国理政》第三卷,第144页。

问题"①。新时代中国共产党人将这一重大政治问题作为工作的中心任务,显示其在公共性逻辑建构上承继了改革开放的公共性精神,即是将人民"所有"的理念落实到人民"拥有"的实践上来,切实将工作重心转移到致力于人民"共享"改革开放的成果上来。而党的十九大对于我国当前社会主要矛盾所作出的准确判断亦建基于此。

此外,我党举全国之力胜利完成了脱贫攻坚的重大战略任务。诚如习近平总书记在全国脱贫攻坚总结表彰大会上讲话中所指出的:"8 年来,党中央把脱贫攻坚摆在治国理政的突出位置,把脱贫攻坚作为全面建成小康社会的底线任务,组织开展了声势浩大的脱贫攻坚人民战争。"② 这充分彰显了近年来中国共产党在人民公共性逻辑建构中的重要实践进路。进言之,这一公共性呈现亦即是体现了人民"共享"发展成果的政治理念,它是充分彰显社会主义制度优越性之关键所在。

第二,中国共产党以中华民族伟大复兴的中国梦为奋斗目标的公共性承诺。以中华民族伟大复兴作为中国梦是新时代中国共产党所确立的奋斗目标,它是中国从富起来到强起来的最为重要的标志。中华民族伟大复兴既是国家之梦,也是人民之梦,是所有中国人的梦想。

如所周知,自 1648 年欧洲《威斯特伐利亚和约》签订后,民族国家逐渐成为人类诸政治社会共同体中最高阶位的共同体。由

---

① 习近平:《习近平在省部级主要领导干部学习贯彻党的十九届五中全会精神专题研讨班开班式上发表重要讲话》,新华网,2021 年 1 月 11 日, http://www.xinhuanet.com/politics/leaders/2021-01/11/c_1126970918.htm.

② 习近平:《在全国脱贫攻坚总结表彰大会上的讲话》,人民出版社,2021 年,第 5 页。

此,民族国家的利益至上原则亦变成人们不假思索地予以认同的现代理念。近代以降,中国由传统的文明型国家逐渐向现代的民族国家转型。中华民族便是民族国家转型之后的民族共同体、国家共同体,抑或人民共同体。谋求中华民族的伟大复兴,即是新时代中国共产党致力于其公共性逻辑建构的最大承诺。因为"民族国家"是现代意义上之"人民之所共有"之政治共同体。职是之故,复兴中华民族,人人有责,人人担责。爱国主义即是中华民族共同体精神的核心所在。而中国共产党人一直主张,人民群众是历史的创造者。因之,中华民族的伟大复兴需要中国共产党带领人民一起奋发图强,共同努力来完成。

新时代中国共产党带领人民,全面建设中国特色社会主义现代化国家,勇创中华民族伟大复兴的新篇章。正如习近平总书记所说:"经过鸦片战争以来170多年的持续奋斗,中华民族伟大复兴展现出光明的前景。现在我们比历史上任何时期都更接近中华民族伟大复兴的目标,比历史上任何时期都更有信心,有能力实现这个目标。"[1] 总之,这是新时代中国共产党人的理论自信、制度自信、道路自信、文化自信的充分展现,也是向人民所作庄严的公共性承诺。

第三,中国共产党致力于构建具有全球价值共识的"人类命运共同体"理念的公共性彰显。著名历史学家斯塔夫里阿诺斯曾言,自15世纪末叶意大利航海家哥伦布发现北美新大陆之后,人类的世界历史得以开启[2]。人类社会随即迈开了全球化进程的步伐。而

---

[1] 习近平:《习近平谈治国理政》第一卷,第35—36页。

[2] 参见〔美〕斯塔夫里阿诺斯:《全球通史——1500年以后的世界》,吴象婴、梁赤民译,上海社会科学院出版社,1999年,第3页。

这一全球化进程在西方资本主义的不断发展中加剧。后来马克思主义作为资本主义社会的批判者,以及世界无产阶级利益的代言人身份的影响,亦随之传播于世界各地。实际上,马克思主义不仅仅是关切无产阶级自身的解放问题,更为重要的是,致力于人的自由全面发展目标的实现。因此,作为整体性意义的人类社会平等价值的最终实现,才是其终极关怀所在。正如论者所说:"社会主义的国家不是阶级的国家,而是平等的社会,不是专制的国家,而是博爱的社会。社会主义要使全体人民组成友爱的大家庭,从地方扩展到一国,再从一国扩展到全世界,以享受世界和平的幸福。"①

　　作为马克思主义政党的中国共产党,在当今全球化进程不断发展的情势下,提出寻求全球价值共识——"人类命运共同体"的理念,既是因应人类社会的时代精神之所需,也是对马克思主义致力于探求人类普遍性价值取向的思想的继承与发展。有鉴于此,习近平总书记着重指出:"中国共产党是为中国人民谋幸福的党,也是为人类进步事业而奋斗的党。"②基此而言,中国近年来所倡导的"人类命运共同体"理念是中国共产党在新时代公共性逻辑建构中所具有的超越民族国家意义的公共性彰显,也凸显了习近平新时代中国特色社会主义思想中的普遍性价值维度之所在——追寻人类的共同价值。它为重建共商共建共享的新型国际关系,以及全球公共治理秩序贡献了中国智慧与中国方案。

　　五、对"以人民为中心"价值观传统的继承与发扬

　　从公共性逻辑建构的角度回溯一百年来中国共产党领导人民

---

① 〔日〕幸德秋水:《社会主义神髓》,第40页。
② 习近平:《习近平谈治国理政》第三卷,第436页。

所走过的革命与建设历程,可较清楚地回答如下问题:中国共产党为什么能? 中国特色社会主义为什么好? 一言以蔽之,就是其坚持了以"人民"为中心的政治理念。革命时期,在马克思主义的指导下,中国共产党从"阶级公共性"的建构入手,以消灭国际国内各种势力对占绝大多数的无产阶级的剥削与压迫、建立现代平等的人民社会为号召进行广泛社会动员,推翻腐朽旧政权,建立社会主义制度;建设时期,尤其是改革开放后,我国逐步走上中国特色社会主义道路,以经济建设为中心,发展社会生产力,提高人民生活水平,让人民共享改革开放的成果。而新时代的中国特色社会主义在人民公共性逻辑的建构上成效更为显著。以上成就的取得无疑源于中国共产党长期以来对于"以人民为中心"的发展理念的实践与坚守。习近平总书记强调:"要坚持以人民为中心的发展思想,全面落实党中央各项惠民政策,抓住人民群众最关心最直接最现实的利益问题,全力做好普惠性、基础性、兜底性民生建设,让各族群众有更多获得感、幸福感、安全感。"[①] 从平实而真诚的话语中,透露出中国共产党人从长期实践中得出的真理性认知:成就人民的获得感、幸福感与安全感,才是中国共产党人迈向胜利的通行证,是中国特色社会主义制度优越性的试金石,是中华民族共同体实现伟大复兴的公共性保证。

[①] 习近平:《习近平2020年1月19日至21日在云南考察调研时的讲话》,《习近平眼中的民生》,《光明网》, https://dangjian.gmw.cn/2021-02/09/content_34612061.htm.

主要参考文献

一、古籍文献

〔明〕黄道周：《黄石斋先生文集》，清康熙五十三年（1714）刻本。

〔汉〕司马迁：《史记》，中华书局，1959 年。

〔汉〕班固撰，〔唐〕颜师古注：《汉书》，中华书局，1962 年。

〔宋〕张载：《张载集》，中华书局，1978 年。

〔宋〕陆九渊：《陆九渊集》，钟哲点校，中华书局，1980 年。

〔宋〕朱熹：《四书章句集注》，中华书局，1983 年。

〔明〕黄道周：《坊记集传》，《景印文渊阁四库全书》，台湾商务印书馆，1986 年。

〔明〕黄道周：《洪范明义》，《景印文渊阁四库全书》，台湾商务印书馆，1986 年。

〔明〕黄道周：《孝经集传》，《景印文渊阁四库全书》，台湾商务印书馆，1986 年。

〔清〕孙星衍：《尚书今古文注疏》，陈抗等点校，中华书局，1986 年。

〔清〕焦循：《孟子正义》，沈文倬点校，中华书局，1987 年。

〔明〕王守仁：《王阳明全集》，上海古籍出版社，1992 年。

〔清〕朱彬：《礼记训纂》，饶钦农点校，中华书局，1996 年。

曹元弼：《礼经学》，《续修四库全书》，上海古籍出版社，2002 年。

〔宋〕程颢、〔宋〕程颐:《二程集》,王孝鱼点校,中华书局,2004 年。

〔清〕黎翔凤撰:《管子校注》,梁运华整理,中华书局,2004 年。

〔明〕顾炎武:《日知录集释》(全校本),上海古籍出版社,2006 年。

任继昉纂:《释名汇校》,齐鲁书社,2006 年。

〔汉〕许慎撰,〔宋〕徐铉等校:《说文解字》,上海古籍出版社,2007 年。

〔明〕刘宗周:《刘宗周全集》,吴光主编,浙江古籍出版社,2007 年。

〔明〕王龙溪:《王畿集》,吴震编校,凤凰出版社,2007 年。

黄怀信等:《逸周书汇校集注》,上海古籍出版社,2007 年。

高亨:《诗经今注》,上海古籍出版社,2009 年。

许维遹:《吕氏春秋集释》,中华书局,2009 年。

杨伯峻:《论语译注》,中华书局,2009 年。

〔宋〕朱熹:《朱子全书》,上海古籍出版社、安徽教育出版社,2010 年。

杨伯峻:《孟子译注》,中华书局,2010 年。

〔明〕黄道周:《易象正》,翟奎凤整理,中华书局,2011 年。

〔明〕王夫之:《船山全书》,岳麓书社,2011 年。

〔清〕顾炎武:《顾炎武全集》,上海古籍出版社,2011 年。

〔明〕黄宗羲:《黄宗羲全集》,吴光编,浙江古籍出版社,2012 年。

黄寿祺、张善文:《周易译注》,上海古籍出版社,2012 年。

李民、王健:《尚书译注》,上海古籍出版社,2012 年。

〔清〕王先慎:《韩非子》,姜俊俊校点,上海古籍出版社,2015 年。

〔清〕曾国藩编:《经史百家杂钞今注》,上海书店,2015 年。

〔清〕王先谦:《荀子集解》,沈啸寰、王星贤点校,中华书局,2016 年。

〔明〕黄道周:《黄道周集》,翟奎凤、郑晨寅、蔡杰整理,中华书局,
　2017 年。

程树德:《论语集释》,程俊英等点校,中华书局,2017 年。

章学诚:《文史通义新编新注》,仓修良编注,商务印书馆,2017 年。

二、中文论著

王国维:《观堂集林》,中华书局,1959 年。

蔡尚思、方行编:《谭嗣同全集》,中华书局,1981 年。

孙中山:《孙中山全集》,中华书局,1982 年。

郭沫若:《郭沫若全集》第三卷历史编,人民出版社,1984 年。

张君劢:《中国专制君主政制之评议》,弘文馆出版社,1986 年。

费孝通:《乡土中国》,北京大学出版社,1988 年。

梁启超:《饮冰室合集》,中华书局,1989 年。

梁漱溟:《梁漱溟全集》,山东人民出版社,1990 年。

毛泽东:《毛泽东选集》,人民出版社,1991 年。

许全兴等:《中国现代哲学史》,北京大学出版社,1992 年。

邓小平:《邓小平文选》第三卷,人民出版社,1993 年。

毛泽东:《毛泽东文集》第一卷,人民出版社,1993 年。

余英时:《现代儒学论》,香港八方文化企业出版公司,1996 年。

王国维:《王国维文集》,中国文史出版社,1997 年。

毛泽东:《毛泽东文集》第八卷,人民出版社,1999 年。

陈来:《朱子哲学研究》,华东师范大学出版社,2000 年。

白钢主编:《中国政治制度史》,天津人民出版社,2002 年。

徐复观:《徐复观文集》(五卷)修订本,湖北人民出版社,2002 年。

张灏:《张灏自选集》,上海教育出版社,2002 年。

梁启超:《中国近三百年学术史》,天津古籍出版社,2003 年。

梁漱溟:《中国文化要义》,上海人民出版社,2003 年。

牟宗三:《牟宗三先生全集》,台湾联经出版公司,2003 年。

瞿同祖:《中国法律与中国社会》,中华书局,2003 年。

韦政通:《中国思想史》,上海书店出版社,2003 年。

陈家刚选编:《协商民主》,上海三联书店,2004年。

余英时:《现代儒学的回顾与展望》,三联书店,2004年。

冯天瑜、何晓明、周积明:《中华文化史》,上海人民出版社,2005年。

赵汀阳:《天下体系:世界制度哲学导论》,江苏教育出版社,2005年。

陈弱水:《公共意识与中国文化》,新星出版社,2006年。

何晓明:《返本开新——近代中国文化保守主义新论》,商务印书馆,2006年。

江泽民:《江泽民文选》第三卷,人民出版社,2006年。

孟森:《明史讲义》,中华书局,2006年。

张灏:《幽暗意识与民主传统》,新星出版社,2006年。

康有为:《康有为全集》,姜义华、张荣华等编校,中国人民大学出版社,2007年。

金观涛、刘青峰:《观念史研究——中国现代重要政治术语的形成》,香港中文大学当代中国文化研究中心,2008年。

李方祥:《中国共产党的传统文化观研究》,中共党史出版社,2008年。

周桂钿:《董学探微》,北京师范大学出版社,2008年。

郭齐勇:《中国儒学之精神》,复旦大学出版社,2009年。

郭湛:《社会公共性研究》,人民出版社,2009年。

贾英健:《公共性视域——马克思哲学的当代阐释》,人民出版社,2009年。

熊十力:《原儒》,上海书店出版社,2009年。

冯天瑜、何晓明、周积明:《中华文化史》,上海人民出版社,2010年。

李翔海:《现代新儒学论要》,南开大学出版社,2010年。

刘鑫淼:《当代中国公共精神的培育研究》,人民出版社,2010年。

萧公权:《中国政治思想史》,新星出版社,2010年。

陈来：《宋明理学》，三联书店，2011 年。

葛兆光：《宅兹中国：重建有关"中国"的历史论述》，中华书局，
　　2011 年。

林毓生：《中国传统的创造性转化（增订本）》，三联书店，2011 年。

钱穆：《钱穆先生全集》，九州出版社，2011 年。

许苏民：《人文精神论》，人民出版社，2011 年。

余英时：《朱熹的历史世界：宋代士大夫政治文化的研究》，三联书
　　店，2011 年。

中共中央党史研究室：《中国共产党历史》，中共党史出版社，2011 年。

干春松：《重回王道——儒家与世界秩序》，华东师范大学出版社，
　　2012 年。

胡锦涛：《坚定不移沿着中国特色社会主义道路前进，为全面建成小
　　康社会而奋斗——在中国共产党第十八次全国代表大会上的报
　　告》（2012 年 11 月 8 日），人民出版社，2012 年。

姜义华：《中华文明的根柢：民族复兴的核心价值》，上海人民出版
　　社，2012 年。

康有为：《大同书》，中华书局，2012 年。

陈乔见：《公私辨：历史衍化与现代诠释》，三联书店，2013 年。

胡适：《中国文化里的自由传统》，北京大学出版社，2013 年。

金耀基：《中国政治与文化》（增订版），香港牛津大学出版社，2013 年。

萧萐父、许苏民：《明清启蒙学术流变》，人民出版社，2013 年。

杨肇中：《天人秩序视野下的晚明儒学重建——黄道周思想研究》，
　　中国社会科学出版社，2013 年。

中共中央文献研究室编：《习近平关于实现中华民族伟大复兴的中
　　国梦论述摘编》，中央文献出版社，2013 年。

杜维明：《二十一世纪的儒学》，中华书局，2014 年。

吕思勉：《中国政治思想史》，中华书局，2014 年。

钱穆：《朱子学提纲》，北京三联书店，2014 年。

习近平：《习近平谈治国理政》，外文出版社，2014 年。

习近平：《在纪念孔子诞辰 2565 周年国际学术研讨会暨国际儒学联合会第五届会员大会开幕会上的讲话》（2014 年 9 月 24 日），人民出版社，2014 年。

徐复观：《两汉思想史》，《徐复观全集》，九州出版社，2014 年。

徐复观：《学术与政治之间》，九州出版社，2014 年。

邓育仁：《公民儒学》，台大出版中心，2015 年。

金观涛、刘青峰：《中国思想史十讲》，法律出版社，2015 年。

舒大刚等主编：《廖平全集》，上海古籍出版社，2015 年。

叶纯芳、〔日〕乔秀岩：《朱熹礼学基本问题研究》，中华书局，2015 年。

李明辉：《儒学与现代意识》（增订版），台大出版中心，2016 年。

梁涛主编：《美德与权利：跨文化视域下的儒学与人权》，中国社会科学出版社，2016 年。

任剑涛：《公共的政治哲学》，商务印书馆，2016 年。

王学俭：《社会主义价值论纲》，人民出版社，2016 年。

习近平：《在哲学社会科学工作座谈会上的讲话》（2016 年 5 月 17 日），人民出版社，2016 年。

袁祖社：《文化与伦理——基于公共性视角的研究》，人民出版社，2016 年。

赵汀阳：《天下的当代性：世界秩序的实践与想象》，中信出版社，2016 年。

郭萍：《自由儒学的先声——张君劢儒学观研究》，齐鲁书社，2017 年。

郭齐勇：《现当代新儒学思潮研究》，人民出版社，2017 年。

梁漱溟：《东西文化及其哲学》，商务印书馆，2017 年。

林聪瞬:《儒学与汉帝国意识形态》,上海人民出版社,2017年。

习近平:《习近平谈治国理政》第二卷,外文出版社,2017年。

许纪霖:《家国天下:现代中国的个人、国家与世界认同》,上海人民出版社,2017年。

高瑞泉:《平等观念史论略》,上海人民出版社,2018年。

郭齐勇:《中国思想的创造性转化》,上海教育出版社,2018年。

吴震:《朱子思想再读》,三联书店,2018年。

习近平:《习近平谈治国理政》第一卷,外文出版社,2018年。

姜义华:《中华文明的经脉》,商务印书馆,2019年。

李宗桂等:《中华优秀传统文化的现代价值》,人民出版社,2019年。

中共中央宣传部编:《习近平新时代中国特色社会主义思想学习纲要》,学习出版社、人民出版社,2019年。

李德顺:《价值论:一种主体性的研究》,中国人民大学出版社,2020年。

习近平:《习近平谈治国理政》第三卷,外文出版社,2020年。

杨肇中:《历史观照中的经世儒学》,人民出版社,2020年。

张君劢:《儒学与民族复兴》,上海人民出版社,2020年。

何中华:《马克思与孔夫子:一个历史的相遇》,中国人民大学出版社,2021年。

李维武:《马克思主义哲学中国化与中国哲学的现代转型》,北京师范大学出版社,2021年。

习近平:《在庆祝中国共产党成立100周年大会上的讲话》,人民出版社,2021年。

习近平:《在全国脱贫攻坚总结表彰大会上的讲话》,人民出版社,2021年。

《中国共产党第十九次全国代表大会文件汇编》,人民出版社,2017年。

三、中文译著

〔英〕约翰·密尔:《论自由》,许宝骙译,商务印书馆,1959 年。

〔英〕G·D·H·柯尔:《社会主义思想史》,何瑞丰等译,商务印书馆,1977 年。

〔德〕马克思、〔德〕恩格斯:《马克思恩格斯全集》,中共中央编译局编译,人民出版社,1979 年。

〔美〕斯塔夫里阿诺斯:《全球通史——1500 年以后的世界》,吴象婴、梁赤民译,上海社会科学院出版社,1999 年。

〔英〕卡尔·波普尔:《开放社会及其敌人》,陆衡等译,中国社会科学出版社,1999 年。

〔德〕马克斯·舍勒:《舍勒选集》,刘小枫译,上海三联书店,1999 年。

〔美〕本尼迪克特·安德森:《想象的共同体:民族主义的起源与散布》,上海人民出版社,2005 年。

〔美〕卡尔·科恩:《论民主》,聂崇信等译,商务印书馆,2007 年。

〔美〕乔万尼·萨托利:《民主新论》,冯克利等译,上海人民出版社,2009 年。

〔美〕约瑟夫·列文森:《儒教中国及其现代命运》,郑大华等译,广西师范大学出版社,2009 年。

〔德〕马克思、〔德〕恩格斯:《马克思恩格斯文集》,中共中央编译局编译,人民出版社,2009 年。

〔日〕幸德秋水:《社会主义神髓》,马采译,商务印书馆,2009 年。

〔日〕佐佐木毅、(韩)金泰昌主编:《国家·人·公共性》,金熙德等译,人民出版社,2009 年。

〔美〕塞缪尔·亨廷顿:《文明的冲突与世界秩序的重建》,周琪等译,新华出版社,2010 年。

〔美〕海斯:《现代民族主义演进史》,帕米尔等译,华东师范大学出版社,2011 年。

〔美〕约翰·罗尔斯:《作为公平的正义——正义新论》,姚大志译,中国社会科学出版社,2011 年。

〔英〕昆廷·斯金纳:《现代政治思想的基础》,奚瑞森等译,译林出版社,2011 年。

〔英〕以赛亚·柏林:《浪漫主义时代的政治观念——它们的兴起及其对现代思想的影响》,王崇兴等译,兴新星出版社,2011 年。

〔英〕以赛亚·柏林:《自由论》,胡传胜译,译林出版社,2011 年。

〔德〕于尔根·哈贝马斯:《现代性的哲学话语》,曹卫东译,译林出版社,2011 年。

〔加〕威尔·金里卡:《当代政治哲学》,刘莘译,上海译文出版社,2011 年。

〔日〕吾妻重二:《朱熹〈家礼〉实证研究》,吴震等译,华东师范大学出版社,2012 年。

〔英〕弗里德里希·奥古斯特·哈耶克:《自由宪章》,杨玉生等译,中国社会科学出版社,2012 年。

〔美〕汉娜·阿伦特:《康德政治哲学讲稿》,曹明等译,上海人民出版社,2013 年。

〔美〕理查德·桑内特:《公共人的衰落》,李继宏译,上海译文出版社 2014 年。

〔英〕阿克顿:《自由与权力》,侯健等译,译林出版社,2014 年。

〔新加坡〕陈素芳:《儒家民主——杜威式重建》,吴万伟译,中国人民大学出版社,2014 年。

〔德〕康德:《康德政治哲学文集》,李秋零译,中国人民大学出版社,2016 年。

〔英〕安东尼·吉登斯:《现代性与自我认同——晚期现代中的自我与社会》,夏璐译,中国人民大学出版社,2016 年。

〔加〕贝淡宁:《贤能政治》,吴万伟等译,中信出版社,2016 年。

〔美〕狄培理:《中国的自由传统》,李弘祺译,台湾联经出版公司,2017 年。

〔日〕吾妻重二:《朱子学的新研究——近世士大夫思想的展开》,傅锡洪等译,商务印书馆,2017 年。

〔日〕丸山真男:《现代政治的思想与行动》,陈力卫译,商务印书馆,2018 年。

四、学术论文

郭沫若:《马克思进文庙》,《洪水》第 1 卷第 7 期,1926 年 1 月 1 日。

颜世安:《礼观念形成的历史考察》,《江苏行政学院学报》,2003 年第 4 期。

彭继红:《论 20 世纪中国公共精神的复兴和重建》,《湖南师范大学社会科学学报》,2003 年第 6 期。

李萍:《论公共精神的培养》,《北京行政学院学报》,2004 年第 2 期。

颜世安:《从史学角度看春秋时期人文思想中的"超越性"》,《河北学刊》,2005 年第 1 期。

廖申白:《儒家伦理与今日之公共生活问题》,《中州学刊》,2005 年第 3 期。

袁祖社:《公共精神:培育当代民族精神的核心理论维度》,《北京师范大学学报(社科版)》,2006 年第 1 期。

颜世安:《王国礼仪公共性的扩展——简论古代华夏族群的形成途径》,《江苏行政学院学报》,2006 年第 6 期。

袁祖社：《公共哲学与当代中国的公共性社会实践》，《中国社会科学》，2007 年第 3 期。

张舜清：《从"公共精神"看儒家伦理的现代转型》，《中南财经政法大学学报》，2007 年第 3 期。

颜世安：《周初"夏"观念与王族文化圈意识》，《北京师范大学学报（社会科学版）》，2007 年第 4 期。

方克立：《综合创新之路的探索与前瞻》，《哲学动态》，2008 年第 3 期。

赵汀阳：《天下体系的一个简要表述》，《世界经济与政治》，2008 年第 10 期。

吴开松：《简论公共精神的现代内涵》，《光明日报》第 10 版，2008 年 11 月 4 日。

郭齐勇、陈乔见：《孔孟儒家的公私观与公共事务伦理》，《中国社会科学》，2009 年第 1 期。

郭齐勇：《儒学与马克思主义中国化及中国现代化》，《马克思主义与现实》，2009 年第 6 期。

殷慧：《朱熹礼学思想研究》，湖南大学博士学位论文，2009 年。

许苏民：《古代圣哲的诡谲微笑——论 20 世纪社会主义思潮与传统文化的关系》，《华东师范大学学报（哲学社会科学版）》，2010 年第 2 期。

蒋国保：《儒家伦理之普世价值的再思考》，《社会科学战线》，2010 年第 4 期。

方爱东：《社会主义核心价值观论纲》，《马克思主义研究》，2010 年第 12 期。

马克锋：《"打孔家店"与"打倒孔家店"辨析》，《中国人民大学学报》，2011 年第 2 期。

王遐见:《论毛泽东对大同世界发展模式的探索》,《马克思主义研究》,2011 年第 2 期。

赵法生:《孔子的天命观与超越形态》,《清华大学学报(哲社版)》,2011 年第 6 期。

郭湛:《公共主义的核心价值观念》,《理论视野》,2011 年第 12 期。

钟华:《儒学文化与社会主义核心价值体系》,《人民论坛》,2011 年第 32 期。

褚松燕:《论公共精神》,《探索与争鸣》,2012 年第 1 期。

任锋:《人民主权与儒学的公共精神》,《文化纵横》,2012 年第 1 期。

许纪霖:《天下主义/夷夏之辨及其在近代的变异》,《华东师范大学学报》,2012 年第 6 期。

任剑涛:《内在超越与外在超越:宗教信仰、道德信念与秩序问题》,《中国社会科学》,2012 年第 7 期。

杨肇中:《儒家"仁"观念与现代公民社会型塑略论——基于中国传统"公"、"私"观念发展演变的视角》,《天府新论》,2013 年第 6 期。

姚中秋:《重新思考公民与公共生活:基于儒家立场和中国历史经验》,《社会》,2014 年第 3 期。

孙尚扬:《略论汤一介对文化问题的思考》,《中国哲学史》,2014 年第 4 期。

李文阁:《论社会主义核心价值观的形成、内涵与意义》,《北京师范大学学报(社会科学版)》,2015 年第 3 期。

李翔海:《马克思主义与儒家终极关怀比较探析》,《中国特色社会主义研究》,2015 年第 5 期。

高力克:《世界国家与普世文明——梁启超的新天下主义》,《天津社会科学》,2015 年第 6 期。

陈卫平:《"五四"的文化转型:全盘反传统还是中西合流》,《社会科学战线》,2015 年第 7 期。

杨肇中:《论文化意识下中国民族主义观念之历史建构》,《福建论坛(人文社会科学版)》,2015 年第 7 期。

任剑涛:《重审"现代新儒学":评"大陆新儒家"的相关论述》,《天府新论》,2017 年第 1 期。

方克立:《铸马学之魂　立中学之体　明西学之用——学习习近平在哲学社会科学工作座谈会上讲话的体会》,《理论与现代化》,2017 年第 3 期。

徐家林:《马克思主义、中国传统文化与当代中国文化整合》,《毛泽东邓小平理论研究》,2017 年第 3 期。

杨肇中:《晚明心性学论争与儒学形态的经学转向》,《中国矿业大学学报(社会科学版)》,2017 年第 4 期。

张俊:《儒家伦理的二维结构体系——从"君子喻于义,小人喻于利"谈起》,《文史哲》,2017 年第 4 期。

周积明:《"经世":概念、结构与形态》,《天津社会科学》,2018 年第 3 期。

江畅:《核心价值观的合理性与道义性社会认同》,《中国社会科学》,2018 年第 4 期。

李维武:《传统文化的创造性转化与创新性发展——对习近平文化观的思考》,《武汉大学学报(哲学社会科学版)》,2018 年第 5 期。

杨肇中:《"经学"型塑与"文明"自觉——从康有为经学观念看儒家的近代气质》,《福建论坛(人文社会科学版)》,2019 年第 1 期。

何怀宏:《中国改革开放经济发展的文化价值动因》,《武汉大学学报(哲学社会科学版)》,2019 年第 3 期。

陈来:《中国近代以来重公德轻私德的偏向与流弊》,《文史哲》,
　2020 年第 1 期。

杨肇中:《论宋明理学中的王道公共性意涵及其当代价值——兼从
　中西哲学比较的视域看》,《江南大学学报(人文社科版)》,2020
　年第 2 期。

黄玉顺:《生活儒学的内在转向:神圣外在超越的重建》,《东岳论
　丛》,2020 年第 3 期。

刘同舫:《马克思主义基本问题的辨与思》,《南京师范大学学报》,
　2021 年第 1 期。

党圣元:《从建设性批判到创新性转化——中国共产党人的百年传
　统文化观》,《江海学刊》,2021 年第 5 期。

欧阳军喜:《马克思主义同中华优秀传统文化相结合的百年实践》,
　《历史研究》,2021 年第 6 期。

何中华:《深刻理解马克思主义基本原理同中华优秀传统文化相结
　合》,《人民日报》,2021 年 8 月 9 日。

韩庆祥:《全面深入理解"两个结合"的核心要义和思想精髓》,《马
　克思主义研究》,2021 年第 10 期。

姜义华:《中国共产党与中华优秀传统文化》,《红旗文稿》,2021 年
　第 12 期。

陈曙光:《文化精神与马克思主义的生存逻辑——理解"两个结合"
　的另一个视角》,《天津社会科学》,2022 年第 1 期。

后　记

本书在笔者所主持的国家社科基金项目（16BKS123）的结项成果基础上修改而成，前后历时五年多，但感觉还有不少问题未及深入阐释。实际上，笔者对于"儒学公共精神"的关注大约在2012年。记得当时很热心地参与历史学、政治学界对于"专制主义"问题的讨论。2014年初，笔者进入复旦大学中国史博士后流动站从事研究工作。其间，主要从历史的角度，对中西"专制主义"观念的演变问题展开研究，并形成了一份二十多万字的博士后出站报告。不过至今这份报告囿于时机，尚未付梓。

众所周知，近年在国内学界大力弘扬中华优秀传统文化的背景下，儒学研究成为一门显学，颇吸引人眼球。但对于儒学现代价值的评价，却纷纭不一，甚或针锋相对。其中，关于儒家现代社会政治价值的讨论即为显例。长期以来，学界将儒学与"专制主义"相关联。而儒学在被披上"专制主义"的恶名后，便丧失了合法地进入现代社会政治生活的理论与实践资格。由此导致的后果即是，儒学中丰富的社会政治思想与治国理政资源无法得到很好的开掘。在这种情形之下，即便是对于儒学的道德价值作再多的阐释与弘扬，也只是读书人致力于心性修养的个人雅兴罢了，从而遮蔽了儒家所本有的公共关怀。实际上，从公共精神或公共性的角度来开掘儒学思想的价值资源，可在很大程度上超越以往儒家"专制主义"论说,还其历史之本相。当然,这并不意味着如上良好愿望在这本小书中就得到了完美的呈现,仅可视为一种学术理论建构的尝试。

回顾往昔,从课题立项到研究成果的撰写修改,再到结项出版,得益于师友、同仁的提携与帮助甚多。感谢对本课题研究的立项与结项工作,提供大力支持与暖心鼓励的诸位匿名评审专家。他们为笔者致力于儒学现代价值问题研究提供了重要的动力。

在本课题研究的过程中,得到了诸多师友的指教。如:许苏民师在大体肯定拙著成绩的同时,也就一些关键性问题提供了十分宝贵的修改意见;何晓明师从拙著的部分概念运用到某些观点的具体表述等问题,皆给予了详细的指点;简新华先生对拙著初撰的框架结构等问题,也给过不少富于启发的指教;另外,冯兵兄也在百忙之中,抽出时间提了许多颇有见地的修改意见。感谢诸位师友所提供的热心帮助!

需予以说明的是,本书中的部分章节,已在学术期刊上发表过,譬如《伦理学研究》《政治思想史》《毛泽东邓小平理论研究》《哈尔滨工业大学学报(社科版)》等,其中数篇论文被《新华文摘》《人大复印报刊资料》等期刊全文转载。感谢这些刊物的编辑老师们的支持!

本书的出版得到了国家哲学社会科学工作办公室的经费资助,福州大学马克思主义学院学术著作出版基金也提供了部分资助;中华书局罗华彤老师给予大力帮助,促进了本书的顺利出版。在此一并致以衷心的感谢!

杨肇中

壬寅年冬于福州旗山